Cézanne

Série Biografias **L&PM** Pocket:

Átila – Eric Deschodt
Balzac – François Taillandier
Cézanne – Bernard Fauconnier
Freud – René Major e Chantal Talagrand
Gandhi – Christine Jordis
Júlio César – Joël Schmidt
Kafka – Gérard-Georges Lemaire
Kerouac – Yves Buin
Luís XVI – Bernard Vincent
Michelangelo – Nadine Sautel
Modigliani – Christian Parisot
Picasso – Gilles Plazy
Shakespeare – Claude Mourthé

Bernard Fauconnier

Cézanne

Tradução de Renée Eve Levié

www.lpm.com.br

L&PM POCKET

Coleção **L&PM** Pocket, vol. 787
Série Biografias/13

Texto atualizado conforme nova ortografia.
Título original: *Cézanne*

Primeira edição na Coleção **L&PM** POCKET: junho de 2009

Tradução: Renée Eve Levié
Capa: *Projeto gráfico* – Editora Gallimard
Ilustrações da capa: obras de Cézanne: *Auto-retrato com chapéu preto* (1879-1882), óleo sobre tela, 61x51cm, Kunstmuseum, Berna (Suíça) e *Natureza-morta com cortina e jarra* (cerca de 1899), óleo sobre tela, 54,7x74 cm, Hermitage, São Petersburgo (Rússia).
Preparação: Elisângela Rosa dos Santos
Revisão: Gustavo de Azambuja Feix e Lia Cremonese

CIP-Brasil. Catalogação-na-Fonte
Sindicato Nacional dos Editores de Livros, RJ

F266c

Fauconnier, Bernard, 1955-
    Cézanne / Bernard Fauconnier; tradução de Renée Eve Levié. – Porto Alegre, RS: L&PM, 2009.
    224p. – (Coleção L&PM Pocket ; v.787)

    Tradução de: *Cézanne*
    Anexos
    Inclui bibliografia
    ISBN 978-85-254-1900-2

    1. Cézanne, Paul, 1839-1906. 2. Pintores - França - Biografia. I. Título. II. Série.

09-1898.   CDD: 927.594
                                     CDU: 929:75.036(44)

© Éditions Gallimard 2006

Todos os direitos desta edição reservados a L&PM Editores
Rua Comendador Coruja, 314, loja 9 – Floresta – 90220-180
Porto Alegre – RS – Brasil / Fone: 51.3225.5777 – Fax: 51.3221-5380

PEDIDOS & DEPTO. COMERCIAL: vendas@lpm.com.br
FALE CONOSCO: info@lpm.com.br
www.lpm.com.br

Impresso no Brasil
Inverno de 2009

Sumário

Uma juventude / 7
Paris, a nós três! / 28
O recusado / 37
Idas e vindas / 48
A batalha de Paris / 58
Hortense / 75
Longe da guerra / 83
Nascimentos / 89
Doutor Gachet / 94
A exposição / 100
Banhistas / 105
Às margens do Impressionismo / 108
Família, família / 120
Médan / 126
"Se eu morresse em breve" / 137
"A senhora permitiu que eu a beijasse" / 143
O ano terrível / 148
A montanha mágica / 156
Os jogadores de cartas / 162
Tornar-se uma lenda / 167
Uma consagração / 176
O último círculo / 181
A chegada da noite / 188

ANEXOS
Referências cronológicas / 207
Referências / 210
Notas / 212
Sobre o autor / 218

Uma juventude

Por que ele? Por que esse filho de um filisteu e comerciante notório de Aix, um aluno tranquilo do Colégio Bourbon que, segundo as normas acadêmicas da Escola de Desenho gratuita de Aix-en-Provence, era um aprendiz com dotes medíocres? Por que esse rapaz tímido e selvagem, de modos rudes, esse burguês que descobriu tardiamente os cheiros dos incensos da igreja Saint-Jean-de-Malte e da catedral Saint-Sauveur, assim como os aspectos tranquilizadores de um catolicismo temente a Deus? Por que esse urso avesso aos ardores da paixão amorosa, esse homem que vivia de renda, que tinha ideias políticas bastante reacionárias (ao contrário de seu amigo Émile Zola), tornou-se o herói da arte moderna e o maior pintor de seu tempo? Ele transformou a pintura de forma drástica, reinventou-a e preparou o trabalho dos seus sucessores para pelo menos um século. Picasso não falava dele sem um tremor na voz. Cézanne, o patrão. O mistério Cézanne, que seus contemporâneos não entenderam, e menos ainda seus compatriotas de Aix-en-Provence, permeava esse burguês inchado de ignorância e arrogância que definhava em uma cidade adormecida ao redor das suas fontes, tão segura da sua beleza e dos seus encantos que se esquecia de viver. Mais tarde, a cidade recuperou o filho da terra que tanto desprezara: atualmente, as placas de cobre incrustadas nas calçadas com a efígie do pintor indicam os espaços Cézanne, um liceu Cézanne e os itinerários Cézanne. O louco, o possesso, o filho do banqueiro tornou-se a glória da cidade, que se sente muito bem com isso, tanto que, no final da avenida Cours Mirabeau, a placa semiapagada da chapelaria do Cézanne pai ainda pode ser vista no alto da parede de uma loja de artigos de couro.

O mistério Cézanne começou a chamar a atenção nos anos após sua morte. A partir de então, ele não parou de habitar o mundo da arte, e suas telas espalharam-se por todos os museus do mundo. O mistério Cézanne é uma história de formas, isto é, de uma rivalidade com o mundo – ou com Deus. Cézanne foi um desses artistas atípicos da modernidade, obrigados a alterar sua arte porque eram incapazes de respeitar os modelos acadêmicos por opção, por desafio e por temperamento. Cézanne reinventou a pintura porque as formas antigas, que ele respeitava acima de quaisquer outras, eram-lhe inacessíveis. Ele não era nem um "bom pintor", nem um "bom desenhista". Ele era Cézanne. Não tinha o virtuosismo de Rafael ou de Picasso e, para ser absolutamente ele mesmo, ou, como dizia Rimbaud, "absolutamente moderno", precisou arrancar tudo da matéria e da natureza. Foi o que o salvou.

*

Paul Cézanne nasceu em 19 de janeiro de 1839, em Aix-en-Provence, na Rue de l'Opéra, 18. Seu pai, Louis-Auguste Cézanne, quarenta anos, era originário de Saint-Zacharie dans le Var. Antes de descer para terras mais hospitaleiras, sua família, de origem italiana, morava na região do Briançonnais, nos Alpes franceses. Depois, Louis-Auguste mudou-se para a avenida Cours, que teve seu nome mudado para avenida Cours Mirabeau em 1876, ano em que a República lembrou-se dos seus pais revolucionários. Protegida pelas sombras dos sicômoros, a avenida Cours Mirabeau é a artéria principal de Aix, um lugar de passeios e encontros dos burgueses da cidade. Aix era uma cidade onde nada acontecia. Para preservar sua tranquilidade aristocrática, ela resistiu aos ataques do progresso e proibiu a passagem do trem que fazia o trajeto Paris-Marselha. Antiga sede do Parlamento da Provença, Aix estava adormecida em volta de suas fontes cobertas de musgo. Ao seu redor, desnovela-se uma das regiões campestres mais belas do mundo, onde as estações do ano quase não acontecem, e os pinheiros, os ciprestes, os buxos e as roselhas-grandes permanecem perenemente verdes. De todas as partes da cidade e dos arredores, descortina-se a grande massa branca da montanha de Sainte-Victoire. Em 1839, nessa província carregada de tradições, não era costume reconhecer-se uma criança nascida fora dos laços do casamento. Esse foi um dos enigmas de Louis-Auguste, um personagem que fugia às normas.

A mãe de Paul chamava-se Anne-Élisabeth-Honorine Aubert, 24 anos, e era a irmã de um dos empregados da chapelaria de Louis-Auguste. Eles não eram casados, mas o pai reconheceu o filho, e o pequeno Paul foi batizado no dia 20 de fevereiro daquele mesmo ano na Igreja Sainte-Madeleine, situada no final da avenida Cours. A madrinha foi sua avó materna, Rose Aubert, e o padrinho seu tio, Louis Aubert, que também era chapeleiro. O nascimento de Paul foi uma história de chapéus. Louis-Auguste era um comerciante de pouca instrução, mas esperto e vivo nos negócios. Sua ligação com Anne-Élisabeth-Honorine era sólida. Marie, a irmãzinha de Paul, nasceu dois anos depois, em 1841. Os pais casaram-se em 1844 sob regime de separação de bens. Na certidão de casamento, Louis-Auguste, que vivia de renda, é mencionado como fabricante de chapéus. Como estamos no século XIX, não podemos deixar de falar do dote: o dote de Anne-Élisabeth-Honorine Aubert, o produto das suas economias, constituía-se de um enxoval de noiva avaliado em 500 francos, 1.000 francos em dinheiro e uma herança futura de 1.000 francos. E aqui terminam os arquivos. Quanto às pessoas...

Élisabeth Aubert era uma mulher tímida e reservada, mas jovial, alegre e compreensiva. Ela sempre apoiará Paul, admirará seus primeiros desenhos e defenderá o filho da cólera do pai. Um dia, quando Louis-Auguste irritou-se porque seu filho rebelava-se e recusava-se a estudar Direito, perdendo seu tempo com rabiscos inúteis, ela fez essa réplica sublime: "Não reclame, ele se chama Paul como Veronese e Rubens".

Devemos reabilitar os pais tirânicos? Quando não transformam seus filhos em imbecis irrecuperáveis, às vezes eles se tornam gênios, por reação. Louis-Auguste oprimia o filho com desprezo e desgosto. O que nos faz lembrar Hermann Kafka, ele também comerciante, um homem grosseiro, descontente e violento que menosprezava o filho, Franz, e apesar de tudo cedera diante da sua vocação de escritor como se fosse uma força incontrolável. Enriquecido e novo-rico, o pai Cézanne sonhava com uma posição elevada para Paul em Aix e com um acesso aos salões mais fechados da antiga aristocracia togada, que ainda compunha a elite da cidade.

Louis-Auguste construíra sua fortuna com as próprias mãos. Ele saíra da cidade natal, onde não havia nenhum futuro, e conseguira um emprego na fábrica de têxteis Dethès, em Aix. Inteligente e teimoso, logo entendeu que tinha tudo a ganhar se entrasse para o ramo da chapelaria. As criações de coelhos abundavam na zona campestre de Aix, onde os pêlos desses roedores pacíficos eram transformados em feltro para chapéus. Ele optou pela chapelaria. Em 1821, Louis-Auguste "subiu" a Paris para aprender a profissão. Em 1825, voltou para Aix e usou suas economias para abrir um negócio de chapéus com mais dois sócios. Esperto e ambicioso, aplicou toda a sua energia nesse comércio.

Quando os criadores de coelhos estavam sem dinheiro, o que atrasava a entrega das peles para a indústria de feltro, o senhor Cézanne emprestava o necessário. Os juros que recebia desses empréstimos logo se tornaram consideráveis, o suficiente para fundar um banco. O Banco Bargès acabara de apresentar seu balanço deficitário para o ano de 1848. Louis-Auguste agarrou a oportunidade, associou-se ao antigo caixa do banco falido, um certo Cabassol, e o senhor Cézanne, seu pai, forneceu o capital. O pequeno Paul tinha somente nove anos quando, favorecido por uma crise econômica, Louis-Auguste tornou-se banqueiro. Sabiamente administrado, o banco não tardou a prosperar. A família Cézanne estava rica. Cézanne deverá a essa fortuna adquirida a possibilidade de poder pintar sem precisar preocupar-se com o dia de amanhã, nem ser obrigado a vender seus quadros até o fim dos seus dias. Os rudes que se apegam aos tristes bens do mundo às vezes têm algo de bom: "Meu pai era inteligente", reconheceu Cézanne já no final da sua vida. Louis-Auguste vendeu sua parte da chapelaria e passou a dedicar-se inteiramente ao banco. Em 1853, realizou seu sonho: adquirir uma propriedade no campo, às portas da cidade, como os burgueses mais afortunados, as grandes famílias que o esnobavam, ele, o ex-empregado. Essa propriedade será o Jas de Bouffan, uma magnífica *bastide*, antiga moradia do marquês de Villars, o governador da Provença durante o reinado de Luís XIV. Porém, entrar nos salões de Aix era tão difícil como no salão da duquesa de Guermantes.* Vulgar, de modos rudes, semianalfabeto, Louis-Auguste será sempre um marginal, tão invejado por sua fortuna como menosprezado por suas origens modestas.

Uma criança afável e reservada, educada segundo as convenções burguesas, a dos bons estudos e de uma religiosidade impecável, Cézanne percebia tudo isso. Ele se tornaria um homem irascível, muitas vezes mal-humorado, grosseiro e provocador, um tímido de modos rústicos. Os ataques de raiva vinham de longe, do medo que seu pai lhe inspirava, do sentimento obscuro de sentir-se deslocado, inoportuno, um burguês por um golpe de sorte do destino, o filho de um novo-rico, uma criança malnascida.

Enquanto isso, fingia ser um filho exemplar para que o deixassem em paz. Estudou primeiro em uma escola da Rue des Épinaux, e depois no Internato Saint-Joseph, junto com os filhos de boa família da cidade. Em 1852, aos treze anos, entrou para o Colégio Bourbon. A verdadeira vida começava.

*

Chamava-se Émile Zola. Era um menino franzino, doentio, que falava com sotaque parisiense e tinha um defeito de pronúncia curioso. Ele ceceava, gaguejava, era inteligente e sonhador, porém tão infeliz como as pedras. As outras crianças batiam nele porque era um *franciot* **, pequeno e fraquinho, pois é assim que caminha a humanidade: os brutos grandalhões batem nos pequenos que, às vezes, vingam-se deles quando adultos. Seu pai, François Zola, era engenheiro civil. Ele construíra a barragem no sopé da montanha de Sainte-Victoire que fornecia água aos habitantes de Aix, mas morrera antes

---

* Personagem do livro *Em busca do tempo perdido*, de Marcel Proust. (N.T.)

** Um "estranho da terra", em provençal. (N.T.)

de terminar a obra, em 1847. Sua mãe fazia das tripas coração para pagar os estudos caros do filho.

Paul Cézanne simpatizou com aquele menino mal-amado, um ano mais jovem do que ele. A amizade foi recíproca e imediata. "Opostos por natureza", escreveu Zola, "movidos por afinidades secretas, pelo tormento ainda indefinido de uma ambição em comum e pelo despertar de uma inteligência superior no meio daquele bando de brutamontes bestiais que nos surravam, nos unimos de repente e para sempre."[1]* Muitos anos mais tarde, Cézanne contou para Joachim Gasquet:

> No colégio, imagine, Zola e eu éramos considerados dois fenômenos. Eu aprendia os versos em latim em um passe de mágica... Por dois centavos! Ora, eu era um comerciante! Quando éramos jovens, Zola ficava sonhando, não fazia nada. Ele era um selvagem cabeçudo, uma criança doentia, sabe, daquelas que as outras crianças detestam. Ele ficava em quarentena por qualquer coisa... Nossa amizade vem daí, de uma surra que todo o pátio, grandes e pequenos, me deu, porque transgredi a proibição. Eu não podia deixar de falar com ele, não é mesmo... Ele era um tipo interessante… No dia seguinte, Zola deu-me de presente um cesto cheio de maçãs... Veja só, as maçãs de Cézanne – disse com um piscar de olho insolente –, elas vêm de longe![2]

Durante alguns anos, até a partida de Zola para Paris, em 1858, os dois meninos conheceram a felicidade desanuviada das amizades entre adolescentes. Liam os mesmos livros, viviam mergulhados na poesia. Victor Hugo era seu ídolo. Eles escapavam da cidade, corriam até a montanha de Sainte-Victoire, saciavam-se sem perceber dessa beleza que lhes era oferecida gratuitamente, acumulavam sensações que um dia encontrariam sua forma. Se isso não era o paraíso… Baptistin Baille, um menino que era tão levado como eles, uma mente brilhante, que se tornaria engenheiro, logo compartilharia suas corridas pela natureza. Chamavam-nos

---

* As notas numeradas encontram-se no final do livro, p. 212. (N.A.)

de "os inseparáveis". Eles dividiam tudo e excitavam suas mentes reciprocamente com projetos de um futuro de glória. Segundo Zola, "nós procurávamos a riqueza do coração e da mente e, principalmente, esse futuro que nossa juventude fazia entrever tão brilhante."[3] Toda a região em torno deles resplandecia. A estrada do Tholonet, um dos seus passeios favoritos, que acompanhava as sinuosidades da antiga via romana, desvendava a cada curva uma visão sublime. Os romanos sabiam olhar. Era a quinta-essência da paisagem. Tudo estava ali: as árvores, os rochedos, a montanha ao longe, deitada como um animal enorme de pele plissada, as pedreiras de Bibémus, o Château-Noir, os Infernets. Cézanne teria apenas que cavar incansavelmente essa matéria que estava sob seus olhos desde sempre e transformá-la à sua medida... Será que já sabia disso, embora de modo ainda obscuro? Certamente não. Ele era um garoto sonhador, um pouco rústico, com uma personalidade sombria, ao mesmo tempo capaz de manifestar explosões de alegria extraordinárias e uma prodigalidade que nada conseguia deter. O dinheiro queimava entre seus dedos. Ele precisava gastá-lo. "Ora bolas", disse para Zola, "você gostaria que meus pais o herdassem se eu morresse hoje à noite?" Protegido pela amizade, supersensível, ele construía seu mundo a seu modo durante as partidas de caça nas quais mais liam poesia do que matavam perdizes. Eles partiam às três da manhã. O primeiro que acordasse jogava pedras nas persianas das janelas dos outros dois.

> Partíamos imediatamente, as provisões desde a véspera preparadas e guardadas nas sacolas de caça. Quando alvorecia, já havíamos caminhado vários quilômetros. Por volta das nove da manhã, quando o astro começava a esquentar, nos instalávamos à sombra de alguma ravina arborizada. O almoço era preparado ao ar livre. Baille acendia uma fogueira com galhos secos em cima da qual, suspenso por um barbante, girava o assado ao alho que Zola revirava de vez em quando com um tapinha. Cézanne condimentava a salada envolta em um guardanapo úmido. Depois fazíamos a sesta. E partíamos

de novo, com os fuzis nos ombros, para alguma grande caça onde, às vezes, acertávamos em um chasco.* Uma légua mais adiante largávamos os fuzis, sentávamos debaixo de uma árvore e pegávamos um livro da sacola.[4]

Como eu disse, era o paraíso. E a época dos primeiros amores, dos encantos da vida na província. Às vezes, Cézanne e Zola ofereciam uma serenata para a bela jovem do papagaio verde. Zola tocava pistão, Cézanne clarineta. Eles pertenciam a uma sociedade de música que festejava os funcionários que voltavam de Paris – com uma fita vermelha na botoeira da lapela –, que tocava nos grandes eventos ou acompanhava as procissões religiosas. Teria a bela jovem do papagaio verde ficado sensibilizada com esses encantos melódicos? Tudo indica que não, mas isso não importava muito. Fazia-se barulho, embora Cézanne não fosse um músico de talento, o que deixava seu professor de solfejo bastante irritado.

Cézanne e Zola terminaram sua estadia no internato em 1856. A partir desse momento, teriam mais liberdade, mas Baille continuaria prisioneiro entre os muros do colégio. Quando terminou o terceiro ano, Cézanne recebeu um prêmio por excelência nos estudos. Ele era um virtuoso na composição de versos em latim e em francês, porém um aluno bastante medíocre em desenho, matéria na qual não obteve nenhuma menção.

Os dois meninos comportavam-se como loucos. No verão, assim que tinham um instante livre aos domingos, eles partiam correndo, embriagados de poesia, de projetos grandiosos e de felicidades futuras. Vagabundeavam pelos arredores e iam cada vez mais longe em suas explorações, escalavam a montanha de Sainte-Victoire, corriam até Gardanne, uma bonita aldeia situada no topo da montanha dominada por uma antiga igreja. Percorriam a cadeia de Étoile e o Pilon du Roi, aventurando-se ainda mais longe, até l'Estaque, uma aldeia aninhada na extremidade da baía de Marselha, uma costa selvagem, formada de falésias vermelhas e pinheiros, com uma violência de cores incontida.

---

* Ave pertencente à família dos *Oenanthe*, comum na Europa Ocidental. (N.T.)

Como imaginar que Cézanne se tornaria Cézanne sem essas paisagens que corriam em suas veias? "Quando a cor se realiza na sua riqueza, a forma atinge sua plenitude", disse o pintor um dia para Émile Bernard.[5] Isso também vinha de longe. Como se fosse um desafio, eles se esgotavam nessas andanças das quais retornavam exaustos, desvairados, quase em transe, enquanto seus companheiros de colégio, que não eram da mesma têmpera, já frequentavam os cafés e passavam os dias jogando cartas. Um pouco rousseaunianos, afastavam-se da sociedade dos homens e sonhavam em morar às margens do Arc, o riacho que corria ao sul de Aix, e "viver ali como selvagens, na alegria de banhos de rio incessantes, com cinco ou seis livros, e nada mais".[6] Que livros? Victor Hugo, é claro, mas também Alfred de Musset, que acabavam de descobrir e de quem recitavam as poesias sem parar. Eram jovens românticos. Como acontecera com Gustave Flaubert, para espantar os miasmas desses irrealismos quiméricos, eles precisariam passar por uma cura seríssima de realismo. Um dia, foram longe demais, então resolveram passar a noite fora. Improvisaram um acampamento dentro de uma gruta e, como dois vagabundos, descansaram as cabeças debaixo das estrelas. Uma tempestade desabou, barulhos assustadores ressoaram nas árvores e nos rochedos, os morcegos se agitaram. Por volta das duas horas da manhã, mortos de medo, não aguentaram mais e foram embora correndo.

Em todo o caso, tomaram uma decisão: seriam poetas. Zola chegou a fazer projetos para escrever uma grande epopeia em três cantos, *La Chaîne des êtres* [*A cadeia dos seres*], que seria uma vasta história da humanidade. Ele se contentará em escrever "A história natural e social de uma família sob o Segundo Império"*, em prosa, mas seu projeto fundamental já estava constituído, ainda que desconhecesse a forma. Cézanne também seria poeta. Escrever versos não lhes custava nada, suas poesias os tornariam famosos e ricos, eles seriam rodeados de mulheres, e Paris ficaria aos seus pés.

---

* Subtítulo de *Os Rougon-Macquart* [*Les Rougon-Macquart*], uma série composta de vinte romances escritos entre 1871 e 1893. (N.T.)

Por que Cézanne colocou na cabeça seguir um curso de desenho se, de acordo com seus professores, ele não se distinguia nessa matéria? Certamente um pouco por acaso, embora tivesse começado a desenhar muito cedo, quando ainda era pequeno, sob os olhares espantados e admirados de sua mãe. Porém, sua mãe... A cidade de Aix organizara seu museu no antigo Priorado dos Cavaleiros de São João de Malta, que ficava no final da Rue Cardinale, ao lado da igreja de mesmo nome. Aix também instalara sua Escola de Desenho gratuita ali. A escola era dirigida pelo curador do museu, um certo Joseph Gibert, pintor de profissão, da espécie mais acadêmica. Cézanne acompanhou seu amigo Philippe Solari, que sonhava ser escultor e inscrevera-se no curso noturno. Louis-Auguste franziu as sobrancelhas, disse algumas palavras sarcásticas, mas, afinal, todos esses lazeres artísticos faziam parte daquela educação burguesa à qual o banqueiro tanto aspirava para seus filhos. Marie, a irmã caçula de Paul, pintava algumas aquarelas e tocava piano nas horas livres. Então, se Paul realmente estava com vontade...

Um novo mundo abriu-se para ele. Claro que o museu de Aix não era o Louvre, porém seu acervo incluía alguns quadros de muito bom gosto. Em 1849, François Granet deixara em testamento suas obras e uma parte de sua coleção para o museu. Um pintor interessante, esse Granet. Além de algumas pinturas acadêmicas marcadas por um bolor de sacristia, monges espanhóis e freiras pouco atraentes, ele trouxera da Itália paisagens que o tornaram um precursor pouco conhecido de Corot* e do mesmo nível de um Valenciennes.** No museu, havia também obras de alguns pequenos mestres do século XVII, barrocos obscuros ("No Barroco não há apenas luzes", como dizia Michel Audiard[7]), e até um *Joueurs de cartes* [*Jogadores de cartas*] atribuído a Mathieu Le Nain. Cézanne exercitava o olhar. A mão também, pois, após contemplar

---

* Jean-Baptiste Camille Corot (1796-1875), pintor e paisagista francês, considerado "o pai do Impressionismo". (N.T.)

** Pierre-Henri de Valenciennes (1750-1819), pintor, paisagista francês, teórico da pintura e pedagogo. (N.T.)

demoradamente as telas, ele as reproduzia. Primeiros esboços. Fracassos. A pintura era incomensuravelmente difícil. No entanto, Cézanne se sentia em casa. Na Escola de Desenho, conheceu alguns jovens que sonhavam em se tornar pintores: Numa Coste, Joseph Villevieille, Joseph Huot. Ele também começou a sonhar. E se ele se tornasse um pintor famoso?

*

Na casa dos Zola, as coisas iam de mal a pior. Faltava dinheiro. Émile destacava-se no colégio, suas composições em francês eram tão extraordinárias que seu professor previu um futuro de escritor para ele, o que não enchia as panelas. Sua avó acabara de morrer naquele ano de 1857. Era ela, essa mulher enérgica e incansável, quem driblava as dificuldades e providenciava tudo para que nada faltasse na casa. Com seu desaparecimento, a penúria era total. Os Zola mudavam-se para bairros cada vez mais pobres. Algum tempo depois dessa descida aos infernos, endividada até o pescoço, a senhora Zola viajou a Paris para pedir ajuda a velhos amigos do marido. O filho ficou em Aix com o avô. Os dois amigos continuavam dando suas escapadelas. O que podia acontecer de funesto nessa natureza imensa quando se tinha alguns livros, a cabeça cheia de sonhos e projetos grandiosos? O pior. Em fevereiro de 1858, o céu desabou em cima de suas cabeças. Zola recebeu uma carta da sua mãe: "Viver em Aix tornou-se impossível. Venda os poucos móveis que nos restam. Com o dinheiro compre sua passagem de terceira classe e a do seu avô. Não demore, aguardo você."

Então, o paraíso não era eterno. Após a partida de Zola para Paris, Cézanne ficou perdido e soçobrou em um profundo estado de melancolia, quase de luto. Sua primeira juventude acabara. "Desde que você foi embora de Aix, meu caro, uma sombra de tristeza pesa sobre mim, eu não estou mentindo, acredite. Não me reconheço mais. Estou pesado, estúpido, lento."[8] Ele estava com dezenove anos de idade. A partida de Zola tirou-lhe o gosto pelos estudos, o gosto pelas escapadelas, o gosto por tudo. Ele só pensava no verão, que, talvez, lhe traria o amigo de volta. Também pensava na jovem que entrevira e por quem estava apaixonado. "Uma moça gentil. Sua tez é morena, seu porte, gracioso, seu pé, muito delicado, e a pele da sua mão fina e branca certamente é...."[9] Seu nome era Justine. No entanto, como abordá-la quando se é um tímido, um desajeitado, um néscio? Quando a menor iniciativa amorosa parece ser tão intransponível quanto levantar a montanha de Sainte-Victoire? "Uma espécie de tristeza interior me possui", escreveu ainda para Zola, "e, por Deus, não paro de sonhar com aquela mulher da qual lhe falei. Não sei quem ela é. Às vezes, quando vou para aquele colégio monótono, vejo-a passar pela rua. Juro que, não paro de suspirar, mas são suspiros que não se manifestam no exterior, são suspiros *mentals* ou *mentais,* sei lá."[10] Para o cúmulo de sua aflição, a partida de Zola deixara-o em um tal estado de apatia, que ele, um virtuoso em versos gregos e latinos, conseguiu ser reprovado no *baccalauréat** do mês de agosto. Algo que ele previra em outra carta para Zola: "Ah! Se eu fosse *bachot*, se tu fosses *bachot*, se Baille fosse *bachot*. Baille pelo menos o será, mas eu: afundado, submerso, enterrado, petrificado, amortecido, derrotado, isso é o que serei."[11] De nada adiantava jactar-se, compor versos de má rima magnificamente obscenos para divertir seu amigo, Cézanne continuava desanimado.

Zola não estava melhor. Ele não conhecia ninguém em Paris, e a ausência de Cézanne e Baille, da luminosidade do Sul e dos lugares familiares era insuportável. Ele estudava em um novo liceu – Liceu Saint-Louis – e precisava recomeçar tudo: ser aceito com seu ceceio, sua singularidade, sua condição de "marselhês". Ele era bolsista, esse *Gorgonzola***, e um bolsista

---

* Qualificação acadêmica que os estudantes obtêm na França para ingressar no ensino superior (N.E.)

** […] *j'entendis autour de moi murmurer des surnoms odieux* / ouvi murmurarem ao meu redor apelidos odiosos / […] – Carta de Émile Zola para Paul Cézanne, Paris, 25 de junho de 1860. Os apelidos eram jogos de palavras detestáveis com o sobrenome Zola. – Correspondance de Zola: Lettres échantillons: Cézanne – © 2001 Centre d'études du 19e siècle français Joseph Sablé. (N.T.)

é um pobre, uma pessoa abrutalhada. Como se não bastasse, era um pobre não muito inteligente, porque, aos dezoito anos, ainda arrastava sua forma pesada de caminhar do primário. Ele não estudava mais e tornara-se um aluno relapso. Seu único interesse era a literatura. Escrevia versos, uma peça de teatro e cartas para os amigos, cujas respostas lhe pareciam escassas. Decididamente, nada seria com antes. E ele nem tinha o consolo de uma situação melhor, porque, quando a família Zola mudou-se de Aix para Paris, carregou consigo a miséria nas solas de seus sapatos. Eles moravam em um apartamento medíocre, parcamente mobiliado, na rua Monsieur-le-Prince. Zola aguardava as férias. Voltar para Aix, rever os amigos... Porém o verão ainda estava muito distante...

Embora Cézanne não tivesse sido um aluno brilhante no colégio, ele ganhara o segundo prêmio de desenho no curso de Gibert. Quando Zola desembarcou em Aix para passar as férias, a vida de outrora retomou seu curso, embora com um fundo de preocupação. Eles riam, poetizavam, embriagavam-se um pouco com vinho e tabaco, faziam de conta que reencontravam o gosto de um tempo perdido, mas o coração não estava todo ali. Em outubro de 1858, Zola voltou para Paris, Baille viajou para Marselha a fim de preparar-se para a Escola Politécnica, Cézanne repetiu o *baccalauréat* em novembro e passou. Catástrofe: seu pai exigia que ele entrasse para a Faculdade de Direito. A velha raposa queria que o filho seguisse uma carreira honrosa, o banco, a toga, o que lhe abriria as fechadíssimas portas das casas burguesas das quais ele sempre fora excluído:

> Ai de mim! Segui o caminho tortuoso do Direito
> – Seguir não é bem o termo, obrigaram-me a segui-lo!
> O Direito, o horrível Direito entremeado de circunlóquios
> Fará três anos da minha existência um horror![12]

Essa aversão não era fingida. O Direito era uma matéria ingrata, e Cézanne descobrira uma paixão: desenhar, pintar. Claro que ele não podia contar para o pai, que o receberia com frases sarcásticas: "Morre-se com talento e come-se com dinheiro". Talvez à sua mãe? Élisabeth era uma pessoa doce, sonhadora, um pouco quimérica. Ela não via as tentações artísticas do filho com maus olhos. Porém há uma grande distância entre a paixão e a vocação definitiva. Então, que seja o Direito. Fingir ser um filho dócil ainda era o melhor caminho para ser deixado em paz. O projeto tomou forma aos poucos. Cézanne detestava tanto o Direito que todos os meios eram bons para encontrar uma escapatória.

Enquanto definhava, inseguro, indeciso e melancólico, um drama desenrolava-se em Paris. Zola adoecera. Ele sofrera um colapso quando voltara de Aix. Uma febre devorara-o durante seis semanas. A angústia, o túnel imperceptível do futuro... Zola debatera-se em uma noite obscura da qual saíra devastado, afásico e... Desdentado. Bem ao feitio do escritor Émile Zola.

Cézanne estudava Direito a contragosto e seguia os cursos de desenho com assiduidade. Uma ideia começava a germinar na sua mente: partir a qualquer preço. Ele pediu que Zola se informasse sobre os concursos da Academia de Belas-Artes em Paris. A Escola de Desenho de Aix era um pequeno mundo onde as ambições juvenis fermentavam. Numa Coste, Truphème, Solari e Villevieille formavam uma falange de artistas que germinava, encorajava-se, desafiava, iludia-se. Jean-Baptiste Chaillan, um filho de camponeses tão ingênuo quanto vigoroso, com um pescoço taurino e rosto avermelhado, tornara-se um bom companheiro de Cézanne, que se divertia com sua singeleza. Segundo Chaillan, não era preciso estudar, bastava deixar falar sua inteligência espontânea. Se Rembrandt ou Van Dyck haviam-no feito, por que ele não? Cézanne não tinha essas ousadias nativas. Ele ainda precisava de um mestre, de um ambiente, de referências. Gibert pai certamente não era um gênio, e suas concepções datavam de um século. Pelo menos Cézanne aprendia alguns fundamentos com ele, os quais apreciava, ao seu modo, com uma mistura de respeito e irritação. Ele temia o desconhecido. A vida era uma angústia só. Quem poderia imaginar que aquele menino tímido e inseguro revolucionaria a pintura? Naquele momento, ele tentava trabalhar com um modelo-vivo. Um homem nu, um exemplo de "academia", costumava posar na Escola de Desenho por um franco a hora. Os esboços não eram convincentes, os traços não eram graciosos. Ele garatujava formas rústicas, enquanto seus amores ficavam em ponto morto, apesar dos conselhos de "realismo amoroso" do seu amigo Baille, transmitidos por Zola, que, por sua vez, inclinava-se mais ao sublime e ao ideal, a única maneira para não ceder às mediocridades da época.

*

O Jas de Bouffan, ou *a Casa dos Ventos*, a antiga propriedade do marquês de Villars, governador da Provença, era uma casa muito bonita, uma *bastide*, como se diz na região. Construído no século XVIII, com sua fachada sólida, janelas altas, telhado de telhas vermelhas, o Jas de Bouffan aninhava-se entre as árvores de um parque, no final de uma alameda de castanheiros que se refletiam nas águas de um tanque de pedra. Atualmente, o Jas de Bouffan está comprimido entre uma autoestrada e uma grande avenida horrorosa, bordejada de oficinas de carros, concessionárias de automóveis e prédios construídos às pressas, que leva aos bairros da zona oeste de Aix-en-Provence. Todavia, em 1859, o ano em que Cézanne pai deu-se de presente essa propriedade no campo, situada a dois quilômetros de Aix, ao redor dela só havia alguns vinhedos e vastas planícies. Ao longe, perfilava-se a forma branca e maciça da montanha de Sainte-Victoire. Louis-Auguste era finalmente proprietário de uma casa no campo, como todo bom burguês de Aix, mas seu triunfo era modesto. Ele a comprara por 80.000 francos, uma bagatela para ele. É verdade que a casa conhecera dias melhores. O parque estava um pouco abandonado, e alguns aposentos encontravam-se em avançado estado de deterioração. Louis-Auguste desistiu de restaurá-la. A propriedade era uma boa aplicação de capital, porém a compra gerara comentários: as pessoas zombavam dessas pretensões de novo-rico. Por isso, Louis-Auguste evitava qualquer provocação e qualquer ostentação. Os aposentos deteriorados ficariam fechados, e o parque se manteria sozinho.

No início, Cézanne ficou indiferente a essa aquisição, como ficava com qualquer posse terrestre, mas logo percebeu que ali havia uma vantagem: poderia refugiar-se na propriedade para trabalhar. Obteve a autorização paterna para decorar um dos quartos com uma representação das quatro estações, segundo Poussin.* Contudo, por enquanto Cézanne ainda estava concentrado em seus amores. Justine tratava-o com desprezo. Ele contou sua desventura para Zola. Um tal de Seymard roubara-a dele: "Desde então, eu a vejo quase todos os dias com Seymard indo atrás dela... Ah! Quantos sonhos construí, e dos mais loucos, mas, sabe, é assim: eu dizia para mim mesmo que, se ela não me detestasse, iríamos juntos para Paris, onde me tornaria um artista, onde ficaríamos juntos. Eu me dizia que seríamos felizes, sonhava com quadros, um ateliê no quarto andar, você estaria comigo, e nós riríamos." O sonho esfumaçou-se. Ele não passava de "um corpo inerte, que não serve para nada".[13]

Cézanne estava amargurado. Aquela imbecil o esnobara, ele havia sido traído. Não seria a primeira nem a última vez. Naquele ano, só lhe restava esperar a chegada de Zola, que viria assim que terminasse seu *baccalauréat*. Zola passou em segundo lugar na prova escrita, mas a prova oral foi uma catástrofe. Émile certamente não era um orador. Ele gaguejou, trocou salsicha por "taltija", não soube a data da morte de Carlos Magno, uma ignorância totalmente inaceitável, e manifestou algumas opiniões um pouco pessoais demais a respeito de La Fontaine. Reprovado! Paciência. Recomeçou tudo em novembro, também sem sucesso, e foi reprovado até na prova escrita. E foi assim que aconteceu: um dos maiores romancistas franceses do século XIX nunca terminou seu bacharelado.

As férias de 1859 reuniram novamente os dois amigos e Baille, que passava por uma fase negativa. Segundo Zola,

---

* Nicolas Poussin (1594-1665), pintor francês. (N.T.)

Baille era "um rapaz gordo, com um rosto normal e balofo". Queria ser engenheiro, pior para ele. Aquele verão seria a estação das grandes decisões. Zola trouxera verdadeiros tesouros de histórias de Paris. Quando se quer ser um artista, é preciso estar lá; Gibert pai era um asno; em Paris havia o Louvre; Rubens, Poussin, Rembrandt, todos estavam no Louvre; em Paris havia professores de verdade, pessoas que sabiam o que significava pintar; e havia o Salão, aquela Icária, aquela Ítaca dos pintores. Zola tornou-se insistente: "*Févanne* tem que ir para Paris, é *fua* única *chanfe* de ter *fufefo*". Além disso, Émile seria tão menos infeliz com o amigo ao seu lado. Ao menos falara com o pai sobre seus projetos? Cézanne resmungava, formigava. Falar com Louis-Auguste? Cada vez que o velho via o filho com um pincel na mão, erguia os ombros de pena. Que bela ideia tivera no dia em que lhe dera de presente aquele estojo com aquarelas que comprara a um bom preço... Louis-Auguste estava preocupado. No início, achara que tudo não passava de um capricho. Porém aquele filho imprestável parecia agarrar-se à sua paixão. Morre-se com talento... Louis-Auguste começou a implicar com o coitado do Zola e afirmava que era ele quem enfiava aquelas ideias estranhas na cabeça do filho, a quem via como um banqueiro, um advogado, um burguês arrivista que o vingaria de todos os desprezos, de todos os descasos.

*

Porém, Louis-Auguste, esse tirano, esse ladino, esse materialista maluco, não era exatamente o imbecil embotado que a lenda forjara por comodismo romântico. Ele amava o filho à sua maneira. Algo dentro dele, algo impreciso, não formulado, entendia-o. Louis-Auguste estava com sessenta anos, tinha a vida atrás de si e era tão rico que não sabia o que fazer com o dinheiro. Nada o impedia de deixar o filho agir como bem quisesse, mas estava imbuído dos princípios e das certezas de um camponês enriquecido. Procurou Gibert pai para saber o que achava dos projetos do filho. Dizer o quê?

Se Paul fosse embora, ele perderia um dos seus alunos, um dos melhores, porque Cézanne estava fazendo progressos. Mas daí a ir para Paris...

Louis-Auguste sabia o que estava fazendo. Se até o professor desaprovava... A voz da autoridade... Até mesmo Cézanne começou a ter dúvidas. Zola insistiu, dessa vez com argumentos mais burilados: "Veja como você poderia dividir seu tempo: das seis às onze da manhã, você pintaria um modelo-vivo em um ateliê; almoçava; do meio-dia às quatro da tarde, copiaria a obra-prima que lhe agradasse no Louvre ou no Luxembourg".[14] Sabendo que seus argumentos encontrariam um eco naquele Louis-Auguste avarento, Zola calculou o orçamento de Cézanne: 125 francos por mês deveriam bastar para os gastos, e ele sempre poderia aumentar essa quantia com a venda de seus primeiros esboços e obras. "Os estudos feitos nos ateliês, principalmente as cópias dos quadros do Louvre, vendem-se muito bem, e mesmo se você não fizer mais do que uma por mês isso engordará sua mesada confortavelmente para gastar nos pequenos prazeres." Cézanne tergiversou. Para que essa obstinação? Aix, a segurança do lar, o amor da família, o carinho da mãe, a solicitude admiradora da sua irmã Marie, essa futura velha tirânica, e até a presença esmagadora e ao mesmo tempo tranquilizadora do velho pai ranzinza... Ele pressentia vagamente que sua vida, sua existência e seu destino dependiam disso, mas que somente teria certeza quando tivesse experimentado. Cézanne ficou amuado. O que não era difícil para ele. Ficava calado na mesa do jantar, enquanto o pai lançava-lhe olhares fulminantes. Paris, a libertinagem, as meretrizes, a vida de artista... Cézanne se retraiu. Pintava os painéis das *Quatre Saisons* nas paredes e assinava-os, por zombaria, com o nome de Ingres, esse triunfo do academicismo que ele já detestava mesmo sem conhecê-lo de fato. Cezánne só gostava de pintar, mas de que adiantava gostar de uma coisa para a qual não se tinha nenhum talento? Era invadido por sensações extraordinárias, visões em que suas mãos eram impotentes de reproduzir, passava da opressão ao frenesi. Durante seus ataques de raiva, rabiscava, rasgava, destruía, recomeçava. Talvez a raiva fosse seu único pecado capital, mas que força tinha! Ela lhe fechará portas, o afastará das pessoas benévolas, o trancará na solidão. Por outro lado, sem essa raiva fundamental, terrível, da qual extrairá sua vontade e sua força, ele não teria se tornado Cézanne. Por enquanto, confessava seus fracassos para Zola, que protestava: "Você! Não conseguir? Acho que você está enganado a seu respeito."[15] Zola continuava tendo dificuldades. Cézanne deveria ir a Paris em março de 1860, mas Rose, sua irmãzinha, adoeceu, o que atrasou ainda mais o projeto. Depois, havia o serviço militar. O exame dos novos recrutas estava marcado para o dia 14 de fevereiro. Cézanne foi declarado apto para o serviço militar. Para exonerá-lo, era preciso encontrar um substituto, o que aconteceu em julho. Cézanne ficou aliviado. O que teria feito no exército durante quatro anos? Para festejar essa emancipação, ou sua ascensão à idade adulta, deixou crescer a barba.

O ano de 1860 foi deprimente. Seu pai não parava de reclamar e bufar. No final de abril, pareceu humanizar-se e insinuou a perspectiva de uma estadia em Paris. Isso não tranquilizou o jovem artista, cujo humor tornou-se ainda mais sombrio. Zola, que se extenuava em Paris trabalhando como empregado nas Docks Napoléon*, suplicou-lhe que agisse com diplomacia. Porém, como ter paciência quando seus companheiros já estavam em Paris? Villevieille, Chaillan, pois é, até Chaillan, aquele camponês gordo, também havia ido para lá. Ele trabalhava no ateliê de Suisse pai, copiava quadros no Louvre. Truphème também partiria em breve. Apenas ele, Cézanne, ficaria preso em Aix pela vontade de um pai sádico. Sua raiva era tamanha que recebeu o amigo Baille com uma grosseria brutal. Magoado e muito transtornado, Baille achou que não era digno da amizade de Cézanne porque não era um artista, um eleito. "Quando você perceber que sou incapaz de expressar a arte pelo exterior, pela pintura ou pela poesia, você me achará indigno de você?" Zola tentava apaziguar as coisas à distância. O que seria dele se o trio se desfizesse? Zola,

---

* Departamento da Alfândega das docas do Canal de Saint-Martin. (N.T.)

intercedeu junto a Cézanne e empregou toda a sua habilidade e tato para pacificar o tempestuoso. Que caráter mais difícil, capaz tanto de indiferença e dureza quanto de uma crise de entusiasmo e amizade. Entretanto, o gentil Baille, com sua aparência sensata de bebê gordo e bochechudo, que só falava de "posição" e felicidade material, acabou tanto por indispô-lo quanto por irritar Zola. A juventude passa ligeira, e alguns são muito rápidos para pôr um fim nos seus sonhos.

Cézanne estava a ponto de desistir e jogar fora os pincéis. Por que não o Direito, um diploma, uma carreira tranquila de advogado... Todos ficariam felizes e o deixariam em paz... Porém logo depois começou a pintar uma tela. Não conseguia viver com a pintura, nem sem ela: o próprio sintoma da paixão. Chegou a Paris e, no dia seguinte, já queria ir embora. Zola aborreceu-se. "Será que para você a pintura não passa de um capricho que um dia agarrou-o pelos cabelos quando você se enfadava? De um passatempo, de um assunto de conversação? De um pretexto para não estudar Direito? Se for assim, eu entendo sua conduta, você tem razão em não levar as coisas ao extremo para não criar novos problemas na família. Contudo, se a pintura for sua vocação – e eu sempre a considerei assim –, se você sente que fez a coisa certa depois de trabalhar bem, então, para mim você passará a ser um enigma, uma esfinge, um quê impossível e tenebroso."[16] Esperto, esse Zola. E sem um tostão no bolso. Ele quase não comia mais porque não tinha dinheiro. Naquele ano, não tivera nem os meios para comprar uma passagem de trem para passar algumas semanas em Aix.

Na realidade, Cézanne não cedera nem um milímetro às pressões da família: ele desistira de estudar Direito de vez e mantinha-se perseverante na sua estratégia de resistência passiva em relação ao pai. Pintava sem parar, obstinadamente, em todos os lugares, do lado de fora, até mesmo durante aquele inverno em que a terra congelara. Pintou seu autorretrato. Seu primeiro autorretrato, copiado de uma fotografia, data desse inverno de 1861: nele, está sombrio, severo, desagradável, com um olhar feroz. Também pintou seu pai de perfil, lendo o jornal. O velho pão-duro não ficou muito lisonjeado naquela pintura áspera, que mais parecia um Soutine* antes do seu tempo. Contudo aceitara posar para o filho! Já que havia um pintor na família, que ao menos servisse para alguma coisa. Duvidamos que tenha ficado deslumbrado com o resultado. Depois de uma última perfídia, Louis-Auguste permitiu-se uma última maldade: acusou Zola de ter transformado seu filho em um sem-vergonha, de ter plantado aquelas quimeras de artista na cabeça dele. Como se Zola, na sua miséria, tivesse necessidade dessas imputações. Em resposta, ele escreveu para Baille, para o sensato Baille, e pediu que intercedesse em seu favor. No entanto era desnecessário. Em uma manhã de abril de 1861, Zola ouviu uma voz tonitruante gritar seu nome dos degraus da escada que dava para o seu quarto miserável na Rue Soufflot. Abriu a porta: era Cézanne. Os dois amigos abraçaram-se com força, gritando palavrões de alegria. Finalmente!

---

* Chaïm Soutine (1893-1943), pintor, nasceu em Smilovitchi, na Lituânia e mudou-se para Paris em 1902. (N.T.)

Paris, a nós três!

Cézanne não viera sozinho. Louis-Auguste insistira em acompanhar o filho, junto com Marie, sua irmã. Ele queria ver, saber o que o esperava. Paris também era sua juventude... Ele voltou para Aix dois dias depois, deixando uma mesada de 150 francos para Paul. O suficiente para não morrer de fome. Quanto às senhoritas, Cézanne não corria o risco de incomodá-las muito, já que se instalara em um apartamento mobiliado na Rue des Feuillantines.*

O choque com Paris foi rude. No Império do *Badinguet***, que durava havia dez anos, reinava uma loucura de empreender, acumular, gozar. Dez anos mais tarde, em *La Curée* [*O regabofe*] (1871), Zola faria o retrato caricatural desse pequeno mundo corrompido e vulgar, desses mercenários que construíam suas fortunas em cima de combinações duvidosas e da exploração de um sistema de compra e venda dos terrenos na cidade. Barão Haussmann estava redesenhando Paris, arrasando os velhos bairros, esses fermentos de insurreições e insalubridades, e traçando largas avenidas retilíneas bordejadas de prédios suntuosos. Era preciso livrar Paris do seu povinho e transformá-la em uma grande cidade moderna que deslumbraria o mundo. O luxo oferecia-se aos olhares, as mulheres se ofereciam por fortunas que eram imediatamente embolsadas, canteiros de trabalhos faraônicos emergiam da terra, enquanto nos cafés e restaurantes da moda um mundo ilícito rivalizava em ostentação.

Cézanne estava tonto. A calmaria sonolenta de Aix estava longe. Era a Babilônia: o luxo, a depravação, o barulho. E

---

* Situada no 5º *arrondissement*, no bairro de Val de Grace, onde as religiosas Feuillantines fundaram seu convento em 1622. (N.T.)

** Napoleão III, cujo nome era Louis-Napoléon Bonaparte (1808-1873), foi o primeiro presidente da República francesa em 1848 e, depois, segundo imperador e último monarca da França em 1852, sob o nome de Napoleão III. Seus opositores o apelidavam de *O homem do 2 de dezembro; Napoleão, o pequeno* (Victor Hugo); *Boustrapa;* ou, ainda, *Badinguet*. (N.T.)

Zola, que vivia naquela miséria negra, naquela pocilga com paredes tão finas que ninguém ignorava nada da intimidade duvidosa dos vizinhos, nem os encontros tarifados que eram praticados ali. Os dois amigos almoçavam em um restaurante modesto na Rue Fossés-Saint-Jacques. Cézanne inaugurou sua estadia com um ataque de raiva dantesco: não havia azeite de oliva na mesa! Mas... Depressa! Era preciso correr até o Louvre, o Luxembourg, saciar-se de pintura! Cézanne estava deslumbrado. E o que descobriu? Exatamente aquilo que ele não sabia fazer e que, para sua salvação eterna, não fará jamais: Cabanel, Meissonier, Gérôme, todos os mestres oficiais, os sustentáculos do academicismo mais exagerado. Ficou muito impressionado: "É espantoso, impressionante, inacreditável". Admiração? Inveja? Um prenúncio de sua ironia? Os dois amigos continuaram até Versalhes. Cézanne entusiasmou-se. Vontade de pintar! Vamos! Rápido! Começou a trabalhar imediatamente e inscreveu-se na Academia Suisse.

Curiosa instituição, a academia de Suisse pai. Havia sido fundada por um antigo modelo que queria aposentar-se e a instalara na esquina do Quai des Orfèvres com o Bulevar do Palais, na Île de la Cité. O lugar já não existe mais há muito tempo. Não era realmente uma escola, mas um ateliê amplo, imundo, esfumaçado, mal-iluminado. Não havia cursos, porém permitia-se, mediante uma quantia bastante módica, que os artistas trabalhassem com um modelo-vivo. Alguns dos pintores mais famosos forjaram suas armas ali: Courbet, Delacroix... Um homem trabalhava como modelo durante as três primeiras semanas do mês, e uma mulher na última semana. A Academia Suisse não era apenas um ateliê cômodo de trabalho: era também um lugar de encontros, onde se cruzava tudo o que formaria a pintura dos próximos decênios, como, por exemplo, Édouard Manet. Naquela época, já com quase trinta anos, Manet havia finalmente exposto no Salão. Havia também um rapaz muito promissor, dotado de um olhar excepcional, chamado Claude Monet, que prestava serviço militar na Argélia, e outro rapaz um pouco mais velho, de cerca de trinta anos, um homem extremamente agradável, bom, generoso e amigável: Camille Pissarro.

Pouco à vontade naquele ambiente que o intimidava, Cézanne estava furioso. Havia novos rostos demais, debates demais, tagarelices demais. Falar cansava-o. O ateliê de Suisse também era um centro de insurreições, pelo menos de contestações. Zombava-se do Salão, que só expunha pinturas convencionais, mas sonhava-se em participar dele, porque era uma passagem obrigatória, a consagração oficial, o único meio de se tornar conhecido. Criticava-se o Império, seu autoritarismo e suas vulgaridades, o frenesi mercenário que desabara sobre Paris.

Foi ali que Cézanne conheceu um personagem curioso, também de Aix: Achille Emperaire. O titular desse nome grandioso era um anão corcunda, cujo corpo deformado era encimado por uma cabeça estranha de mosqueteiro, na qual despontavam dois belos olhos pretos, tão brilhantes como duas jabuticabas maduras. Essa síntese da natureza humana era uma energia em marcha. Impregnado de um orgulho que se igualava à sua desgraça e de uma ambição devoradora, Achille Emperaire só sonhava com a glória. Havia nele tanto de um dândi quanto de um monstro. Dez anos mais tarde, Cézanne faria seu retrato: seria um de seus quadros mais perturbadores. Emperaire está sentado em uma grande poltrona, com os pés apoiados em um paralelepípedo de madeira; seu olhar, sonhador e profundo ao mesmo tempo, parte de viés; suas perninhas estão cobertas por uma calça cor-de-rosa. O quadro é de uma intensidade trágica: o personagem, cuja mão pende para baixo, é patético e parece perdido. As cores são fortemente contrastadas: para o anão, um robe azul forte, uma echarpe vermelha, cores triunfantes como uma consagração. Emperaire é um rei em seu trono tanto quanto um Cristo crucificado... O tema predileto desse anão, e o único objeto da sua chama criadora, era a mulher. Todos os dias, depois de pendurar-se durante uma hora no trapézio para tentar esticar seu pequeno corpo, ele desenhava incansavelmente seios, quadris, todo um paraíso de carnes ao qual só tinha acesso dessa maneira. Cézanne, que era dez anos mais velho, nunca cruzara com ele em Aix, embora Emperaire também tivesse seguido o curso de Gibert pai muitos anos antes dele. Instalara-se em Paris há quatro ou cinco anos, e sobrevivia de expedientes, lutando em uma pobreza sórdida, frustrado nos seus desejos por causa da sua deformidade, mas animado por um fogo inextinguível pela pintura. Paul e Achille reconheceram-se como iguais e simpatizaram-se imediatamente. Percorriam juntos o Louvre, formando um conjunto estranho, discutindo, brigando, adorando-se. Cézanne venerava Delacroix. Emperaire considerava-o um rabiscador e só falava de Tintoretto. Mas isso não tinha a menor importância. Pelo menos era possível falar de pintura com Achille, o que era melhor do que falar com Zola, que não entendia nada do assunto, não conseguia enxergar nada e só será um crítico da pintura por obrigação, por amizade, mas cujo mau gosto acabará angustiando Cézanne muito antes da catástrofe definitiva.

Apesar dos encontros com os amigos e da pintura, Cézanne começava a desencorajar-se rapidamente. Havia tantas coisas para fazer que era impossível realizá-las. Sua natureza melancólica era mais forte do que tudo. Em Aix, ele sonhava com Paris. Lutara três anos para chegar até ali. Em Paris, sentia saudades de Aix, sonhava em voltar para lá um dia, reencontrar a família e o aconchego do lar. Assim seria durante toda a sua vida, ao sabor das suas idas e vindas entre Paris e a Provença. "Eu achava que, ao deixar Aix, deixaria o tédio que me perseguia para trás, bem longe. Apenas troquei de lugar: o tédio me acompanhou." Zola ficou zangado, protestou, queria acreditar que a festa não estava completamente estragada. A atitude de Cézanne, esse filho de rico, escandalizava-o, a ele, a quem faltava tudo, que lutava para sobreviver e ter êxito. Ele implorou, tentou convencer o amigo, mas este voltou para a sua concha. Cézanne tinha pavor da tagarelice de Zola, daquele lado mãe coruja de Zola, que parecia querer "agarrá-lo pelo colarinho", seu maior medo. Quando se tratava de si mesmo, Cézanne não escutava nada nem ninguém. Em uma carta para Baille, Zola escreveu:

> Provar alguma coisa para Cézanne é o mesmo que querer convencer as torres de Notre-Dame a dançarem uma quadrilha. Ele poderá até concordar, mas não moverá nem um dedo... Ele é feito de uma peça única, tesa e dura ao toque da mão; nada consegue dobrá-lo, nem arrancar uma concessão dele. Ele nem quer falar sobre o que pensa. Tem horror às conversas, primeiro porque falar cansa, e depois porque teria que mudar de opinião caso seu adversário tivesse razão... Fora isso, ele é o melhor rapaz do mundo.[1]

Mesmo assim, Zola aferrou-se a essa amizade, enquanto Cézanne, certo de ser um fracassado, seguia seu caminho, fugia, corroía-se por dentro. A aposta de Louis-Auguste não estava tão errada assim. Ele deixara o filho fazer o que bem entendesse para que sofresse as consequências dos seus atos e constatasse sua própria nulidade por experiência própria. Fugindo de si mesmo, Cézanne mudou de quarto e foi morar em Marcoussis, na Seine-et-Oise. Desesperado, Zola reprova seu amigo e seu derrotismo. Ele não iria contra a ordem estabelecida, não renegaria nada da sua juventude, não renunciaria à obra que começava a entrever; mas, meu Deus, como era difícil...

Em agosto, um pouco mais calmo, Cézanne voltou de sua estadia no campo. Parecia disposto a mudar de atitude e não desgrudava de Zola. Porém, dilacerado, oprimido pela desaprovação de Louis-Auguste, que não relaxara a pressão, falava mais do que nunca em voltar para Aix, como se fosse atraído, aspirado por aquela sombra assustadora da imagem do pai. Esvaziado, exangue, ele repetia que voltaria para Aix, que procuraria um trabalho, qualquer coisa, e que renunciaria definitivamente a essa droga de pintura que lhe arrancava as tripas e a alma. Zola tentou uma última artimanha: pediu-lhe para fazer seu retrato. Cézanne entusiasmou-se e imediatamente agarrou os pincéis. Zola posou tão paciente como um faquir, aguentando os ataques de raiva de Paul que, por mais que tentasse, não conseguia pintar. Não havia mais nada a fazer: estava terminado, terminado de vez. Cézanne rasgou raivosamente o retrato de Zola e enfiou seus pertences na mala. Alguns dias depois, Louis-Auguste recebia-o de braços abertos, com uma afeição um pouco irônica. A primeira estadia de Cézanne em Paris durara seis meses.

*

Cézanne era um rapaz romântico, perseguido pelo desejo de ser diferente, mas, ao mesmo tempo, tinha o desejo de ser como todo mundo. Reencontrou sua mãe e suas duas irmãs com prazer, e até seu pai, que triunfava com ar zombeteiro sobre o mundo do "eu bem que avisei". Cézanne participou do jogo e talvez até fosse sincero. Concordou em trabalhar no banco do pai para aprender a profissão de banqueiro, trancou-se nos escritórios poeirentos do Banco Cézanne e Cabassol, na Rue Boulegon, enfileirou números, aprendeu o jargão árido das finanças e a sinistra realidade de um mundo em que só se falava de dinheiro e das maneiras mais eficazes para ganhá-lo, ou seja, de como enganar sutilmente seus contemporâneos. Cézanne bocejava. Ele não entendia nada daquilo. Que chatice! Pensava em Paris. Estava bem em Paris: a Academia Suisse, os museus, aquele anão louco, Achille Emperaire, aquele coitado do Zola. O que estaria acontecendo com Zola? Nunca mais soubera dele.

Baille também estava em Paris. Aquele cabeça de vento havia passado para a Politécnica, a Universidade de Engenharia. Cézanne fizera uma grande besteira ao partir de lá tão apressadamente. Não seria ele realmente apenas uma pessoa instável, indecisa, uma criança mimada, um fracassado? Cézanne recomeçou suas longas caminhadas solitárias pelos campos de Aix. O filho do patrão podia permitir-se faltar ao trabalho. Perplexo, o patrão observava-o e deixava-o à vontade. Cézanne recomeçou a rabiscar, era mais forte do que ele. Comprou tintas e telas, retomou seus cursos na Escola de Desenho e voltou a encontrar-se com Numa Coste. Ele rabiscou esses dois versos zombeteiros em um livro de contabilidade:

Cézanne o banqueiro não vê sem fremir
O pintor detrás do balcão por vir.

Louis-Auguste pressentia a chegada de sua derrota definitiva e sabia que dessa vez não conseguiria interferir em nada. O filho não se interessava por dinheiro nem por números, e não se dá de beber a um asno que não tem sede. Na Escola de Desenho, Cézanne tornava-se um pequeno mestre, à sua maneira. Ele fizera alguns estudos de nu masculino de excelente qualidade. Por menos que se saiba das questões relacionadas à arte, certas evidências não podem ser ignoradas. Louis-Auguste, que não tinha nada de tolo, era capaz de iniciativas surpreendentes. Mandou arrumar um ateliê no Jas de Bouffan, e mandou abrir nele uma janela na parede para deixar penetrar a luz. O suficiente para Cézanne acalmar-se durante aquele inverno de 1862, enquanto, em Paris, Zola tremia de frio na sua pocilga. Pelo menos, se algum dia descrevesse sua miséria, ele saberia do que estava falando: "Tenho a impressão de que todo esse sofrimento me fez crescer. Eu vejo, ouço melhor. Adquiri novos sentidos que me faltavam para julgar certas coisas."[2] Ao seu modo, Zola também estava motivado e pagava-o com a própria pessoa, em espécie.

Zola associou-se a um pequeno grupo que publicava *Le Travail*, um pasquim de contestação que censurava o Império e era vigiado de perto pela polícia, dirigido por um rapaz de extrema esquerda, com ideias muito seguras, um tal Georges Clemenceau. Esse nativo autoritário da Vendée, que não recuava diante de nenhuma brincadeira, nenhum jogo de palavras maledicente ou obsceno, que já naquela época era um mulherengo inveterado, tinha tudo para ser um bom líder. Ele declarava abertamente que era um anticlerical, e os versos idealistas de Zola arrancavam-lhe alguns risinhos zombeteiros. Porém, Clemenceau era um homem generoso e sentia que aquele ceceador tinha caráter. Zola não media suas palavras. Mesmo se as autoridades não vissem *Le Travail* com bons olhos, tudo era válido quando uma pessoa queria ser conhecida. Zola não carregava mais Cézanne no coração.

Cézanne o abandonara, acomodara-se, todas as suas belas ambições não passavam de fogo de palha, um capricho de criança mimada. Como era possível ser tão medíocre e trair sua juventude quando se tinha vinte anos? Ele ignorava que Cézanne recomeçara a pintar furiosamente. Em janeiro de 1862, agradável surpresa, ele recebeu uma carta do amigo: Cézanne voltaria a Paris em março. Zola agarrou sua pena para comunicar sua alegria e sua amizade. Zola era carinhoso, afetuoso. Ele estava muito comovido. Pensava que havia perdido Cézanne, e Cézanne estava voltando:

> Meu caro Paul, já faz muito tempo que não escrevo para você, não sei exatamente por quê. Talvez porque Paris não valorizou nossa amizade? Talvez ela precise do sol da Provença para viver alegremente? Certamente deve ter sido algum quiproquó infeliz que esfriou nossa relação...[3]

Cézanne entendera que nunca mais seria pego representando uma pessoa razoável. Ele se conhecia agora. Era uma pessoa angustiada, instável, de humor péssimo, que não conseguia ficar parada no mesmo lugar, com um caráter desagradável, um físico pouco sedutor, que nunca teria êxito se bancasse o conquistador ou um janota da moda. Sua única salvação? Ser ele mesmo e pintar. Voltaria para Paris, mas nunca, jamais, renunciaria a Aix. Isto ele também entendera: precisava de Aix, daquela luz, daqueles contornos violentos e contrastantes, daquelas cores francas que tomavam forma em grandes massas na tela. Precisava do inferno para poder saborear o paraíso melhor. O inferno e o paraíso eram Aix e Paris, Paris e Aix. Atrasou a partida. Não estava pronto, tomava impulso. Ele não aguentaria outro fracasso.

Zola aguardava, paciente. Conseguira um emprego na Editora Hachette como empacotador, e sua situação melhorara um pouco. Um dia, alguém percebeu seu talento, e ele foi transferido para o setor de publicidade. O que não deixava de ser uma boa escola quando se quer romper com os mecanismos bajuladores que formam as carreiras, ainda que a condição de modesto assalariado não fosse nada excitante. Varava as noites escrevendo sem parar. Começou *La Confession de Claude* [*A confissão de Claude*], um romance de aprendiz, violento, altamente autobiográfico, carregado de ressentimento por causa dos sofrimentos pelos quais passara. No verão de 1862, ele foi passar algumas semanas em Aix com Cézanne, que pintou (por delicadeza?) uma vista da barragem dos Infernets construída pelo senhor Zola, o pai.

Imerso na hostilidade da família, Cézanne preparava sua nova viagem para Paris. Todos se intrometiam: a mãe, as irmãs, o pai. Mas ele se mantinha firme. Dessa vez, prestaria o exame para a Escola de Belas-Artes, cujo tema do concurso já havia sido publicado: "Coriolano suplica por sua mãe Vetúria". Um tema bem digno daqueles velhos caranguejos da arte oficial, distante das cores suntuosas e da luz violenta dos Infernets, mas se realmente era necessário... Em novembro de 1862, Cézanne estava de volta a Paris.

O recusado

Sim, Cézanne entendera. Ele não se deixaria vencer por Paris, nem pela melancolia, pela saudade ou pelo desencorajamento. Não haveria uma terceira oportunidade. A verdadeira vida era agora. Ele alugou um quarto perto do Jardim de Luxemburgo e correu para se inscrever novamente na Academia de Suisse, na qual passou a trabalhar assiduamente todas as manhãs. E, é claro, reencontrou Zola e Baille, que agora era um parisiense. O trio voltara a ser como antes, as brigas haviam sido esquecidas, e os maus pensamentos provocados pela ausência também. Uma amizade como essa não podia morrer.

Zola, por sua vez, agarrou sua oportunidade. O posto que ocupava no departamento de publicidade na Editora Hachette era um lugar estratégico para encontrar escritores. Diante dele, desfilavam o gordo Sainte-Beuve, que assinava seus temidos *Lundis* sob o pseudônimo de Michelet – Michelet! O homem cujas frases sobre o amor ideal tanto os havia feito sonhar, Renan, uma das inteligências mais aguçadas de sua época, que enunciara a verdade definitiva segundo a qual uma religião era uma seita cujo golpe tivera sucesso; o velho Lamartine, desgostoso de tudo, da poesia, da política e dele mesmo. Zola começou a entender que a poesia não pagava nada, que os tempos do poeta herói estavam bem mortos. Durante o exílio de Guernesey, o que escrevera o próprio Victor Hugo, o grande Victor Hugo? Romances. Ele acabara de publicar com um sucesso estrondoso *Les Misérables*. Esse era o caminho a seguir: contar o mundo tal como ele era, comover, fazer chorar. Zola estava escrevendo novelas. Ele acabaria encontrando um meio de publicá-las.

E onde estávamos no domínio da pintura? Cézanne só queria saber de Delacroix. Encontrara seu herói. Contudo, Delacroix recebia críticas negativas: sua pintura era violenta demais, crua demais, colorida demais, tudo demais. Opunham-lhe (os eunucos da arte oficial) Ingres, que Cézanne considerava "muito forte, mas muito chato", com suas carnes pálidas, formas encurvadas comportadas e insipidez adequada. Se houvesse apenas Ingres! A pintura que se venerava era anêmica, sem suco nem seiva, endomingada, saturada de ornamentos grotescos. Cézanne mudara muito: não admirava mais os sucessos oficiais ingenuamente. Algo nele se revoltava. Não seria mais enganado por aquelas coisas anêmicas. Apresentou-se na Academia de Belas-Artes, mas uma voz interior intimou-o a recusar a jogar o jogo, a não passar por aquela coisa enfadonha. Um obstinado, um espírito rebelde – já. "No entanto, a natureza é bela", resmungava. Sim, era possível fazer algo completamente diferente de tudo aquilo. A natureza não era somente as árvores, a pedra, o céu. Era também a mulher, esse mistério absoluto, essa fonte de angústia, esse objeto de desejo. Isto era algo que emanava do mais profundo do seu ser: se a pintura não servia para expressar-se por inteiro, para que servia então? Ele estava à procura de si mesmo. O exemplo de Delacroix permitia-lhe ousadias de cores que se assemelhavam à sua natureza profunda. Ele desenhava esboços, espalhava as cores, raspava, mas o resultado nunca era satisfatório. Suas anatomias resultavam em monstros de um realismo desajeitado, em empastes, em cores gritantes sobre fundos sombrios, todo um mundo interior que expressava sua angústia e uma enorme necessidade de formas inéditas. Forçava os traços, trabalhava com a espátula, espalhava sobre a tela volumes fortemente contrastados. Entre o desejo de realidade e os tormentos de uma alma voltada para um ideal, os resultados revelavam o temperamento, mas ainda faltava muito para conquistar a habilidade, a "profissão".

O importante era que ele se sentia bem e protegido. "Trabalho com calma, me alimento e até durmo", escreveu para Numa Coste. Ele e Zola haviam retomado seus passeios – dessa vez pelos arredores da Île-de-France. Segundo Zola, aos domingos eles subiam no trem assim que amanhecia: "Paul levava todo o material de pintura, enquanto eu carregava apenas um livro no bolso". Eles desembarcavam na Gare de

Fontenay-aux-Roses e caminhavam até Vallée aux Loups, onde planava a lembrança de Chateaubriand.

> Uma manhã, caminhávamos pelo bosque quando nos deparamos com um açude afastado de qualquer caminho. Era um açude coberto de juncos, de águas musgosas, ao qual demos o nome de Açude Verde, pois ignorávamos seu nome verdadeiro. [...] O Açude Verde tornou-se a meta de todos os nossos passeios. Sentíamos por ele um capricho de poeta e de pintor. Nós o amávamos com paixão e passávamos nossos domingos instalados em cima da grama fina que o circundava. Paul começara um estudo do açude, a água no primeiro plano, com os grandes tufos de ervas flutuantes, e as árvores em profundidade, como se fossem os bastidores de um teatro, cujos galhos se drapejavam como cortinas em um recuo de capela, e espaços azuis que desapareciam em um redemoinho quando o vento soprava. Finos raios de sol traspassavam as sombras como balas de ouro e jogavam em cima da grama círculos luminosos cujas manchas redondas deslocavam-se lentamente. Eu ficava horas ali sem me entediar, raramente trocando uma palavra com meu companheiro, às vezes fechando as pálpebras e sonhando na claridade confusa, cor-de-rosa, que me banhava.[1]

Embora ainda sem formulá-la por completo, essa página "impressionista", assombrada de natureza, água e luz, correspondia à sensibilidade da época à qual, porém, Cézanne nunca se integrará completamente, pois ele já se obstinava em seguir o próprio caminho. Esse início do ano de 1863 foi certamente um dos momentos mais felizes da sua vida. A primavera era gloriosa, as moças fáceis e encantadoras, e Cézanne construíra amizades sólidas. Em primeiro lugar, com Camille Pissarro, o bom Pissarro, que pintava paisagens luminosas calmamente, um homem impregnado de sabedoria, que vivia na certeza tranquila de que a beleza era capaz de salvar o mundo, e de que ele devia contribuir com sua parte modesta nesse empreendimento. Em segundo lugar, com Guillemet, que não era da mesma têmpera, um rapaz jovial, mulherengo, rico, que gostava de viver bem, filho de um negociante de vinhos – o pai não regateava com o valor da sua mesada – e um pouco desenvolto demais para criar uma obra original, mas que seguirá uma carreira acadêmica honrosa.

Cézanne foi reprovado no exame para a Escola de Belas-Artes, as "Belartes" ["*Bozarts*"], como costumava dizer. Um membro da banca assustara-se com sua pintura e considerara-a excessiva. Bem visto. Enojado, revoltado, Cézanne vociferou, porém não deixou de ficar um pouco preocupado. O que diria Louis-Auguste? E se ele cortasse sua módica pensão? Em janeiro, Louis-Auguste enfrentara as trinta horas de viagem de trem e estivera em Paris não só para tratar de alguns negócios, mas também para lembrar ao filho de que ele contava que este fizesse o concurso e passasse. Já que queria ser pintor, o melhor que tinha a fazer era sujeitar-se aos exames estritos da arte oficial. Era mais apropriado. Cézanne ficou prostrado.

Pissarro estava lá para consolá-lo. Como não era uma pessoa impetuosa, seu julgamento era sólido e ponderado: as aulas da Escola de Belas-Artes seriam uma perda de tempo para Cézanne, e ele até corria o risco de estragar seu talento.

*

Como todas as artes, a pintura era objeto de lutas impiedosas e de interesses de poder consideráveis. Em matéria de arte e de gosto, como em todas as outras coisas, a burguesia triunfante suplantara a velha aristocracia, que se autodestruíra pelo escárnio e pela inconsciência da sua inutilidade, mas que, do alto dos seus mil anos de história, gozava de uma visão suficientemente aguçada entre seus membros mais esclarecidos para poder aguentar, e às vezes encorajar, as conquistas do espírito. A aristocracia também forjara o Século das Luzes na França. Desse espírito do Iluminismo restava apenas um materialismo inferior que queria confinar a arte em uma função utilitária, decorativa, acessoriamente edificante e, dentro em pouco, especulativa. Os filhos dos revolucionários de 1889 haviam-se tornado burgueses de relógios de algibeira, e a arte era estreitamente vigiada. Totalmente voltada para a sua obsessão de enobrecer-se e de apoderar-se dos "valores eternos", a burguesia incrustava-se na celebração de um passado morto. A arte devia estar ao seu serviço para enaltecer as falsas grandezas e decorar as paredes das suas novas residências com imagens adequadas. Em geral, esperava-se que a pintura da Idade Democrática agradasse à maioria e repetisse ao infinito os temas e os procedimentos que não chocavam a sensibilidade. O encontro anual do Salão preenchia essas funções abrasivas e brandas. Seu júri, que seguia o exemplo de algumas instituições culturais ou midiáticas da atualidade, regia o gosto comum a todos com uma incompetência perversa. O júri do Salão era um ninho de vespas no qual maceravam ambições, cumplicidades e intrigas. Tal como alguns júris de prêmios literários contemporâneos, que coroam livros ineptos sem lê-los, os membros do Salão escolhiam as obras sem vê-las, ao sabor das lutas de influência. Para evitar que cometessem erros graves, ou dessem passos em falso, tanto os acadêmicos como os artistas que haviam sido recompensados nos Salões anteriores eram admitidos automaticamente.

Como todas as fortalezas sitiadas, pois essa autoridade excessiva provocava veementes protestos, o júri do Salão refugiava-se em uma atitude ultraconservadora. Naquele ano de 1863, suas escolhas haviam sido tão absurdamente reacionárias, tantos artistas haviam sido recusados (mais de três mil obras, inclusive as de Pissarro, que expusera no Salão há quatro anos), que um vento de revolta começou a soprar no final de abril, início de maio, antes da inauguração do Salão. O estrondo foi tão forte que chegou aos ouvidos do imperador e obrigou Badinguet a se deslocar pessoalmente das Tuilerias para o Salão da Indústria para constatar *de visu* os motivos daquele tumulto. Ele pediu para ver as obras recusadas e, na sua magnânima liberalidade, decidiu que seriam apresentadas ao público. Esse gesto tinha um fim político: apaziguava um início de revolta que ninguém tinha interesse em ver explodir. A "Exposição das Obras Recusadas" abriu suas portas ao público no dia 15 de maio em um salão separado do Salão da Indústria.

Foi um escândalo enorme quando esse "salão *B*" foi anunciado. As pessoas zombavam e insultavam a autoridade do júri. Até os pintores que haviam sido reprovados hesitaram: expor apesar da opinião dos especialistas, diziam os mais atemorizados, significava correr o risco de justificar suas escolhas. Será que mereciam fazer parte da exposição a esse extremo? Eles temiam as gozações e os sarcasmos, sem imaginar a que ponto esses temores seriam justificados.

Os mais ousados, porém, não cediam. Ou agarravam essa oportunidade agora ou nunca mais e, mesmo se essa dádiva vinha do próprio imperador, seria de mau tom recusá-la. Cézanne expôs dois quadros que não chamaram nem um pouco atenção, mas ele ficou na primeira fileira para dar apoio aos amigos. A abertura desse Salão de um novo gênero beneficiara-se de uma publicidade ostensiva, e todos acorreram para a inauguração: sete mil visitantes no primeiro dia. Uma manifestação que ultrapassava o público visitante do Salão oficial. Seiscentos dos três mil quadros que haviam sido recusados pelo júri estavam pendurados. Vinha-se rir em família. Humilhados pela decisão imperial, os organizadores do Salão haviam feito o impossível para expor as piores telas nos melhores lugares – e encontraram muitas porque, afinal, não bastava ter sido recusada para ter talento. O público rivalizava-se em comentários jocosos em meio a um zum-zum-zum permanente, um resmungar de revoltosos. As damas eram convidadas para uma diversão barata. A imprensa explodiu: o Salão do Imperador era um salão de Proscritos, Derrotados, Cômicos, Recusados. Recusados... Eis uma boa palavra. Ela entrará para a história.

Naturalmente, entre as muitas obras medíocres, Cézanne logo descobriu verdadeiros trovões no céu da pintura. Na primeira fileira, havia um quadro que atraía os sarcasmos escandalizados de um público embriagado de excessos satíricos. *Le Bain* [O banho], de Édouard Manet, foi imediatamente ridicularizado e rebatizado de *Le Déjeuner sur l'herbe* [O almoço na relva]. O que se via? No primeiro plano, dois homens vestidos estavam sentados bem à vontade, na relva, ao redor de uma mulher desnuda, também sentada, que parecia contemplar o público com um ar indiferente e vagamente provocante. À esquerda, restos de uma refeição eram tratados como uma natureza-morta. Ao fundo, outra mulher seminua estava ocupada com abluções íntimas. As tintas planas de cor pura, sem sombra nem relevo, acentuavam a crueza da cena e conferiam-lhe sua luminosidade. O tema era escandaloso, a nudez aqui não era nobre, mas mostrada em um cotidiano pouco luxurioso pelo contraste chocante dos dois homens vestidos na companhia de mulheres nuas. O que faziam esses dois casais? O que fizeram? O que farão? O próprio imperador, cuja erotomania era notória, considerou o quadro "indecente". No entanto, o que talvez chocava ainda mais era a forma. Manet foi criticado por suas cores sujas, e pela ausência de contornos, "os limites naturais da cor". Ele foi criticado porque era uma composição banal, feita às pressas, sem que ninguém percebesse que o grupo central havia sido inspirado em uma gravura de Rafael e em um quadro de Giorgione. Mas quem tem fama deita-se na cama... Cézanne e Zola, porém, não se enganaram. Cézanne ficou estonteado diante daquela nova maneira de ver e representar, daquela técnica ao mesmo tempo livre e refinada, toda em oposição, em contrastes que não se entregavam às convenções do academicismo, essa sobriedade sensível. E aquelas carnes tão verdadeiras, tão vivas, "aquela precisão tão delicada na relação dos tons"... Quanto a Zola, ele percebera naquele quadro "uma sensação de unidade e força", a afirmação de um temperamento, "um espírito poderoso e singular, uma natureza que agarrava a natureza com a mão de forma ampla e plantava-a bem em pé na nossa frente, tal como ele a via". Zola não era sempre de uma sutileza extrema, nem de uma grande competência nos seus julgamentos artísticos, mas essa era uma crítica que não exigia muito. Ele encontrara seu herói em Manet. Era o fim das evocações históricas, das grandes maquinarias mitológicas, dos assuntos edificantes ou totalmente anedóticos. Por Deus, era o real, eram carnes sensíveis devolvidas à sua beleza imperfeita, porém tão comoventes...

Cézanne exultava. Sabia, sentia, que Manet abrira uma brecha, que de uma certa maneira trabalhava para ele, que não estava mais sozinho. Era um pontapé na bunda desses imbecis da arte oficial e um sopro de liberdade abastecido por uma técnica espantosa. Ele manifestou seu entusiasmo com muito barulho, expressou-se como um artista, com loquacidade e grosseiramente, deu vazão às suas convicções, à sua fé na nova arte, ao seu ódio pelo burguês e por aqueles impotentes da Academia, e comentou com voz tonitruante as maravilhas que descobria. Zola tentou acalmá-lo. Não era o momento de virar as costas para a arte oficial, nem de brigar com aquele pequeno mundo de artistas que eram ao mesmo tempo juiz e participante: quando se quer seguir uma carreira, é preciso administrar as sensibilidades porque, mais cedo ou mais tarde, ele esbarraria com eles, com todos aqueles imbecis. E esse tipo que fazia, cabeludo, barbudo, imundo, empertigado como um ás de espadas... Rubens e Velásquez haviam sido pintores da Corte, eles sabiam comportar-se. Hoje, a Corte eram os financistas, os burgueses endinheirados e os professores, ainda que fossem cretinos. Era preciso passar por eles. Cézanne resmungou e deu de ombros. Nunca se entregaria. Encontrara seu mundo. Os burocratas que fossem à merda. Quando papai é o dono de um banco próspero, nada impede de sentir-se livre, embora Cézanne só se aproveitasse disso parcimoniosamente.

Esse Salão dos Recusados soldara as cumplicidades. Pelo menos agora se sabia o que se execrava. Os jovens artistas que queriam empurrar as velhas barbas para fora, seguindo o eterno "sai daí, esse lugar é meu", ainda não eram uma escola, mas já formavam um grupo. Um grupo desordenado, indócil, engraçado e sem medo de colocar as mãos na massa. Como aquele Frédéric Bazille, que Guillemet apresentara a Cézanne, um rapaz melancólico e amável, filho de uma família protestante do Languedoc, que Cézanne adotou como um irmão. Bazille dividia um ateliê com Auguste Renoir, um jovem pintor paupérrimo, que sobrevivia havia treze anos de trabalhos de pintura para poder comer. Renoir era um homem pequeno de ideias fixas. Estudante da Escola de Belas-Artes, ele passara no concurso, mas não era nem um pouco dócil em relação às normas: suas telas já explodiam em cores e luzes, ele as pintava com a volúpia de um sensual e tinha até a presunção de ter prazer nisso. "O senhor certamente pinta para se divertir?", perguntou-lhe seu professor irritado. "Mas, é claro, se não me divertisse eu certamente não pintaria!"

Claude Monet, que acabara de voltar do serviço militar na Argélia, era uma das personalidades mais fortes desse grupo de jovens borradores. Revoltado com a pintura acadêmica que insistiam em querer impingir-lhe nas aulas, ele agia como um líder e instigava seus companheiros, Renoir, Bazille, e Sisley – um jovem inglês que deixara para trás um ambiente familiar abastado –, a se insurgir contra os ucasses da arte oficial que somente acreditavam no antigo e para quem o dedão do pé de um deus devia ter mais nobreza do que o de um sapateiro. Cézanne, que frequentava esse grupo e era um dos companheiros mais virulentos, costumava usar um colete vermelho igual ao de Théophile Gautier durante a Batalha de Hernani.* Ele era um romântico com quarenta anos de atraso, realista por convicção e necessidade, mas, principalmente, era ele mesmo. Seus quadros denunciavam as lutas interiores e os tumultos que o agitavam, assim como a batalha silenciosa que o opunha à imagem do pai e aos desejos sensuais que o perseguiam sem que ele jamais os saciasse. Jamais, mesmo? Esta é uma outra história...

Cézanne estava apaixonado. Enquanto vagava por Paris, às vezes tirando um cochilo em um banco de praça no calor daquele verão de 1863, com os sapatos debaixo da cabeça à guisa de travesseiro, ele conhecera uma jovem vendedora de

---

* Théophile Gautier (1811-1872), poeta, romancista, pintor, crítico da arte francesa, precursor do movimento dos parnasianos e líder da grande briga da "Batalha de Hernani", que opôs os românticos aos clássicos durante a primeira apresentação, no dia 25 de fevereiro de 1839, da peça de Victor Hugo, *Hernani*, na Comédie-Française de Paris. Entre os "modernos", na plateia, encontrava-se o excêntrico Théophile Gautier com seu provocante colete vermelho cor de sangue, dando apoio a Victor Hugo contra os "antigos". (N.T.)

flores na praça Clichy. Ou teria sido um pouco mais tarde, durante o outono? Seja como for, a pequena florista impressionou Cézanne. Ela era de uma beleza carnuda, triunfante, plebeia, daquelas que inspiram desejos violentos. Terá sido sua amante? A honestidade obriga-nos a dizer que não temos certeza de nada, mas que é muito provável. Sabemos que, atraído por seus traços cheios e formas ideais, ele pintou seu retrato e até fez a barba. Como Zola escreveu para Baille: "Cézanne consagrou os tufos de pelos ao altar da Vênus vitoriosa". Ela se chamava Gabrielle-Éléonore-Alexandrine Meley.

    A situação de Zola melhorara consideravelmente. Ele abrira seu caminho na Editora Hachette e agora morava em um belo apartamento na Rue des Feuillantines, onde reunia os amigos uma vez por semana, às quintas-feiras. Embora ainda não fosse o líder de uma escola literária, já era um homem de letras. O ambiente era esfumaçado e caloroso. Havia os amigos de Aix, dentre os quais um novo, Valabrègue, um rapaz pensativo que costumava vir a Paris com frequência para tentar divulgar seus versos delicados, mas também Pissarro ou Guillemet, que eram seus amigos mais próximos. Abrigados, sonhavam com a glória: ela estava ali, ao alcance da pena e do pincel. Eles eram o futuro. Cézanne também costumava aparecer. Acompanhado da sua querida? Provavelmente não: as reuniões eram entre homens. Todavia, devido a um ato imprudente por parte de Cézanne, Zola foi apresentado a Gabrielle. Na ocasião, ele sentiu um choque poderoso. Sabemos desde Proust, e alguns outros, que às vezes não basta ser dois para desejar: muitas vezes é preciso ser três. Cézanne e Zola eram dois desajeitados no campo amoroso e talvez fossem até rivais nas modestas peripécias desses amores quase servis. Uma pequena florista. Cézanne e Zola sempre costumavam frequentar mulheres de condição inferior à sua, um reflexo dos tímidos para quem é mais tranquilizador honrar uma empregada. Mais tarde, Cézanne pagará por essa modéstia com uma vida conjugal desastrosa, feita de distanciamentos e de incompreensões. Talvez essa rivalidade tivesse começado a lançar uma sombra sobre sua amizade, que somente terminará vinte anos depois. Gaguejando, corando, Zola rodava em volta de Gabrielle como um gato faminto. Aquela moça o enlouquecia, ele, que tinha uma "paixão de casto pelas carnes da mulher, um amor louco pelas nudezas desejadas e nunca possuídas". Ele não tinha a selvageria de Cézanne, nem sua brutalidade incômoda, nem seu orgulho de solitário que não pedia nada, mas sua condição de quase escritor e o pequeno grupo com o qual se rodeava conferiam-lhe um certo prestígio. A bela Gabrielle tornou-se sua amante no início de 1864. Ela também se tornará a senhora Émile Zola. Como a felicidade nunca vem sozinha, Zola acabara de assinar um contrato para publicar seus *Contes à Ninon*. Aí estava um que conseguia respirar um pouco.

Em julho, Cézanne voltou para Aix. Fora novamente recusado pelo Salão, e Delacroix morrera no ano anterior. E se coubesse a ele ocupar o seu lugar?

Idas e vindas

Cézanne reencontrou Aix, a família, seus tormentos odiosos, além de uma atmosfera de suspeitas e vigilância. Em Paris, eles lhe faziam falta. Depois de três dias em Aix, não os suportava mais. Se ao menos o levassem a sério. Para eles, a pintura era apenas um passatempo, um capricho de criança mimada. O que o artista, isto é, aquele quase inútil, fizera em Paris? Seu pai andava emburrado, e sua mãe, apavorada com a ideia de que fosse embora novamente, mimava-o. Quanto à sua irmã Marie, as coisas não eram muito melhores. Com vinte anos, ela era pouco atraente e já se parecia com a velha solteirona que seria no futuro. Para sua infelicidade, e a felicidade das igrejas de Aix, a família rejeitara a proposta de casamento de um oficial da marinha. Como era do conhecimento de todos, os oficiais da marinha eram ou maridos enganados ou mulherengos, às vezes ambos. Esperava-se mais, porém esse mais ainda não se apresentara e não se apresentaria nunca. O dinheiro do pai não resolvia tudo. Marie consolava-se em uma religiosidade que beirava a santimônia e transformava sua necessidade de amor em uma tirania implacável. Quem pagava por isso era Rose, a irmã caçula, mas Cézanne também precisava lutar contra esses excessos de uma afeição insaciada, contra aquela necessidade patológica de irritar as pessoas à sua volta, que só piorará e durará até o final da vida.

Cézanne escapava sempre que podia. Eles só o deixavam em paz quando estava em seu ateliê de Jas de Bouffan. Caminhava durante horas sob o calor do verão provençal, sozinho, resmungando. Ia até l'Estaque, onde sua mãe alugara uma casa na praça da aldeia. Sentia-se bem ali. Eram dias felizes, pois não precisava ver ninguém, não precisava justificar-se para ninguém. Trabalhava. Sem uma rede de proteção, sem referências, sem um mestre em quem se apoiar. Jamais conhecera aqueles que venerava. Tivera apenas um Gibert como professor, o que não era grande coisa. Delacroix morrera antes que pudesse conhecê-lo. Seus amigos de Paris? Ele gostava de Pissarro, respeitava-o, era um grande irmão, um amigo precioso. Ambos olhavam na mesma direção, mas não da mesma maneira. Cézanne tinha uma necessidade física de matéria, de trabalhar a tela com a espátula, de esculpi-la. Como usava uma grande quantidade de tinta, os tubos vazios acumulavam-se no ateliê de Jas de Bouffan, onde reinava uma desordem apocalíptica. Ele continuava pintando as paredes do salão, como Rafael pintara as do Vaticano. Nessa superfície, acalmava-se, pintava segundo uma gravura e aplicava-se em reproduzir um classicismo de boa qualidade. Na tela, descontrolava-se, superpunha camadas de cor e, quando o resultado lhe desagradava, dilacerava o trabalho, remetia-o aos outros ensaios abortados e recomeçava, suando e dizendo palavrões. Um belo desperdício. Contudo, esse era o preço a pagar para encontrar seu caminho, inventar o que ainda não existia. Cézanne conscientizava-se, aos poucos, do drama que seria sua salvação artística. Copiar não lhe interessava, isto é, supondo que fosse capaz de fazê-lo. Para existir, precisava fazer o que ninguém vira antes, algo que ele mesmo apenas pressentia. A matéria, os estratos, a espessura das coisas que eram a medida do tempo, esse rumorejar poderoso da natureza que ecoava nele quando estava diante da massa imponente da montanha de Sainte-Victoire...

Fortuné Marion era uma das poucas e raras pessoas que ele frequentava em Aix. Cézanne conhecera-o recentemente. Marion era um naturalista que estudava os fósseis dos quais o campo da região de Aix apresentava uma farta amostragem. Mais tarde, seria o diretor do Museu de História Natural de Marselha. Marion era um desses espíritos ardentes que vibravam tanto pela ciência como pela poesia, pela música ou pela pintura. Estava fascinado por Cézanne, por sua vontade, por sua força. Ele via na pintura de Cézanne, nos empastes que acumulava em suas telas, o equivalente às leis que haviam presidido a criação do mundo. Para ele, Cézanne era um demiurgo, uma força em marcha que lançara um desafio a toda a natureza. Marion explicou-lhe a geologia e as idades daquela terra provençal.

Como achava que entendia, modestamente, de pintura, eles costumavam pintar lado a lado. Cézanne ouvia. A paisagem penetrava um pouco mais nele. Como representar a presença esmagadora dessa força que vinha de tão longe, esses milhões de anos, essa vertigem? "Como é assustadora, a vida."

Em outubro de 1864, Cézanne recebeu um exemplar de *Contes à Ninon*, de Zola. Zola não parava quieto. Nem lhe passava pela cabeça chorar pelo leite derramado. Era preciso agarrar cada oportunidade, fazer uma fogueira com qualquer pedaço de madeira, aguardar o menor tremor da crítica. Era assim que, aos poucos, empurrava seus peões e forjava uma carreira. Era seu lado realista: não perder nada, pular em cima do menor pedregulho. O que não resultará tão mal para ele. "Agora preciso seguir em frente, seguir em frente apesar de tudo. Não importa se a página escrita é boa ou ruim, é preciso que ela apareça... Cada dia que passa, minha posição delineia-se melhor; cada dia que passa, eu dou um passo para frente." Seu livro chegou até a Aix adormecida. Um nativo de Aix tivera êxito, um nativo de Aix transpora Paris! Esse sim sabia como fazer, não era como Cézanne, que ficava trancado no seu Jas de Bouffan quebrando pincéis quando a matéria lhe resistia. Como Cézanne escreveu para Numa Coste, em fevereiro de 1864: "Quanto a mim, meu bom amigo, meu cabelo e minha barba são mais compridos do que meu talento. Porém não me sinto desencorajado pela pintura, porque, mesmo que eu seja apenas uma formiguinha, é possível prosseguir nesse pedacinho de caminho."[1]

*

Seis meses de Provença era o máximo que ele conseguia aguentar. Ei-lo de volta em Paris no início de 1865. Grandes batalhas preparavam-se, e ele não podia perdê-las de forma alguma. Antes de ir a Paris, passou uma temporada em Saint-Germain-en-Laye. Em Paris, foi morar (sinal do destino?) em um antigo prédio do Marais, na Rue Beautreillis, 22, onde Baudelaire vivera há alguns anos com sua amante, Jeanne Duval.

Baudelaire, a quem a moral burguesa processara violentamente por obscenidade por suas *Flores do mal*. Baudelaire, a quem Cézanne venerava, sabendo de cor estrofes inteiras... Cézanne encontrara esse apartamento graças a Francisco Oller y Cestero, um jovem pintor porto-riquenho, de cerca trinta anos, e um dos alunos de Courbet. Cézanne conhecera-o no ateliê de Suisse pai. Foi com Oller que ele apresentou dois quadros no Salão daquele mesmo ano. Eles "farão corar o Instituto de raiva e desespero"[2], escreveu para Pissarro em 15 de março. Cézanne era um bom profeta. Os quadros que deixou "num barraco da Champs Elysées" realmente foram recusados, porém um quadro de Oller e duas paisagens de Pissarro foram aceitos. As portas haviam sido forçadas, o horizonte desanuviava-se, mas sua vez ainda não chegara. Chegaria um dia?

Naquele ano, o grande evento do Salão foi novamente um quadro de Manet, que o júri dessa vez não ousou recusar. Por mais que tivessem zombado e escarnecido à vontade, o episódio do Salão dos Recusados deixara suas marcas. Não se pode fechar eternamente as portas a qualquer pintura que seja um pouco inovadora. Manet pintara uma Olímpia. Baudelaire ficou entusiasmado, e essa nova trovoada de Manet desencadeou novas emoções. Era um nu, "uma Olímpia representada por uma odalisca de barriga amarela, um modelo ignóbil encontrado não se sabe onde", insurgiu-se um tal Jules Claretie. A multidão comprimiu-se outra vez diante daquela "Olímpia decadente". Manet não poupara as sensibilidades: uma mulher nua, ornada de joias, recostada em cima de uma cama; uma criada negra lhe traz um ramo de flores. Homenagem de um amante? Agradecimento por uma noite inesquecível? Um gato preto, muito baudelairiano, testemunha a cena, essa mistura de cotidiano realista e simbolismo equívoco. Em contrapartida, a multidão, que só precisava mudar uma vogal nos dois nomes, fingiu que confundia os dois artistas e deu uma enorme importância às duas marinhas de Monet, como se quisesse humilhar o autor de *Olímpia*. Cézanne, por sua vez, não se deixou enganar. Ele ficou fascinado. Ele entendia Manet, seu desejo de pintar o verdadeiro, de acabar com esse idealismo que ainda incomodava e do qual ele mesmo tinha tanta dificuldade para se desprender. Ele via ali "um novo estado da pintura", uma forma de captar o real que lhe permitia "cuspir o tom": "Há nele uma verdade pictórica das coisas. Esse rosa e esse branco nos conduzem até ela por um caminho que nossa sensibilidade ignorava..."[3] Um caminho novo. Renunciar às ilusões românticas, às antíteses hugoanistas que, em seus primeiros quadros "imbecis", como ele mesmo os qualificava, resultavam nesses contrastes fortes, nessa violência desencadeada. Dez anos antes dele, Flaubert seguira o mesmo caminho, restringindo sua natureza em troca de uma cura de realismo. Isso resultara em *Madame Bovary,* uma liquidação suntuosa das ilusões do ideal, um exercício de humildade com resultado sensacional. Como se a realidade fosse realmente escandalosa, o único escândalo: colocar os homens frente a frente, mostrar-lhes ao mesmo tempo os limites e o infinito da sua condição. Cézanne lutava contra ele mesmo. Pintava naturezas-mortas. *Pain et œufs* [*Pão e ovos*] é testemunha das pesquisas daqueles meses de dúvida e evolução: Cézanne se curvava ao trabalho da nuança, dava polimento aos seus tons com o pincel, procurava uma forma de harmonia. Nem sua natureza abrupta nem sua angústia abdicavam diante do pavor de estar no mundo. Reencontrava a tradição tão bem comprovada das Vaidades, na qual tantos antepassados gloriosos haviam-se ilustrado, pintava naturezas-mortas com crânios, telas atormentadas nas quais seu temperamento profundamente trágico explodia. O exemplo de Delacroix, o fascínio por Victor Hugo, o príncipe da antítese, a lembrança emocionante de Musset, que tanto marcara sua juventude, continuavam vivos nele. Até completar trinta anos de idade, sua pintura ainda era essencialmente literária. Havia Zola que avançava, fervilhava, escrevia como um doido e parecia estar prestes a realizar seu objetivo. Zola continuava trabalhando na Editora Hachette, colaborava para dois ou três jornais e redigia febrilmente sua *La Confession de Claude*. Ele entendera perfeitamente que, a partir de agora, o sucesso passaria pela imprensa: a imprensa era formadora de opinião, era através dela que se chegava ao grande público, era ali que estava o poder. Podia-se até escrever artigos elogiosos sobre escritores na moda esperando que eles se lembrassem desse fato quando chegasse a hora, uma prática que, felizmente, foi abandonada nos dias de hoje. Enquanto isso, Zola ganhava dinheiro, ele que tanto sofrera com sua falta, rabiscando folhas e mais folhas sem parar para que a fonte não secasse. Será o defensor dos seus amigos pintores, mais por estratégia e vontade de lutar por eles do que por competência, e dará provas suficientes de que não entendia muito de pintura, tanto quanto, infelizmente, não entenderá muito de algumas teorias científicas que terá a imprudência de entremear em alguns dos seus romances. Enfim, ele era uma força que seguia em frente. E essa força entendera que o ideal não alimentava seu homem, que o Mal do Século dos românticos e os devaneios beylistas* dos destinos napoleônicos não tinham mais espaço nessa época triunfante de fábricas, estradas de ferro e especulações desenfreadas, das quais restarão traços em suas indignações romanescas. Já que não se era um herói, pelo menos se devia fazer um esforço para ser um justo. A juventude terminara. Bastava não traí-la. "Irmãos", escreveu Zola para Cézanne e Baille no início do seu romance, "lembrem-se dos dias em que a vida era um sonho para nós?... Lembram-se daqueles ocasos mornos da Provença, quando surgiam as estrelas, e nos sentávamos entre os sulcos que ainda fumegavam dos ardores do sol? (...) Quando comparo tudo o que é a tudo o que não é mais, sinto minhas entranhas se revolverem profundamente. Tudo o que não é mais é a Provença, são vocês, minhas lágrimas e meus risos de então; tudo o que não é mais são minhas esperanças e meus sonhos, minhas inocências e meus orgulhos. Tudo o que é é Paris e sua lama... infelizmente!"[4]

Para Cézanne, a Provença ainda *é*. Ele voltou para Aix em setembro de 1865. Seus amigos constataram que ele havia mudado. O selvagem policiava-se. Ele, para quem falar era cansativo, tornara-se um conversador. Ele falou de Paris, das

---

* Marie-Henri Beyle (1783-1842), escritor francês, mais conhecido pelo pseudônimo de Stendhal. (N.T.)

lutas homéricas para abrir seu caminho no mundo da arte, do tumulto da capital e do governo, essa mistura de anarquia mercenária e de tirania política que era o regime de Badinguet. E falou principalmente da pintura. Suas ideias afirmavam-se. Entendera que não podia pintar somente por instinto, que o "temperamento" era apenas uma das dimensões da criação, que todo grande artista também desenvolve uma teoria sobre sua arte porque está mais bem situado para fazê-lo; mas que, diferentemente dos críticos castrados e dos teóricos profissionais, ele vivenciava o movimento enquanto avançava e abria o caminho. Cézanne foi tomado por um frenesi de retratos, como se a partir de então precisasse decifrar os mistérios do rosto e da verdade humana. Pintou o retrato de Valabrègue* (o rapaz com a cabeça inclinada), que se prestava de bom grado às obrigações ingratas das longas horas de pose, especialmente porque diante dele estava um homem furioso. Cézanne também encontrara um modelo ideal na pessoa de seu tio Dominique, o irmão de sua mãe. Aquele pobre coitado era plácido, pouco decorativo e muito inexpressivo, porém nada disso tinha importância. Cézanne o captará na sua espessura, o cobrirá de vários penteados, até o disfarçará de monge espanhol. Barbicha preta, olhos pretos, gestos que parecem congelados e, no entanto, com uma força e uma presença que perpassam a tela. Cézanne trabalhava com a espátula, acentuava o peso dos traços e a profundidade da tez. Pintou-o várias vezes, reinventou para seu próprio uso o princípio da série, que esvaziava o modelo ou o motivo de seu interesse particular, de sua autonomia, que o transformava em objeto-pintura, em uma forma que se transmutava em seu próprio fim. O modo de pintar era violento e, apesar das referências claras aos grandes mestres da pintura espanhola, decididamente "moderno". É evidente que foi ali, naquele período de breve estadia em Aix, de setembro de 1865 a fevereiro de 1866, que Cézanne realmente encontrou seu caminho, reforçando e impondo na tela a síntese do seu temperamento poderoso e o pensamento da sua

---

* *Portrait d'Anthony Valabrègue* [*Retrato de Anthony Valabrègue*], c. 1869-1871. (N.T.)

forma. Em dezembro, Marius Roux, um compatriota de Aix, publicara uma crítica elogiosa de *La Confession de Claude* de Zola[5] e aproveitara para elogiar Cézanne, no que se tornou o primeiro artigo publicado e conhecido sobre o pintor:

> O senhor Cézanne é um dos bons alunos que nossa escola de Aix enviou para Paris. Ele nos deixou a lembrança de um trabalhador intrépido e de um aluno conscencioso. Graças à sua perseverança, ele poderá se apresentar em Paris na qualidade de um excelente artista. Um grande admirador da escola de Ribera e Zurbarán, nosso pintor trabalha somente a partir dele mesmo e dá a suas obras um cunho particular. Observei-o no seu ateliê enquanto trabalhava e, embora ainda não possa prever o mesmo sucesso brilhante daqueles que ele admira, tenho certeza de uma coisa: sua obra nunca será medíocre.

Bela solidariedade de Aix, mas que não ajudava a avançar os negócios de Cézanne, enfiado lá longe, no fundo da sua Provença, nem impedia que o romance de Zola, que acabara de ser publicado, fosse considerado abaixo de qualquer crítica pela imprensa: um romance pavoroso, imoral, perigoso. Enquanto *Contes à Ninon* havia provocado um interesse benevolente, *La Confession de Claude* situava Zola na categoria dos autores escandalosos, injuriados, destinados ao inferno, o que era sempre um início de carreira excelente quando se corre atrás do sucesso. Melhor um sucesso escandaloso do que nenhum. O jovem senhor Zola passou a interessar às autoridades; e seu novo apartamento no Bulevar Montparnasse, 142, a ser revistado. Zola realmente precisava mudar de residência... Se ao menos lhe acontecesse a mesma coisa que a Flaubert, que a Baudelaire... Todavia, por mais tolo que fosse o Regime, ele acabara entendendo que nesses casos os processos favorecem principalmente os precavidos. O assunto foi arquivado e encerrado. Meu Deus, se Zola tivesse escrito em seu estilo vigoroso, ele teria causado um forte abalo. Com tudo isso, perdeu sua auréola de santo na Editora Hachette, onde os escândalos não eram muito apreciados, e demitiu-se, para sua grande salvação. A partir desse momento, teria que assumir seu sonho de juventude: subsistir da sua pena de escritor.

E o que pensava Cézanne de todas essas agitações naquele inverno de 1865-1866 em seu refúgio no Jas de Bouffan? Nada. Será que pelo menos lhe chegavam os ecos do que acontecia em Paris? Será que ele realmente queria esse sucesso atrás do qual Zola corria como se fosse uma vingança? Cézanne pensava na pintura. O resto talvez viesse, adicionalmente, ou não. Ele não tinha essas referências sociais. Para que se esforçar em ser rico? Seu pai já tivera esse trabalho, e o resultado não era nem um pouco admirável. O dinheiro e o sucesso representavam também a autoridade, a rapacidade e a incompreensão profunda do filisteu. Não era tão fácil livrar-se dos modelos ou dos contramodelos que se haviam entranhado na sua pessoa. Dinheiro, negócios, um velho imbecil briguento e inculto, toda aquela afeição que, apesar de tudo, sentia por Louis-Auguste – o retrato que fará dele nos próximos meses será a prova comovente disso. Porém pode a pintura ser reduzida a uma mera presunção?

Deve-se sempre falar de um homem a partir de sua revolta. A revolta de Cézanne, sua cólera fundamental, permanente. Contra a sua família? Contra a pintura corrente? Contra a estupidez burguesa ou a estreiteza dos julgamentos? Ou contra a vida que passava? Na arte, ele só podia tomar o partido dos reprovados. Não podemos deixar de recordar essa época estranha – em que Offenbach* triunfava nas salas de espetáculos, aliás não sem razão, e Wagner** era vaiado – como uma reviravolta essencial no que não podemos evitar chamar de a História da Estupidez, que ainda está por ser escrita. Uma época singular, na qual os artistas, seguindo o exemplo de Flaubert, tinham a sensação de que a estupidez, denunciada como "burguesa", constituía a força da expressão. Talvez fosse um efeito da Idade Democrática, que fornecia a

---

* Jacques (Jakob) Offenbach (1819-1880), compositor e violoncelista alemão, naturalizado francês. (N.T.)

** Richard Wagner (1813-1883), compositor alemão e teórico da música. (N.T.)

um número maior de imbecis os meios para injuriar, julgar, comprar ineptos, espalhar desavergonhadamente uma maneira inadequada ou vulgar de estar no mundo... Cézanne, tal como Flaubert, Baudelaire e tantos outros haviam-no feito antes dele, adotou uma atitude elitista e aristocrática frente às baixezas burguesas. A cada um seu dandismo. Aquele de Baudelaire, a quem Cézanne não conhecia pessoalmente, ostentava a singularidade de uma elegância provocante e absoluta. O "dandismo" de Cézanne revestia-se de imundície e dos modos de um Diógenes moderno. A revolta era a mesma. Eles se encontrarão à distância em seu culto por Richard Wagner, um jovem músico cuja ópera *Tannhäuser* ainda resistira durante trezentas representações depois de ser vaiada em Paris. Cézanne tomara o partido de Wagner tanto por gosto como por princípio. No Natal de 1865, Marion apresentou-o a Heinrich Morstatt, um jovem músico alemão que passava alguns dias em Aix. Morstatt tocou alguns trechos de Wagner no piano para Cézanne. A ideia de pintar a *L'Ouverture de Tannhäuser* começou a germinar em sua mente. Ele não podia mais se permitir outro fracasso no próximo Salão. Dessa vez, estaria preparado e armado até os dentes, pensou. Em fevereiro de 1866, voltou para Paris.

A batalha de Paris

Em Paris, tudo acontecera muito rapidamente. Tudo mudara durante os seis meses de ausência, e Cézanne não fora esquecido por pouco. Ele reencontrou um Zola bastante ocupado. Depois que saíra da Editora Hachette, encontrara um emprego mais de acordo com suas ambições: acabara de ser contratado para trabalhar no jornal *L'Événement* por seu proprietário, Hippolyte de Villemessant. *L'Événement* era o jornal mais lido de Paris. Primeiro, Zola tentara forçar suas portas em vão; porém, não desistira e insistira usando a rede de relações de que agora dispunha. E conseguira: após avaliar suas aptidões, Villemessant contratara-o por 500 francos por mês. Uma fortuna! Hippolyte de Villemessant era um personagem que não podia deixar de ser visitado. Ele era um verdadeiro mandachuva na imprensa, um antepassado dos Lazareff ou dos Filipacchi.* Sabia farejar os gostos do público, antecipar-se a eles, e era capaz de qualquer coisa para chamar atenção, usando os meios mais duvidosos quando necessário. Hippolyte de Villemessant era um aventureiro dos novos tempos, um conversador dotado de uma voz tonitruante, imperiosa, que compreendera perfeitamente as perspectivas que se abriam com o desenvolvimento da imprensa, desde que não se fosse exigente demais sobre a forma de apresentá-la. Villemessant agraciou Zola com um artigo lisonjeador que apresentava o novo recruta do jornal. Um luxo. Agora cabia a ele mostrar do que era capaz. Se fracassasse, seria despedido como tantos outros. Zola estava exultante. Aos 25 anos de idade, ele estava em uma posição estratégica extraordinária para brincar com a opinião pública: "Hoje sou conhecido. As pessoas me temem e me injuriam… Tenho fé em mim e avanço bravamente." Só lhe restava enfrentar seus combates como um valente cavaleiro. A defesa dos seus amigos pintores constituía um belo prelúdio. O Salão de 1866 prenunciava-se

---

* Dois grandes editores franceses. (N.T.)

tumultuoso. Cézanne apresentou dois quadros, um dos quais era o retrato do seu amigo Valabrègue. Em Aix, queria ser admitido no Salão; em Paris, todo aquele circo o enojava. Não estava disposto a fazer reverências diante daqueles imbecis. Porém, ainda esperançoso, exibiu seus quadros na entrada do Salão da Indústria, onde o júri se reunia como se fosse um desafio. Quanto a Valabrègue, este logo percebeu que tudo estava perdido. Depois do escândalo Manet do ano anterior o júri decidira agir com firmeza:

> Paul será certamente recusado na exposição, escreveu Valabrègue para Fortuné Marion. Quando um filisteu viu meu retrato, gritou que havia sido pintado não apenas com a espátula, mas também com a pistola. Uma série de discussões já começou. Daubigny pronunciou algumas palavras em defesa... Ele não ficou em vantagem.

Era verdade que, ao apresentar quadros ásperos e poderosos, Cézanne nada fizera para agradar ao júri no sentido correto. O retrato de Valabrègue era esplêndido, mas era inconveniente pintar assim: aquele fundo neutro, aquelas pinceladas gordas, aquelas roupas apenas esboçadas em grandes manchas escuras, o empaste espesso do rosto... O exemplo de Manet certamente passara por ali. Não se via – e como se poderia ver? – a natureza já profundamente impressionista daquele quadro. Recusado. Mais uma vez. Até parecia que, assim como Zola corria atrás do sucesso, Cézanne corria atrás do fracasso, um inimigo de si mesmo, o *héautontimorouménos* de Baudelaire, *self defeating*, como diriam os ingleses, um exemplo do Complexo de Hamlet. No entanto há fracassos que parecem triunfos. Fortuné Marion captou perfeitamente esse sentido da história:

> Recebi outras notícias. Todas as escolas realistas foram recusadas: Cézanne, Guillemet e os outros também. Somente os quadros de Courbet foram aceitos, o qual, ao que tudo indica, começa a enfraquecer. Na verdade nós triunfamos. Essa recusa

em massa, esse imenso exílio, é uma vitória. Só nos resta nos expormos e fazermos uma concorrência mortal a todos esses velhos idiotas caolhos. Esse momento é um período de luta da juventude contra a velhice: o rapaz jovem contra o homem velho, o presente carregado de promessas de um futuro contra o passado, esse *corsário negro*. Nós somos a posteridade. Dizem que a posteridade julga. Nós temos esperança no futuro.[1]

Isso não impede que Cézanne fique desapontado e sinta-se ferido em seu orgulho, embora fingisse aguardar o veredicto do júri com indiferença. Quando a sentença foi pronunciada, reagiu com insolências e grosserias redobradas. Ele se assemelhava cada vez mais a um anacoreta e chamava a atenção coaxando quando passavam eclesiásticos. Se sua irmã Marie o visse... Ele falava aos berros nos jantares que Zola oferecia em sua casa às quintas-feiras, o que acabou aborrecendo seu anfitrião, que recordará esses momentos vinte anos mais tarde em *L'Œuvre* [*A obra*]. No apartamento da Rue Beautreillis, Cézanne vivia em um estado de imundície permanente, entre uma confusão de tubos de tinta vazios, roupa suja, restos de comida fria, esboços, mas também entre aquelas manchas coloridas, aquelas explosões de luz e beleza nas telas em que trabalhava no meio daquela bagunça.

Um evento importante na sua vida ocorreu naquele início do mês de abril de 1866: ele conheceu Manet. Manet vira suas naturezas-mortas na casa de Guillemet, gostara delas, gostara do tratamento forte; como ele mesmo diria, elas eram "colhudas". Manet pedira para ser apresentado a Cézanne. A aprovação de um pintor do seu gabarito era algo diferente dos julgamentos daqueles cretinos do Salão. Cézanne ficou feliz ao seu modo com esse reconhecimento, felicíssimo e em silêncio. O encontro entre os dois artistas foi bastante estranho. Talvez Cézanne esperasse encontrar um ranzinza, um tímido mal-humorado, como ele, ou um sibarita habituado a morar em pocilgas e vivendas estranhas. Na realidade, Manet era um homem refinado, com um físico delicado e encantador, um bem-amado das senhoras, com modos de um grande burguês distinto, que sempre andava nos trinques. O quê? Ele, um revoltado? De forma alguma, Manet sonhava com uma carreira tranquila e com o reconhecimento oficial. Foram as circunstâncias, as infelizes circunstâncias, que o transformaram em símbolo e porta-voz da nova pintura. Perplexo, Cézanne acariciava a barba e murmurava algumas palavras de protesto. Os dois homens se darão bem, mas, apesar do reconhecimento recíproco, nunca serão amigos íntimos. Eram diferentes demais. Cézanne extraiu uma nova força desse outro reconhecimento. Ele criou coragem e encabeçou o movimento de protesto quando as escolhas do júri do Salão foram proclamadas. Renoir, que também havia sido recusado, ousou abordar Daubigny, um dos membros mais esclarecidos do júri. Intimidado, não revelou sua verdadeira identidade e se fez passar por um dos seus amigos. Daubigny, que era um homem benevolente e certamente não era bobo, não poupou palavras de encorajamento para o "amigo" e aconselhou-o a escrever uma petição exigindo uma nova Exposição dos Recusados. Cézanne encarregou-se de escrevê-la. Pegou sua mais bela pena e, talvez com a ajuda de Zola, escreveu uma carta para o conde de Nieuwerkerke, o superintendente da Academia de Belas-Artes: o Salão dos Recusados precisava ser restabelecido. Essa carta, que se perdeu, ficou sem resposta. Nieuwerkerke era um desses oficiais desprezíveis para quem os pedidos desses artistas imundos, desses democratas fedorentos, mereciam acabar no lixo. Cézanne não se deixou perturbar. Os ares importantes impressionavam-no tanto quanto a posição social. Quanto a Zola, este estava de humor bélico. Já que a guerra havia sido declarada, era preciso fazê-la. Finalmente, ele poderia dizer o que pensava, esse era um combate que estava à sua altura. Propôs a Villemessant publicar em seu jornal um relatório sobre o Salão, que incluiria uma pesquisa e algumas revelações, principalmente sobre aquela assembléia de barbas velhas, e atacaria a fortaleza com tiros de canhão. Villemessant deu uma gargalhada: que boa ideia! E um bom escândalo, o que era excelente para vender papel. Zola lançou sua declaração de guerra no dia 19 de abril sob o pseudônimo de Claude. Ele diria tudo, esvaziaria seu saco, e seja o que Deus quiser. Simultaneamente, já que uma batalha era uma questão de estratégia, Cézanne enviou sua segunda carta para o conde de Nieuwerkerke. Essa carta nós temos. Quem é o autor? Cézanne escrevia cartas bem, e Zola era um duelista inspirado. Talvez tenha sido uma carta escrita a quatro mãos. Em todo o caso, foi um momento importante da História da Arte:

> Senhor,
> Recentemente, tive a honra de escrever-lhe a respeito de dois dos meus quadros que o júri acaba de recusar.
> Já que o senhor não me respondeu, parece-me que devo insistir sobre os motivos que me levaram a dirigir-me à sua pessoa. Aliás, como o senhor certamente recebeu minha carta, não preciso repetir aqui os argumentos que achei por bem lhe submeter. Contentar-me-ei em repetir que não posso aceitar o julgamento ilegítimo de colegas a quem não incumbi da missão de me apreciar.
> Assim sendo, escrevo-lhe para reforçar meu pedido. Quero fazer um apelo ao público e ser exposto apesar de tudo. Meu desejo não me parece ser nem um pouco exorbitante e, se o senhor perguntar a todos os pintores que se encontram na minha posição, todos lhe responderão que renegam o júri e que desejam participar de uma forma ou outra de uma exposição que deverá obrigatoriamente estar aberta a qualquer trabalhador sério.
> Portanto, o Salão dos Recusados deve ser restabelecido. Se eu for o único a expor, desejo ardentemente que a multidão saiba pelo menos que não quero mais ser confundido com esses senhores do júri tanto quanto eles não parecem desejosos de serem confundidos comigo.
> Espero, senhor, que não fique em silêncio. Acredito que todas as cartas pertinentes merecem uma resposta.

Na margem dessa carta – que é quase um manifesto – há uma anotação, talvez do próprio Nieuwerkerke: "O que ele me pede é impossível. Reconhecemos tudo aquilo que a Exposição dos Recusados tinha de conveniente para a dignidade da arte, e ela não será restabelecida".

Zola não esperou uma resposta para essa missiva beligerante, e passou imediatamente para a ofensiva. No dia 27 de abril, foi publicado no *L'Événement* um grande artigo que atacava violentamente o júri do Salão e contestava o monopólio exorbitante sobre a vida da arte na França, monopólio que se encontrava nas mãos daquele areópago de medíocres. Informado por Guillemet sobre os detalhes do funcionamento do júri e das modalidades da sua eleição, Zola acusou aqueles que "amputavam a arte e apresentavam à multidão somente o cadáver mutilado", desenhando um triste retrato daqueles juízes cristalizados em uma concepção esclerosada voltada para o passado da pintura:

> Há ali bons rapazes que recusam e recebem com indiferença, há ali pessoas chegadas que estão fora das lutas, há ali artistas do passado que se agarram às suas crenças e negam todas as novas tentativas, há, enfim, os artistas do presente, aqueles cujo modo de ser atinge um pequeno sucesso, que se agarram a esse sucesso com unhas e dentes, brigando e ameaçando qualquer companheiro que se aproxima deles.[2]

Cézanne ficou encantado: "Meu Deus, como ele os descreve bem, todos esses merdinhas!" O público não foi unânime em compartilhar esse entusiasmo. Zola não havia sido nem um pouco suave ao acusar o júri de escolher quando não pela cara, ao menos pelo nome do cliente. Algumas obras recusadas sob um patronímico haviam sido aceitas sob um pseudônimo. Zola não se ateve a fazer uma simples crítica da instituição. Em um segundo artigo, "Le moment artistique" ["O momento artístico"], ele afirmou suas escolhas e expôs suas concepções estéticas: "O momento é de lutas e de febres, nós temos nossos talentos e gênios", que seriam preocupados em vão nas obras expostas no Salão, esse "monte de mediocridade". "Uma obra de arte", afirmava no final, "é um recanto da criação visto através de um temperamento."³ *Temperamento*, esta era a afirmação essencial, a da autonomia do artista, da sua liberdade. Era puro Cézanne. O terceiro artigo era um elogio vibrante a Édouard Manet, cujo lugar deveria ser o Louvre, tal como Courbet. Para alguns leitores do *L'Événement*, era ir longe demais. Esse Zola zombava das pessoas. Villemessant recebeu cartas de protesto e ameaças de cancelamentos de assinaturas. Não se ri de coisas assim, como o autor daquelas linhas pôde testemunhar por experiência própria. Embora estivesse encantado com toda essa agitação que fazia com que se falasse do seu jornal, o fogoso diretor foi obrigado a um compromisso: deu o "direito de resposta", como se diz atualmente, a um obscuro Théodore Pelloquet, cujo único título glorioso, ao que parece, fora ter contradito Zola em três artigos em defesa da arte oficial. Belo exemplo de equidade democrática. Zola entendeu o recado e desistiu de continuar, mas havia introduzido uma semente no solo maduro da arte oficial. "Qualquer escola me desagrada, porque uma escola é a própria negação da liberdade da criação humana." Em suma: ele não fazia questão de ser mantido sob o jugo de um "movimento" realista. O realismo era a própria vida e não podia ser reduzido a uma construção teórica ou a manobras de um círculo social. No fundo, ele estava muito satisfeito, pois o golpe dera certo: "Imagine um médico que não sabe onde dói e, ao apoiar seus dedos aqui e ali no corpo do moribundo, de repente ouve um grito de pavor e angústia. Eu confesso baixinho que toquei na ferida porque as pessoas ficaram aborrecidas. Pouco importa se o paciente não quer ficar curado. Agora eu sei onde dói." Ele sabia que tocara na ferida. Defendera Pissarro e Monet, "um temperamento, um homem na multidão desses eunucos". Consagrara Manet: "Defendi Manet, como defenderia em particular qualquer individualidade inequívoca que fosse atacada. Eu estarei sempre do lado dos vencidos. Há uma luta evidente entre os temperamentos indomáveis e a multidão."⁴ Ele não defendeu Cézanne. Nem sequer o citou. Contudo, em *Mon Salon,* a coletânea desses artigos que publicou quase imediatamente depois, ele escreveu uma longa carta-prefácio dirigida para o amigo. Um texto admirável, vibrante de nobres sentimentos e de uma nostalgia comovente. Todavia, aqui também nem uma palavra sobre o trabalho incansável de Cézanne e o seu talento poderoso, cuja evidência se afirmava a cada dia. Realmente, ele não entendia *efe* bom *Févanne*. Seria realmente incompreensão? Ou medo de ser taxado de "favorecedor"? Ou prudência? Cegueira? Uma rivalidade inconsciente? O verdadeiro sucesso de um amigo, ou de um irmão, não é mais doloroso do que o de um estranho?

Pouco importa, a batalha foi dura. Ela solidificou as amizades um pouco mais. Manet procurou Zola para felicitá-lo pelo artigo. Eles seriam amigos por toda a vida, começando pelo verão que se aproximava. O momento de tirar férias chegara. Os amigos de Aix – Cézanne, Zola, Baille, Solari, Valabrègue, Chaillan e Roux – passariam as férias em Bennecourt, uma pequena aldeia situada entre Paris e Rouen, às margens do rio Sena. Não, a amizade não morrera, ela até parecia ter-se reanimado. Todos se sentiam bem em Bennecourt. Havia ilhas selvagens no meio do rio, nuvens brancas corriam por cima das pradarias, dos bosques, das casas dos pescadores e dos choupos que se refletiam na água. Eles nadavam, remavam, voltavam aos quinze anos novamente. Uma mulher acompanhava o grupo. Era Gabrielle Meley, que Zola, o macho dominante da tribo, que já era famoso e estava a caminho da glória, tornara sua mulher. Debaixo do nariz e da barba de Cézanne? Teria sido realmente por causa dela que ele sacrificara seus pelos? No que pensaria ao vê-los juntos? Émile e Gabrielle não se exibiam. Gabrielle fazia parte do grupo, era uma boa companheira. Cézanne desistira. Será que alguma vez estivera realmente apaixonado por ela? Talvez tivesse sido apenas uma pulsão violenta, um desejo brutal diante daquela moça tão bela como uma fruta madura. E, depois, mais nada. A pintura. No fundo, havia apenas o trabalho. Zola produzia freneticamente. Pouco depois de *Mon Salon,* ele publicou *Mes haines,* uma coletânea de críticas literárias com um título promissor, mas com um conteúdo bem-comportado. Ele não deixava que nada se perdesse. Estava trabalhando em um novo romance e observava, perplexo, seu amigo Cézanne batalhar em cima de suas telas. Ele percebia que certamente havia algo ali, uma força, o que não o tranquilizava, não era assim que seduziria o burguês. E quem o lia, quem comprava? Certamente não o operário... "Ele se afirma cada vez mais no caminho original para onde a natureza o empurra. Espero muito dele. Por outro lado, nós achamos que será recusado durante dez anos."[5] Durante dez anos... Dez anos de tranquilidade? Ser seu único patrão? Uma garantia sobre a posteridade? Meu Deus, protegei-me dos meus amigos, que dos meus inimigos eu cuido.

*

Cézanne voltou para Aix em agosto de 1866. Ele nunca abandonara o ritmo das férias escolares completamente. Valabrègue acompanhou-o, Baille já chegara, e todos se encontraram com Marion. O jovem Alexis, que se apaixonara pela literatura, juntou-se a eles. O grupo de Aix estava reconstituído. Aureolado por sua relativa glória parisiense, Cézanne parecia vir de combates distantes. Marion recebeu-o como um herói, e todos fizeram o mesmo. A partir de agora, na avenida Cours, todos olhavam para Cézanne, com sua barba de profeta e seus cabelos compridos, com um certo respeito. Esses artistas não eram nada discretos e manifestavam-se ruidosamente nas ruas e nos cafés. A sombra de Zola acompanhava-os. "As pessoas começam a nos receber com alegria", escreveu Marion, "elas nos cumprimentam." A cidade zunia de rumores: Cézanne, filho, tornara-se pintor. O que ele pintava? Todos queriam ver. Arrogante, Cézanne respondia com um sonoro "Vão à merda!"[6] a qualquer pergunta, por mais educada que fosse, e não mostrava nada. Se os parisienses o enojavam, agora ele não suportava mais os moradores de Aix, esse bando de imbecis. E se eles o agarrassem pelo colarinho, o retivessem, até o festejassem, lhe propusessem a direção do museu, ou qualquer outro posto oficial ridículo? Fugir, não se render, jamais. E trabalhar. Seu apetite pelo trabalho era inesgotável. Ele começou uma *L'Ouverture de Tannhäuser*, abandonou-a, mas a retomará depois. Pintou o retrato de Louis-Auguste. O velho banqueiro está sentado com as pernas cruzadas em uma poltrona de espaldar alto, lendo o jornal – *L'Événement,* é claro –, com um piscar de olhos amigável para Zola. Com seu jeito rabugento, Louis-Auguste sorri um pouco. É evidente que Cézanne tentou fazer-lhe justiça e pintá-lo tão objetivamente quanto era possível. "A pintura é clara", escreveu Guillemet para Zola, "o porte muito bonito, e o pai parece um Papa sentado em seu trono." A lição de Manet dera frutos.

Pintar esse retrato não diminuiu seu gosto profundo e permanente pelos exteriores, pela natureza e pela pintura do motivo.

> Sabe, escreveu para Zola, todos os quadros pintados no interior, no ateliê, nunca estarão à altura das coisas pintadas ao ar livre. Ao representar as cenas do exterior, as contraposições das figuras nos terrenos são espantosas e a paisagem magnífica. Vejo coisas incríveis, preciso tomar a decisão de pintar coisas somente ao ar livre.[7]

De resto, ele estava um pouco desencantado. Quando se é ciclotímico, a depressão chega rapidamente: "Mas, repito, sinto um ligeiro marasmo, mesmo sem saber por quê. Como você sabe, eu não sei de onde vem, ele volta todos os finais de tarde quando o sol se põe e chove. Fico deprimido." Um desencantamento que aflige a pintura, sua razão de ser. Esse sentimento de "para quê?" que todos aqueles que esbarram com o árduo trabalho da criação conhecem vez por outra: "Eu não sei se você vai concordar comigo, não mudarei por causa disso, mas, cá entre nós, estou começando a achar que a arte pela arte não passa de uma piada grosseira". Seria preciso pintar tudo em tons de cinza. A vida era cinza, o mundo era cinza, o cinza "reinava sozinho na natureza, mas era de uma dureza difícil de ser captada".[8] Por outro lado, como poderia ver o mundo de outra cor depois de ter mergulhado outra vez no seio da família? "[São] as pessoas mais sórdidas do mundo, e chatas ainda por cima. Não falemos mais nisso."[9] Apesar de ter casa e comida, essa sopa de caras feias pesava-lhe no estômago. A situação era humilhante. No máximo, seu pai consentia dar-lhe um pouco de dinheiro de vez em quando para seus pequenos prazeres. O tempo chuvoso daquele outono não destoava do seu humor sombrio. Há paisagens que suportam mal a chuva. A chegada de Guillemet e sua mulher apazigou um pouco seu coração. Guillemet era um companheiro alegre, uma personalidade radiante, com uma visão otimista e indignações calorosas. Ele até se permitia cutucar Louis-Auguste por causa da sua avareza sem que o velho pão-duro se zangasse. O pai de Guillemet também era rico, mas não deixava o filho mofar nessa dependência odiosa. Cézanne continuava trabalhando furiosamente em seus retratos. Ele convocara novamente tio Dominique, o dócil, e pintava-o todas as tardes usando a espátula. Guillemet permitiu-se fazer algumas observações. Como aluno de Corot, ele gostaria de ver um pouco mais de harmonia e aglutinação no modo de pintar do amigo. Cézanne deu de ombros. Corot... No entanto nada ia como ele realmente desejava. No início de novembro, anunciou pateticamente para Zola que seu "grande quadro de Valabrègue e Marion não havia sido feito" e que, ao tentar pintar uma "reunião de família, o quadro não vendera". Provavelmente, essa "reunião de família, o quadro não se vendera" refere-se a uma primeira versão de *L'Ouverture de Tannhäuser*. Na realidade, tratava-se de uma reunião íntima burguesa: uma moça toca ao piano, enquanto outra costura. Tédio, quietude, nenhuma vibração, nada que traduza o brilho da partitura wagneriana. No entanto, esse quadro, cuja versão definitiva encontra-se no Museu Ermitage, em São Petersburgo, ilustra a novidade da música de Wagner por um simbolismo sutil. Cézanne conhecia o texto de Baudelaire sobre o fracasso da ópera *Tannhäuser*: "*Tannhäuser* representa a luta de dois princípios que escolheram o coração humano como principal campo de batalha, isto é, a luta da carne contra o espírito, do inferno contra o céu, de Satanás contra Deus. Essa dualidade é representada logo no

início, pela abertura, com uma habilidade incomparável."[10]
Cézanne não sentia esses temas. Ele sonhava com Paris. Dessa vez, porém, não iria embora sem antes mostrar um exemplo do seu trabalho em sua terra. Ele mandou um quadro para um marchand marselhês. O marchand o expôs na vitrina. Valabrègue, que testemunhara a cena, contou-a, certamente exagerando um pouco o acontecimento:

> O resultado foi muito barulho. Conglomerações formaram-se na rua. A multidão estava estupefata. Perguntavam quem era o pintor, e essa curiosidade causou um movimento e um pequeno sucesso. Quanto ao resto, eu acho que, se o quadro ficasse exposto durante muito tempo, eles teriam quebrado a vitrina e furado a tela.

Em Paris, Cézanne reencontrou-se com Guillemet e Zola, que ficou desanimado com as hesitações e as incertezas do amigo, o qual parecia duvidar das suas capacidades de produzir uma obra. O ano de 1867 começava mal. Um artista deve seguir em frente, pintar, expor. Nunca satisfeito, Cézanne recomeçava a obra cem vezes. Ele não sabia terminar um quadro, procurava sempre além, sempre em outro lugar. Zola reunia-se com Manet e seu pequeno grupo de amigos com regularidade. Um homem excepcional, esse Manet, a própria distinção em forma de homem. Eles costumavam encontrar-se no Café Guerbois, na Grande Rue des Batignolles, 11 (atualmente Avenue de Clichy, 9). Lá estavam Belot, Duranty, Zola, Whistler, Degas e Fantin-Latour, quase todo o futuro Museu d'Orsay. A atmosfera era muito parisiense. O grupo dos Batignolles exercitava suas mentes com observações jocosas recheadas de *understatement*.* Cézanne às vezes fazia aparições furtivas, mas aquele mundo decididamente não era o seu. Se admirava os quadros de Manet, o personagem – brilhante, perfumado, a barba cuidada e penteada a ferro quente, desdenhoso e insolente do alto da sua classe superior – exasperava-o. Eles eram vaidosos, espalhafatosos, uns cas-

---
* "Eufemismo", em inglês, no original. (N.T.)

trados. Monet contou como, diante daqueles moços tão seguros de si mesmos, Cézanne costumava provocá-los: Quando ele chegava no Café Guerbois, "afastava o casaco para o lado com um movimento muito 'excitado' dos quadris, puxava a calça para cima, ajustava ostensivamente o cinto vermelho na cintura e depois apertava a mão de todos. Porém, quando estava na presença de Manet, tirava o chapéu e dizia, sorrindo, com voz anasalada: 'Eu *naong* lhe dou a *maong*, senhô *Manê*, porque *naong* me lavo há uma semana'."[11] Costumava sentar-se um pouco afastado, recusava-se a participar da conversa, mas emitia algumas grosserias ofensivas quando uma observação o desagradava. Depois, esse homem ríspido, direto, levantava-se e ia embora resmungando. Como ajudar um tipo desses, que fazia de tudo para que todos ficassem contra ele, que somente parecia à vontade quando execrava? De onde vinha aquela raiva, aquela revolta permanente? O próprio Zola começava a considerá-lo uma amizade incômoda. Como teria dito Rimbaud, se o conhecesse, Zola seguia sua estrada, estava no caminho certo. Ele estava construindo uma carreira e precisava de calma, de estabilidade e de uma vida regrada, até um pouco caseira. Gabrielle vigiava qualquer problema. Ela encontrara seu homem, tinha certeza do seu sucesso, ajudava-o como podia, administrava a casa e organizava as reuniões das quintas-feiras. Provavelmente era o que Cézanne precisaria, uma mulher com a cabeça no lugar, discreta, eficiente. Era o que ele precisaria se... Mas ninguém falava a respeito. Os modos de Cézanne indispunham um pouco Gabrielle-Éléonore-Alexandrine, que sonhava em emburguesar-se, apagar seu passado, esquecer suas origens. Se um dia houvera algo entre Cézanne e ela, tudo estava muito distante. Uma mulher que quer esquecer é capaz de apagar até as lembranças mais íntimas.

O Salão de 1867 era aquele ao qual não se podia faltar: A Exposição Universal seria inaugurada no dia 1º de abril e atrairia uma multidão enorme de visitantes. Teriam os ataques de Zola do ano anterior modificado a atitude do júri? Como sempre, todos dependiam do julgamento desses peões, desses guardiões do decoro pictorial. Fiel à sua atitude indócil, Cézanne mandara dois quadros para serem julgados: *Le Grog au vin* [*O grogue de vinho*] e *Ivresse* [*Embriaguez*]. Ele os transportara pessoalmente em cima de um carrinho de mão e exibira-os diante de um público que não parara de rir às gargalhadas. Realmente, aquele cara era um louco. É claro que o *Grog au vin* daquele ano, que não era esse *Après-midi à Naples* [*A sesta em Nápoles*] que conhecemos hoje, pintado um pouco mais tarde, foi recusado, mas Cézanne teria cometido um erro se tivesse se incomodado em fazer concessões e ter bons modos: todos os seus amigos – Pissarro, Renoir, Sisley, Bazille, Guillemet e Monet – foram recusados. Como era esperado, ao ser atacado, o júri retraiu-se e fechou-se como uma concha. Só que dessa vez era demais. Enquanto alguns conseguissem passar pelas frestas, poder-se-ia afirmar que tudo era apenas uma questão de tempo. Essa rejeição em massa era uma nova declaração de guerra. Nenhum Salão? Nem mesmo uma Exposição dos Recusados? Era preciso unir-se, agrupar-se e expor apesar de tudo. Mesmo Courbet e Corot, os mais velhos e gloriosos, os apoiaram. Eles ficariam do seu lado, mandariam seus quadros. Mais fácil dizer do que fazer. O projeto fracassou por falta de dinheiro, local e organização. O pior ainda estava por vir. No dia 8 de abril, o grupo ficou sabendo que um jornal francês, publicado em Frankfurt, na Alemanha, divulgara um ataque venenoso contra a presença de Cézanne no Salão. O jornalista até fizera uma brincadeira e mudara, por complacência, ignorância ou má-fé, o nome de Cézanne para Sésame: "Falaram-me também dos dois quadros recusados do senhor Sésame (nenhuma relação com as *Mil e uma noites*), o mesmo que, em 1863, provocou a hilaridade geral no Salão dos Recusados – sempre esse! – com um quadro que representava dois pés de porco em cruz. Dessa vez, senhor Sésame mandou para a exposição duas composições que, mesmo sendo um pouco menos esquisitas do que aquela, também são dignas de serem excluídas do Salão. Essas composições intitulam-se *Le Grog au vin* e *Ivresse* e representam, uma, um homem nu a quem uma mulher elegantemente vestida traz um grogue de vinho; e, outra, uma mulher nua e um homem vestido como um *lazarone*.* Nesta, o grogue está de cabeça para baixo."

Dessa vez, Zola explodiu. "Defenderei qualquer individualidade inequívoca que for atacada durante toda a minha vida. Sempre estarei do lado dos vencidos." E assim o fez. Em 8 de abril, ele publicou um veemente esclarecimento no jornal *Le Figaro*:

> Trata-se de um dos meus amigos de infância, um jovem pintor a quem muito aprecio o talento vigoroso pessoal. (...) Confesso que, debaixo da máscara que lhe colaram no rosto, tive alguma dificuldade para reconhecer um dos meus colegas de colégio, senhor Paul Cézanne, pois ele não tem nenhum pé de porco na sua bagagem artística, pelo menos até agora. Faço essa restrição porque não vejo por que razão não se pintariam pés de porco da mesma forma como se pintam melões e cenouras.

Zola também não progredia muito. Seus negócios avançavam menos rapidamente do que gostaria. Ele se queixava de que nada dava certo. Para dizer a verdade, seu último livro, *La Confession de Claude*, havia sido um fracasso comercial. Vivia de artigos para os jornais que eram pagos por linha e precisava fornecer material sem parar. Um trabalho exaustivo, ao qual se acrescentava a redação do seu novo romance, *Un mariage d'amour*, e de folhetins. Assim como os grandes, os Dumas, os Gaboriau e os Eugène Sue, que haviam feito a fortuna dos jornais, e as suas próprias, Zola também tentava, a sorte com esse gênero muito valorizado, escrevendo a série *Les Mystères de Marseille* [*Os mistérios de Marselha*] para o jornal *Le Messager de Provence*. Intrigas, reviravoltas, um melodrama em cada página. Um trabalho que o enojava e lhe dava a impressão de estragar seu talento e sua pena, mas não se recusam dois centavos por linha. Além disso, ele também precisava cuidar de Cézanne – que estava morando em sua

---
* Mendigo de Nápoles. (N.T.)

casa, onde encontrara um refúgio para romper a solidão e a neurastenia –, que se embriagava literalmente de pintura, a ponto de esquecer de comer e beber, como se fosse um drogado obcecado e mal-humorado, enquanto compunha um quadro de rara violência. Um quadro mórbido, uma cena de desejo e crueldade, em relação direta, assim parecia, com os temas do novo romance de Zola, *Thérèse Raquin,* que havia sido publicado naquele ano de 1867. Nele, via-se a heroína e seu amante conspirando para assassinar o marido a fim de saciarem seu desejo. Cézanne deu esse quadro macabro de presente para Zola, como uma homenagem ao amigo.

Tempos bem sombrios, sim. Manet organizara uma exposição das suas obras, paga do próprio bolso, que incluía cerca de cinquenta quadros, em um galpão que mandara construir na Avenue Montaigne. Sob esse regime podre e corrompido, a arte era um passatempo de pessoas endinheiradas, e era preciso pagar para que seu trabalho fosse conhecido. O cúmulo! Em 29 de maio, coube a Courbet inaugurar sua própria exposição em um pavilhão construído no *rond-point* de Alma. Um texto de Zola destacava-se na exposição de Manet: "Uma nova forma da pintura: senhor Édouard Manet".

A Exposição Universal de 1867 atraiu uma multidão considerável. As pessoas vinham contemplar as últimas maravilhas da ciência em curso e as curiosidades distantes dos países expositores. De passagem, parava-se diante das exposições de quadros. A mãe de Cézanne viera a Paris para assistir ao evento e verificar como o filho vivia. No início de junho, Cézanne retornou com ela para Aix.

Ele precisava de trabalho e de solidão. Trancado no seu Jas de Bouffan, Cézanne não via ninguém: ele pintava. Do lado de fora era verão, com seu calor opressivo, crepitando de cigarras, um verão que imobilizava a natureza. Cézanne pintava aquarelas com frenesi, diante das quais Marion se extasiava, porque elas explodiam "de um colorido extraordinário, com um efeito estranho, que eu não poderia supor que a aquarela fosse capaz de produzir". Por que não permanecer aqui em Aix, fechar-se no delicioso torpor do Jas de Bouffan, tornar-se uma máquina de pintar, tal como Chateaubriand, que afirmava ser uma máquina de fazer livros, renunciar a tudo, ao sucesso, ao mundo? Para seus raros visitantes – como Marius Roux, a quem Zola, preocupado com o amigo, pedira para visitar Cézanne –, ele parecia estranhamente distante, como se estivesse ausente. Perdido em um sonho infinito, Cézanne respondia automaticamente, com a calma da indiferença. Desistira de ir a Paris naquele mês de agosto para rever as exposições de Manet e Courbet, como planejara, e começara uma nova versão de *L'Ouverture de Tannhäuser*. O tema perseguia-o. Era como se resumisse sua maneira de estar no mundo e concretizasse as aspirações contraditórias que se debatiam em seu íntimo.

No início de setembro, Zola viajou para Aix e depois seguiu para Marselha a fim de assistir a uma representação teatral dos seus *Mystères de Marseille*. Para um fiasco, era um fiasco. A peça de teatro era tão ruim que foi recebida pelo público com vaias. Zola ficou furioso. Era inútil continuar na cidade. Em 11 de setembro, Cézanne e Zola pegaram o trem para Paris.

Hortense

Em dezembro de 1867, Zola publicou *Thérèse Raquin,* o novo título de *Un mariage d'amour.* O livro foi muito mal recebido pela imprensa: "Uma poça de lama e sangue... O senhor Zola vê a mulher como o senhor Manet a pinta, da cor da lama com maquiagens em tons cor-de-rosa."[1] Por que tanto ódio? A classe dominante, que construíra um mundo com tantas coisas feias e sórdidas, não gostava que o espelho da arte lhe reenviasse essa imagem. Zola ficou arrasado. Ele precisava dos seus livros para viver. Um ataque da crítica e seria o fracasso, o sucesso seria adiado para sempre, ele seria obrigado a escrever mais artigos hoje e sempre, quando todo esse trabalho alimentar enojava-o cada vez mais. Cézanne ria silenciosamente dessas angústias. Para que se esforçar em agradar a todos esses imbecis? A arte, o futuro, isso é o que conta. Cézanne estava cada vez mais inatingível, era até difícil saber onde morava. Rue Beautreillis? Rue de Chevreuse? Rue de Vaugirard? Rue Notre-Dame-des-Champs? Vagava de um lado para outro, corroído por uma angústia muito mais grave, aquela da impotência, como se o caminho desconhecido e sem nenhum ponto de referência que escolhera pudesse desaparecer no meio de um deserto. Seu companheiro mais constante nesses meses de dúvidas era Philippe Solari. Ele possuía a virtude cardeal de aguentar os humores de Cézanne e compartilhar seu desprezo pelas contingências materiais. Faziam das tripas coração, gastavam sua mesada em poucos dias e terminavam o mês comendo pão embebido em azeite de oliva. Solari estava esculpindo uma estátua imponente do Negro Cipião, um modelo que posava na academia de Suisse pai. Zola insistira em mostrar essa obra-prima para Manet, que se dignou empurrar-se até o ateliê modesto de Cézanne e Solari. Fazia um frio do cão, e Solari acendeu o fogareiro. A argila começou a derreter, e *La Guerre de l'Indépendance,* esse era o nome da estátua, desmoronou. No lugar do Negro em pé, Solari apresentará um Negro adormecido no Salão, que será aceito.

Aceito, como foram aceitas as obras de Manet, Monet, Pissarro, Sisley, Renoir, Bazille, de todos. Todos, exceto Cézanne. A segunda versão de *L'Ouverture de Tannhäuser* foi rejeitada. Como sempre, deveríamos dizer. Essa perseguição começava a preocupar. Parecia uma espécie de cabala, como se estivessem atacando um símbolo. Afinal, o nome de Cézanne já não era o de um completo desconhecido no mundo da pintura, e mesmo fora dele. E se, ano após ano, Cézanne fosse reconduzido ao seu papel de fracassado oficial? Seu amigo Marion expressou seus temores: "Mais do que nunca, a pintura realista atual está longe de ter êxito no mundo oficial, e Cézanne não poderá continuar expondo obras oficiais e patrocinadas por muito mais tempo na exposição. Seu nome já é muito bem conhecido, e muitas ideias revolucionárias estão ligadas a ele no mundo da arte para que os pintores membros do júri fraquejem por um único instante. Admiro a persistência e o sangue-frio com que Paul me escreveu: 'Pois muito bem! Continuaremos atazanando-os assim até a eternidade e com mais persistência ainda!'"[2]

Contudo, o júri mostrou-se bastante conciliador. A jovem pintura estava amplamente representada e Manet triunfava, para o grande desprazer do conde de Nieuwerkerke e toda a velha guarda acadêmica. Zola aproveitou para agarrar sua parte nesse sucesso. Afinal, ele contribuíra para que acontecesse. *L'Événement illustré* encomendou-lhe uma série de artigos. Ele os escreveu com prudência, distribuiu os cumprimentos de praxe entre os amigos e, mais uma vez, silenciou sobre o fracasso de Cézanne. O jovem Zola ainda não tinha a coragem do escritor recém-chegado que se tornaria o herói detestado, e provavelmente assassinado, do Caso Dreyfus. Cézanne estava muito próximo dele, e essa proximidade cegava-o. Cézanne, por sua vez, não esperou nem uma homenagem do amigo, nem o final da publicação desses sete artigos. Aliás, ele não esperava mais nada. Em 16 de maio de 1868, voltou para Aix, "fugindo das mãos que se profanavam nas indústrias dos filisteus".[3]

É preciso ler Cézanne. Ele escreve bem. Ele fala da sua solidão com simplicidade, honestidade, sem grandiloquência. Como nessa carta para Numa Coste, escrita em julho de 1868:[4]

> Não sei se o vivencio, ou se apenas me lembro, mas tudo me faz pensar. Caminhei sozinho até a barragem de Saint-Antonin. Dormi no "palheiro" dos donos do moinho, bom vinho, boa hospitalidade. Lembrei-me daquelas tentativas de ascensão. Não as recomeçaremos mais? Que vida mais estranha, quanta diversão, e como seria difícil para nós, nesse instante em que escrevo, sermos apenas nós três e o cachorro naquele lugar onde há apenas alguns anos nos encontrávamos. Com exceção da família e de alguns exemplares do *Siècle,* onde colho notícias anódinas, não tenho nenhuma outra distração. Sozinho, ouso raramente ir ao café. Mas no fundo, e apesar de tudo, continuo tendo esperanças.

Quanto ao pessoal de Aix, não esperava mais nada dele. "Recebi sua carta com um prazer enorme. Ela me tirou da sonolência que se apodera de mim. A bela expedição que deveríamos fazer até Sainte-Victoire resultou em nada por causa do forte calor e, em outubro, devido às chuvas. Percebo daqui como o esmorecimento começa a tomar conta da vontade dos nossos coleguinhas." E os colegas artistas de Aix? "Todos sofrem de gota aqui. Papai Livé está esculpindo um baixo-relevo de um metro há 58 meses, ele ainda está no olho do santo XXX."[5]

Cézanne não parava. Agora ele estava pintando uma paisagem das margens do rio Arc. Para o próximo Salão. Nunca se sabe... Marion ficou impressionado: "Para tentar ordenar seu temperamento e impor-lhe as regras de uma ciência tranquila, Cézanne trabalha muito, sempre, com todas as suas forças. Se conseguir alcançar seu objetivo, poderemos admirar obras acabadas e fortes."

De tanta solidão, Cézanne começava a ficar com medo de perder a memória e o ritmo da vida em sociedade, de transformar-se em um completo selvagem. Era hora de voltar para Paris.

Porque agora ele "voltava" para Paris. A cidade tornara-se sua tanto quanto Aix, ainda que, e é o mínimo que podemos dizer, ela não o tenha recebido de braços abertos. Em Paris, reencontrou um Zola muito pouco à vontade. Ele, que se dedicava à escrita, acabara de publicar um novo romance, *Madeleine Férat*, com o qual inaugurava uma série de obras que ilustravam algumas teses "científicas" muito acrobáticas. Nesse livro, ele tratava do tema da "impregnação": uma mulher guarda para sempre dentro de si a marca do seu primeiro amante como se fosse a marca de um ferro em brasa. Essas tolices, saídas do cérebro fértil de algum sábio apaixonado pela ordem moral, como havia tantos naquela época, demonstravam "cientificamente" os estragos fisiológicos da masturbação, ou do adultério, e eram ilustradas por uma história na qual certos espíritos malignos poderiam perceber uma reminiscência das relações entre Cézanne, Zola e Gabrielle. O livro causou um escândalo enorme, os leitores protestaram, consideraram-no obsceno. A publicação em capítulos acabara de ser interrompida por ordem da Promotoria Pública. Zola planejava projetos mais vastos: narrar sua época em um grande afresco, o equivalente da *A comédia humana* de Balzac. Ele contaria tudo sobre essa época indigna, sobre as pessoas que conhecera, passaria por todas as camadas sociais, seria a testemunha e o maior menestrel do seu tempo. Falaria de Cézanne, do "drama terrível de uma inteligência que se autodevora". Zola delineou suas intenções a partir da elaboração do projeto. Trabalharia todos os dias na Biblioteca Imperial, onde consultava livros de psicologia e história. E já imaginava Cézanne como personagem de um dos volumes, aquele que versaria sobre os problemas da arte. Louis-Auguste também participaria da festa. Para construir o personagem de François Mouret, no quarto volume da série *La Conquête de Plassans*, Zola tomou emprestado vários traços da sua personalidade: "Usar o tipo do pai de C..., zombador, republicano, burguês, frio, meticuloso, avaro; quadro do interior; ele recusa o luxo à sua mulher etc. Também é um tagarela, que se apóia na sua fortuna e zomba de todos."[6]

Cézanne nem desconfiava do que estava sendo tramado. Ele trabalhava, estava ocupado com a natureza-morta, com os objetos estáveis, imóveis, que lhe permitiam refrear suas pulsões, sua violência, seu "romantismo", seu modo de ser "colhão" e tratar somente da técnica pictorial. Nesse sentido, o ano de 1869 marcou uma reviravolta. Os quadros *La Pendule noire* [*O relógio preto*] e *Nature morte à la bouilloire* [*Natureza-morta com a chaleira*] comprovam esse direcionamento para temas mais clássicos e para o uso do recurso de objetos do cotidiano, ao modo de Manet, mas sobretudo de Chardin, cujas pinturas familiares e calorosas vistas no Louvre, de uma inacreditável profundidade no tratamento da matéria, haviam-no impressionado fortemente. Se *La Pendule noire* guarda traços de uma natureza tumultuada, abrupta e "romântica", a *Nature morte à la bouilloire* representa o cotidiano modesto de um artista pobre: uma chaleira, ovos, cebolas. À esquerda, isolada, uma maçã. Uma maçã "que vem de longe", é claro. Tudo em tons amarelos sobre fundo cinza – e essa toalha de mesa branca, essa "toalha de neve fresca" que Cézanne sempre sonhara em pintar. Vejamos Rilke:*

> Essas naturezas-mortas são milagrosamente absorvidas em si mesmas. Primeiro, a toalha branca, tantas vezes usada, que se impregna estranhamente do tom local dominante, depois as coisas colocadas em cima dela, cada qual se manifestando e se exteriorizando do fundo do coração.[7]

A natureza-morta era a pintura absoluta – aliás, por que esse termo "natureza-morta"? A expressão *still life,* em inglês, que significa "vida imóvel", é muito mais bonita e verdadeira. Em Cézanne, a natureza-morta reveste-se do mesmo valor do *Quatuor* de Beethoven: o essencial, o coração das coisas, a busca da forma, sem ornamentos, nem particularidades, ou então apenas sugeridas. Seu coração disparava quando ele deu *La Pendule noire* de presente para Zola. Zola mal

---

* Rainer Maria Rilke (1875-1926), poeta austríaco, autor de *Briefe über Cézanne* [*Cartas sobre Cézanne*], 1907. (N.T.)

olhou para ela. Cézanne era um fracassado. A pintura não o interessava mais.

Em Cézanne, de onde veio essa sabedoria, essa nova paciência, essa homenagem aos mestres admirados? De um pouco de psicologia, do coração. No início daquele ano de 1869, ele conheceu uma moça – na verdade, era uma de suas modelos – chamada Hortense Fiquet. Ela tinha dezenove anos, era alta, loura, bonita, muito tímida e nascida na região do Jura. Para ajudar a pagar as contas de fim de mês, essa modesta operária tecelã, órfã de mãe, posava para pintores. Teria Cézanne ficado arrebatado? Apaixonado? Aquela moça plácida, de corpo dócil, aquele modelo perfeito que era capaz de ficar imóvel durante horas, certamente era o que convinha à sua natureza angustiada, à sua agitação irreprimível diante do mistério da mulher. Já não era sem tempo. Cézanne estava com trinta anos. Até agora, esse casto, esse pudico torturado por desejos vertiginosos só conhecera amores sem importância e, certamente, alguns alívios pagos. Hortense, que logo se tornará sua amante, passou a ser o equilíbrio indispensável que apaziguava seus tormentos e sua sensualidade, que canalizava seu trabalho para uma busca tranquila. Talvez não fosse o grande amor da sua vida, e não o seria jamais. Cézanne não era um sentimental, nem um amante muito refinado, mas seu encontro com Hortense deu-lhe novas forças, apaziguou-o. A cronologia dos seus primeiros momentos juntos é mal conhecida. Hortense acompanhou-o quando ele foi para l'Estaque em abril de 1869 e pintou a aquarela *Usines à l'Estaque*? É bem possível. L'Estaque era um refúgio para Cézanne, um lugar em que podia passar alguns dias em relativa clandestinidade, longe dos olhares de Louis-Auguste.

Como se desse adeus às suas quimeras românticas e devaneios eróticos, ele criou em algumas horas *Une moderne Olympia* [*Uma Olímpia moderna*], um pastiche da *Olímpia* de Manet. Ele se colocou na tela, de costas, maciço e barbudo, contemplando uma odalisca encolhida em cima de uma cama, enquanto uma mucama de busto desnudo ergue um objeto indefinido para o alto e contempla a cena. Certamente não é o melhor de Cézanne. A *Olímpia* de 1873 terá outro aspecto, muito "mulherzinha" no tom. Todavia, Cézanne se libertara. Quando Manet perguntou-lhe o que preparava para o Salão, ele respondeu: "Um pote de merda". Naquele ano, os "potes de merda" que mandou para o Salão foram o *Portrait d'Achille Emperaire* [*Retrato de Achille Emperaire*] e um nu. Como costumava fazer, levou seus quadros pessoalmente no dia 20 de março, *in extremis*. E, como sempre, o público aplaudiu e zombou daquele louco. O caricaturista Stock reproduziu suas telas, uma prova de que o haviam marcado, e acrescentou esse comentário irônico: "Os artistas e os críticos presentes no Palácio da Indústria nesse 20 de maio, dia do encerramento da entrega dos quadros, lembram-se da ovação a dois quadros de um novo gênero". Ao que Cézanne respondeu dignamente:

> Sim, meu caro senhor Stock, eu pinto como vejo, como sinto, e minhas sensações são muito fortes. Eles [Courbet, Manet, Monet] também sentem e veem como eu, mas não ousam. Eles fazem a pintura do Salão. Eu ouso, senhor Stock, eu ouso. Eu tenho a coragem de expressar minhas opiniões – e rirá melhor quem rir por último.[8]

Na luta eterna entre o poder – aquele dos institucionais, dos "eunucos" – e a verdadeira força, é a força, a sua, que começava a vencer. Agora Cézanne sabia, embora obscuramente, que estava no caminho certo, que conseguira dominar sua arte singular, que se dirigia para sua salvação como artista em uma época na qual se tentava encontrar na arte um substituto para a morte de Deus e reconstruir o mundo dando-lhe formas inéditas.

O Salão de 1870 foi inaugurado em meio a rumores angustiantes. O Regime Imperial estava sem fôlego, principalmente depois da lamentável expedição mexicana e do fracasso do plebiscito de maio de 1870. A guerra ameaçava, dessa vez contra a Prússia de Bismarck. Preocupado com essas ameaças, Zola uniu-se em matrimônio com a bela Gabrielle Meley no dia 31 de maio. Os padrinhos foram Solari, Roux,

Alexis e Cézanne. Apesar das peripécias da vida, a amizade entre os dois continuava tão sólida como antes. Por uma estranha circunstância, alguns dias antes Zola recebera uma carta do jornalista Théodore Duret, que assinava os artigos sobre o Salão no jornal *L'Électeur Libre.* Duret queria conhecer Cézanne, que Zola dissera ser um "pintor de Aix radicalmente excêntrico". Zola recusou-se a fornecer o endereço do amigo: "Eu não posso dar-lhe o endereço desse pintor. Ele vive muito isolado e está no seu período de tateamentos. A meu ver, ele tem razão em não querer que ninguém entre no seu ateliê. Espere até que tenha se encontrado".

O bom companheiro... Resta saber se Zola realmente perdoou Cézanne por ter "impregnado" Gabrielle...

Longe da guerra

A França estava em guerra. Napoleão III envelhecia. Mal aconselhado, caíra na armadilha do telegrama de Ems.* Não se passa com um golpe de mágica dos pamparampampans de Offenbach e seus soldadinhos de brincadeira à mobilização de todo um exército. Era o caos. Nada estava preparado, mobilizava-se ao acaso, não havia mapas das fronteiras do território, os generais não encontravam seus regimentos. Na falta de armas, os soldados exercitavam-se com cabos de vassouras. Sabemos o que aconteceu depois: a debandada diante da organização implacável do exército prussiano, a derrota de Sedan, o cerco de Paris, a fome que obrigou os parisienses a caçar qualquer rato à solta. E, germinando, duas futuras guerras mundiais.

Cézanne não percebia nada disso. "Durante a guerra", confessou sem nenhum constrangimento, "trabalhei muito no tema de l'Estaque. Eu dividia meu tempo entre a paisagem e o ateliê."[1] De fato, sem tambores nem trompetes, ele fugira para l'Estaque com Hortense assim que soaram os primeiros tiros de canhão. Ei-los instalados na casa alugada na praça da Igreja por sua mãe. Cézanne informara-a da sua nova situação. Porém, somente a ela, unicamente a ela. Se Louis-Auguste ficasse sabendo de alguma coisa, ficaria furioso! Só Deus sabe do que seria capaz! Mesmo que um dia ele também tenha vivido no pecado, como se diz. Só que Louis-Auguste era Louis-Auguste, e seu filho outra coisa. Um artista. E Hortense era uma modelo, uma dessas mulheres que se desnudam na frente de

---

* O telegrama, ou o Despacho de Ems [*Emser Depesche*], relatava o encontro de 13 de julho de 1870 entre o rei da Prússia, Guilherme I, e o embaixador da França na Prússia, em Bad Ems, perto de Koblenz. O telegrama foi encurtado por Bismarck de tal forma que o tornava uma afronta aos franceses, provocando a declaração de guerra da França à Prússia em 19 de julho de 1870, assim como Bismarck o desejava para poder concluir a unificação do seu país. (N.T.)

pintores libidinosos. Ele era um comerciante honesto, que abrira caminho em seu meio social e regularizara sua situação com uma mulher honesta. Enquanto aquela moça... Ela seria capaz de dilapidar sua fortuna. Uma fortuna sólida, por sinal. Louis-Auguste acabara de encerrar seus negócios. Ele acumulara dinheiro suficiente para viver durante três ou quatro séculos. Estava com 72 anos e restavam-lhe somente quinze anos de vida para importunar o filho. Não seriam anos perdidos...

Cézanne não parecia nem um pouco preocupado com a dupla ameaça que pairava sobre ele: Louis-Auguste poderia saber do seu caso com Hortense; ele próprio poderia ser encontrado e mandado para a guerra. A primeira ameaça angustiava-o mais do que a segunda. Em l'Estaque, as pessoas nem percebiam que a guerra havia sido declarada. Na falta de uma organização eficiente, os refratários não tinham por que ficar preocupados.

Nem todos, porém, encontravam-se na mesma situação de Cézanne. Monet estava na Inglaterra; Pissarro fugira da invasão prussiana e logo se encontraria com ele; Manet era oficial no exército; Renoir estava no sudoeste da França, às vezes em Bordeaux, às vezes em Tarbes. Quanto a Zola, este havia sido dispensado do serviço militar. Ele era míope como uma toupeira. No início de setembro, enquanto a República era proclamada em Paris depois da derrota de Sedan, um vento de revolta soprava em Aix-en-Provence. Um telegrama chegara anunciando a queda do Império. Os republicanos invadiram a Prefeitura e derrubaram o Conselho Municipal junto com as imagens, as estátuas e os símbolos do antigo regime. Novos conselheiros foram eleitos imediatamente, entre os quais estavam Baille e Valabrègue, que haviam acabado de chegar de Paris, mas também Louis-Auguste! Ele ficou encarregado das finanças da cidade, mas jamais será visto nas reuniões do Conselho.

Foi nesse momento que um Zola acompanhado da mãe e de Gabrielle desembarcou em l'Estaque. Cézanne recebeu-o com alegria, mas Zola estava sombrio. Eles haviam fugido de Paris, Gabrielle estava apavorada. Tudo ia mal. A publicação em capítulos de *La Fortune des Rougon* havia sido interrompida. No mês anterior, Zola havia sido encarcerado por causa de um artigo em que atacava o Império violentamente. No entanto, o Regime havia sido derrubado, felizmente. Cézanne escutava essas narrativas placidamente. Ele saía todas as manhãs e ia pintar suas paisagens. De tarde, quando voltava, sentava-se do lado de fora da casa e contemplava o pôr do sol sobre a baía de Marselha. Zola impacientava-se. Ele não tinha nem mais um centavo. As notícias que chegavam de Paris eram péssimas, os prussianos haviam entrado na cidade. Quando poderiam voltar para lá? Talvez nunca. Ele não aguentou esperar mais, partiu de l'Estaque e foi para Marselha, onde entrou imediatamente em contato com Arnaud, que publicara seus *Mystères de Marseille,* retomou contato com seus conhecidos, entre os quais estava Valabrègue, e começou a fazer planos para fundar um jornal diário. Qualquer coisa, menos aquela inatividade.

Em Paris, a República recém-criada resistia. Gambetta viajara de balão para organizar a defesa da pátria. Meio milhão de homens foram armados da melhor maneira possível. Ao norte, a França transformara-se em um enorme campo de batalha. Até em Aix, onde nunca se vira um prussiano, um sopro patriótico animou o Conselho Municipal, que conclamou o povo ao recrutamento em massa – uma intenção nobre, mas que parecia mais uma fanfarronada antes do tempo e não produziu nenhum efeito. Em 18 de novembro, Cézanne, que não pedira nada, nem era candidato a nada, foi eleito presidente da Comissão da Escola de Desenho de Aix. Ele também nunca será visto por lá. "São todos uns obtusos." Assim era Cézanne, e ele tinha a quem puxar. Podia ser um revolucionário na pintura, mas a política deixava-o indiferente. As agitações sociais não o interessavam, e as organizações institucionais menos ainda. A devoção de cidadão não era a principal qualidade na família Cézanne. As senhoras tinham suas obras sociais, o que era suficiente.

Enquanto Zola ia à luta, Cézanne pintava retratos e naturezas-mortas. Zola, cujas agitações jornalísticas não duraram muito tempo, tivera a estranha ideia de se fazer nomear subprefeito de Aix. Porém, era preciso saber com quem falar. A administração e o exército haviam entrado em colapso. Zola partiu para Bordeaux, onde o governo se encastelara, fugindo do exército prussiano. Ele foi de escritório em escritório, até esbarrar com um ministro, seu conhecido, e conseguir ser nomeado secretário. Melhor do que nada. Agora ele só precisava esperar que a guerra terminasse. Já era hora de os negócios voltarem a funcionar. Eles só poderiam triunfar sob a República. Não haviam feito o suficiente para o seu advento?

Contudo, nada dava certo. O assédio de Paris teve início no final de dezembro. Os obuses choviam em cima de uma população faminta e morta de frio, pois o inverno era terrível. O frio congelava tudo e todos, a madeira e o carvão não chegavam, os mantimentos menos ainda. Até a Provença ficou coberta de neve naquele inverno glacial. Um dia, alguns policiais bateram à porta do Jas de Bouffan. Cézanne viajava muito entre Aix e l'Estaque, o que não deixava de despertar algumas suspeitas. Naquele dia, não estava em casa. Senhora Cézanne lamentou a ausência do filho, abriu todas as portas e, dando de ombros, informou: "Ele partiu há alguns dias. Quando o vir, eu os avisarei." Os policiais não insistiram. Cézanne havia sido salvo pelo mau tempo. Não era fácil prender alguém com toda aquela neve que invadia as estradas e os caminhos. No entanto, eles não teriam tido nenhuma dificuldade para agarrá-lo, porque ele nem se escondia. Cézanne pintava. L'Estaque oferecia temas inesgotáveis. A baía cintilava na luz invernal. As colinas brancas de Marselha delineavam-se ao longe, mutantes de acordo com as variações sutis dos ventos e da atmosfera. Ao redor da aldeia, a paisagem era um esplendor de rochedos e desfiladeiros, com seus pinheiros de um verde profundo que brotavam das pedras. Havia até chaminés das fábricas que soltavam fumaça, uma incongruência moderna naquela paisagem pré-histórica. Cézanne trabalhava a rocha, as árvores, o céu, a imensidão do horizonte. O que poderia acontecer-lhe? No início de 1871, o degelo inspirou-lhe o quadro *Neige fondante à l'Estaque* [*A neve derretida em l'Estaque*]. A neve como um trapo sujo debaixo de um céu escuro, iluminada apenas pelo teto vermelho de uma casa ao longe. A obra era rude, poderosa, porém não era um êxito total no seu realismo abrupto. Os elementos do quadro parecem desassociados uns dos outros, e a violência parece opor-se à imobilidade da paisagem. O romantismo, a "gangrena romântica", como escreveu Zola em *L'Œuvre,* não morrera para ele.

A guerra terminou em 26 de fevereiro, com a assinatura do Tratado de Versalhes.* Paris passou por um momento confuso, que culminou no dia 26 de março com a proclamação da Comuna. Durante aqueles dois meses, a luta foi incessante entre os *communards* e o governo de Versalhes. Agora era o governo que assediava Paris. A experiência generosa, vingativa, romântica e utópica da Comuna desembocara em uma guerra civil. No seu refúgio em Croisset, próximo de Rouen, Flaubert vociferou: "Quanto a essa Comuna, que não para de gemer, ela é a última manifestação da Idade Média. A última? Tomara! (…) Essa loucura é a consequência de uma bobagem imensa."[2] Santificado por seus dezoito anos de exílio, Victor Hugo voltara para Paris. Poeta oficial, grande consciência, Zeus descendo do Olimpo, ele escreveu *L'Année terrible.* Porém nem por isso conseguirá impedir que o sangue dos *communards* escorra pelos paralelepípedos de Paris. Zola, que também voltara para a capital, viveu essa confusão colocando sua vida em perigo. Primeiro, foi preso pelos *communards*, depois pelos governamentais e quase foi tomado como refém em outra ocasião. Ele fugiu para Bonnières, esperando que a febre baixasse. No final de maio, desenrolaram-se os eventos trágicos da "Semana Sangrenta", o massacre dos revolucionários da Comuna pelas tropas de Thiers. A Comuna foi reprimida em um banho de sangue.

E Cézanne? Onde estava? Cézanne desaparecera em l'Estaque. Segundo o proprietário da casa em que morava,

---

* Acordo preliminar, de 1871, de término da Guerra Franco-Prussiana, ratificado pelo tratado de Frankfurt (também de 1871), assinado entre o Império Alemão e a França. Um dos resultados desse acordo foi a entrega pela França da região da Alsácia-Lorena para a Alemanha, gerando revanchismo na França, um dos fatores que levaram à Primeira Guerra Mundial. (N.E.)

ele teria partido para Lyon. Zola não acreditou nem por um instante. Mas que tolice a sua ter enviado aquela carta para l'Estaque! Se ela havia sido reenviada para o Jas de Bouffan, Louis-Auguste a lera. Ele era assim, Louis-Auguste, ele lia a correspondência do filho, e aquela carta continha alusões explícitas a respeito de Hortense. Zola roeu as unhas. No início de julho, recebeu notícias de Cézanne. O pintor não saíra do Sul. Zola ficou aliviado. A verdadeira vida podia recomeçar: "Hoje", escreveu para Cézanne em 4 de julho, "estou tranquilamente instalado em Batignolles, é como se acabasse de sair de um pesadelo... Nunca mais tive esperanças nem vontade de voltar a trabalhar. Paris está renascendo. Como eu lhe disse tantas vezes, nosso reino está chegando. (...) Lamento um pouco que nem todos os imbecis tenham morrido, mas me consolo com o pensamento de que nenhum de nós morreu. Podemos recomeçar a batalha".

Nenhum de nós? Zola esquecera Frédéric Bazille, falecido em combate em Beaune-la-Rolande em 1870.

Nascimentos

Quando Cézanne e Hortense voltaram para Paris, durante o verão de 1871, encontraram uma cidade ferida pela guerra. O casal foi morar provisoriamente na Rue de Chevreuse, na casa de Solari, que havia sido um *communard* fervoroso e dera uma ajuda a Courbet quando este derrubara a coluna Vendôme. Para que o esquecessem, Courbet escapara para Vevey, na Suíça.

Cézanne reencontrou Paris sem nenhuma alegria. Ele estava sombrio, taciturno, quando não insuportável. Não via ninguém, nem mesmo Zola. O motivo desse humor era fácil de adivinhar: o ventre de Hortense arredondava-se, Hortense estava grávida. O que não era uma excelente notícia. Em primeiro lugar, porque ele caíra na armadilha: haviam-no "agarrado pelo colarinho", seu pior medo. Em segundo lugar, de que viveriam? Ele continuava não vendendo nada, e a pequena mesada concedida pelo pai mal dava para garantir sua subsistência. A de uma família então... No entanto, ele nem cogitava a ideia de não assumir a criança. Isso não fazia parte desse caráter íntegro, forjado em um único bloco. Hortense estava ali, em carne e osso, e essas coisas não se discutiam, mesmo se ele tivesse de ir contra sua natureza mais profunda, sua necessidade primordial de liberdade, os desejos violentos de orgia e êxtase, as festas dionisíacas dos sentidos que continuavam atormentando-o e que a tranquila Hortense saciava apenas moderadamente. Ela será sua mulher, e ele assumirá a escolha. O casal mudou-se da casa de Solari para um pequeno apartamento na Rue de Jussieu. Da janela, Cézanne pintou *L'Entrepôt des vins, vu de la rue de Jussieu* [*O depósito de vinhos, visto da Rua de Jussieu*]. Um quadro sombrio, em tons de cinza e marrom, uma paisagem de inverno que traduzia seu humor taciturno. Debaixo daquele céu sombrio, naquele bairro que normalmente fervilhava de uma multidão ativa, não se vê nenhuma presença humana. Uma visão melancólica, baudelairiana, que não abdicava do pitoresco parisiense que alegrava as telas de Monet, Renoir e Pissarro. A pintura não era uma testemunha, ela apenas recriava um mundo por intermédio da sua força interior.

Em 4 de janeiro de 1872, Hortense deu à luz um menino, que Cézanne reconheceu imediatamente e declarou com o nome de Paul. Ei-lo pai! Que surpreendente!

Como uma felicidade nunca vem sozinha, Cézanne recebeu uma carta de Achille Emperaire pedindo que o hospedasse. Sentindo-se abandonado, o anão queria reatar com o meio artístico da capital. Cézanne abriu-lhe sua modesta morada com todo coração: "Você não ficará muito bem acomodado", escreveu para Achille, "mas lhe ofereço de bom grado que compartilhe meu cubículo". Ele pediu a Achille para trazer sua própria roupa de cama, "porque eu não tenho nem um lençol para oferecer-lhe". Contudo, a situação logo se deteriorou. O apartamento era pequeno, a vizinhança barulhenta de Halle e seus bêbados, e o filho de Cézanne abria o berreiro com mais frequência do que devia. Emperaire não viera a Paris para perder tempo. Ele ficava ausente quase o dia todo, corria com suas perninhas de um ateliê a um ministério, tentando forçar as portas. Ele queria expor no Salão, e todos os meios eram válidos para chegar lá. Fazia projetos para encontrar-se com Victor Hugo, ficava agitado, não parava de falar e acabou irritando Cézanne furiosamente. Um mês depois da sua chegada, ele foi embora. "Saí da casa de Cézanne", escreveu. "Foi preciso. Eu não podia compartilhar a má sorte dos outros. Encontrei-o abandonado por todos. Ele não tem mais um amigo que seja inteligente ou afetuoso. Os Zola, os Solari e os outros estão fora de questão."[1]

Cézanne nem pensava em se apresentar no Salão daquele ano de 1872. Não podia ser julgado durante toda a vida, principalmente quando os juízes não chegam aos seus pés. Pissarro e Monet eram da mesma opinião, mas começavam a vender seus quadros. De súbito, o reconhecimento institucional era menos urgente. Não obstante, talvez aquele fosse o bom momento. O regime não mudara? A República não estava aberta para as novidades? Não iriam romper, por fim, com as práticas anteriores? Muitos ingênuos pensavam assim. Contudo, uma mudança de governo não mudava o sistema, nem os homens que haviam sobrevivido a ele, e era impossível matar todo mundo. Courbet, que durante a Comuna presidira a Federação dos Artistas, havia suprimido a Escola de Belas-Artes e a Academia. No entanto, esse agitador perigoso havia sido expulso, e as instituições restabelecidas. A Terceira República precisava de ordem. E a ordem era a Academia. *Nihil novi sub sole.* Uma revolução, por mais fracassada que fosse, nunca tornara as multidões menos inteligentes, nem os notáveis mais esclarecidos. O Salão daquele ano era tão angustiante como o fora sob o Império.

*

Pissarro era uma rocha, um tipo calmo. Era o único mestre que Cézanne reconhecera. Não se devia ser seu discípulo, mas sim seu amigo. E Pissarro era seu amigo, um amigo firme e decidido, uma autoridade sorridente. Cézanne jamais romperia com ele, embora tivesse brigado com tantos outros amigos que haviam se irritado com seu caráter impossível. O caráter de Cézanne não impressionava Pissarro. Ele o divertia. Pissarro sabia que a amizade significava tudo para aquele espírito atormentado, ainda que ele fizesse de tudo para terminar com ela por mau jeito, irritação ou imaturidade. Pissarro gostava de Cézanne, das suas cóleras, do seu mau humor, do talento prodigioso que pressentia nele, daquela força. Ele sempre soubera: Cézanne seria um grande, um grandíssimo.

Enquanto Pissarro estava refugiado em Londres durante a guerra, os prussianos haviam saqueado sua casa em Louveciennes. O pintor abandonara aquele lugar profanado e fora morar mais longe, em Pontoise. Sugeriu a Cézanne que fosse morar com ele, que deixasse Paris, de onde não se podia esperar mais nada. A luz era bonita, e a natureza agradável. Podia-se pintar ao ar livre. O ar livre, esse era o futuro. A pintura em ateliê tivera sua época. Era preciso estar o mais perto possível da natureza para encontrar novas sensações, luminosidades vibrantes e claras. Tudo estava na claridade. Basta de negrumes, de visões fúnebres, de temas que maceravam nos escombros sombrios de um romantismo morto. (Além disso, havia um elemento que pode parecer fútil, mas que nem por isso deixa de ter uma certa importância: a tinta em tubos acabara de ser inventada e, quando se pinta ao ar livre, os tubos são mais fáceis de transportar do que os potes. Às vezes, os grandes momentos da arte são poderosamente auxiliados por pequenas inovações técnicas.)

Cézanne rendeu-se a esses argumentos. Deixou Paris, levando mala e família, e foi encontrar-se com Pissarro em Pontoise. O convite não poderia ter chegado em melhor hora. Ele não podia nem pensar em voltar para Aix e apresentar seu recém-nascido a Louis-Auguste. Que seja Pontoise!

Foi uma escolha sábia, o início de um dos períodos mais favoráveis da sua vida. A acolhida cheia de calor e gentilezas de Pissarro e de sua mulher acalmou-o. Assim como o acalmaram as paisagens do Vexin, tão diferentes das formas abruptas da Provença. Pissarro colocou Cézanne debaixo da sua asa protetora de irmão mais velho e tolerante. Eles foram procurar o motivo juntos e fincaram seus cavaletes lado a lado. Em julho, Pissarro escreveu para Guillemet: "Nosso Cézanne nos dá esperanças. Eu vi, e tenho-o na minha casa, um quadro de um vigor e de uma força impressionantes. Se, como espero, ele permanecer algum tempo em Auvers, onde pretende morar, surpreenderá muitos artistas que se apressaram em condená-lo cedo demais."

Cézanne aceitou os conselhos de Pissarro: renunciar às suas obsessões, ao seu ego odioso, tender para a objetividade, encarar a realidade. Na tela, a natureza e o temperamento do artista falarão por si. Ninguém precisou forçar os efeitos. Cézanne aprendera a lição. Ela o ajudara. Ele sentia que precisava dominar seus demônios interiores e renunciar à sua tentação de santo Antônio para poder ver o mundo tal como era. A energia estaria sempre ali. Ele só precisava dominá-la. Pissarro era o contraponto ideal para suas crises de fúria. Ele pintava com toques leves, preocupado em reproduzir o que via, em fazer aparecer a cor e a luz, essa luz que era o elemento primordial da natureza, que modificava os objetos e coloria as sombras com mil matizes. Bastava olhar para ela e capturá-la na tela. Cézanne aplicou-se em seguir esses conselhos, ainda que de vez em quando se rebelasse. Ali, onde Pissarro cinzelava pacientemente a paisagem, Cézanne trabalhava o tema com pinceladas largas e gordas, por empastes. No entanto, ele evoluía, progredia. Era preciso saber pensar e pintar contra si mesmo.Trabalhar ao lado de Pissarro era como descobrir um novo nascimento. Ele tivera um filho. Estava com 33 anos. A idade de Jesus Cristo. A idade do homem.

Doutor Gachet

Não muito longe de Pontoise, havia uma pequena aldeia chamada Auvers-sur-Oise. Era lá que o doutor Gachet, esse personagem extraordinário, residia há alguns meses. A história da arte, a literatura e até o cinema imortalizaram a figura amorosa desse homem excepcional. Doutor Gachet dava consultas em Paris, na Rue du Faubourg-Saint-Denis. Ele estava com 47 anos de idade e era casado desde 1868, mas sua esposa, que já lhe dera uma filha e estava grávida novamente, sofria de tuberculose. Havia sido para ela, para escapar dos miasmas parisienses, que comprara aquela vasta mansão em Auvers-sur-Oise, um antigo pensionato circundado por um grande jardim. Ele esperava que o ar do campo contribuísse para a cura daquela doença que a medicina não sabia como tratar. Gachet era um exêntrico. Apaixonado pela arte, defendia ideias não conformistas na medicina e acompanhava com interesse as pesquisas de uma prática recentíssima, a homeopatia, que fazia os Diafoirus* da medicina ortodoxa soltarem gritos agudos de horror. Anticlerical, professava ideias socialistas, e suas atitudes inusitadas perturbavam os hábitos daquela aldeia do campo. Ele pintava os cabelos de amarelo e, no verão, abrigava-se dos ardores do sol debaixo de uma sombrinha branca ornada de franjas verdes. Movido por uma fé ardente no futuro do homem, esse filantropo esforçava-se em fazer o bem ao seu redor, tratava dos pobres gratuitamente e gastava suas energias sem limites. Sua casa era um abrigo para animais abandonados, os cães e os gatos que recolhia na rua. Ele também praticava a pintura e a gravura. Em Auvers, o doutor Gachet entrara imediatamente em contato com Daubigny. Fascinado por aquela nova arte, passara a frequentar os lugares onde costumavam se encontrar os membros da jovem escola de pintura: Manet, Renoir, Monet e Pissarro, que era seu

---

* Personagem de *O doente imaginário*, de Molière. (N.T.)

vizinho. Foi por intermédio de Pissarro que conheceu Cézanne e sua pintura. Ele ficou fascinado. Não se pintam quadros como aqueles se não se é um grande artista, um daqueles pintores do futuro que ele tanto desejara encontrar. Doutor Gachet era um desses homens de qualidade que conhecem os limites do seu próprio talento (ele assinava suas pinturas como Van Ryssel, "de Lille") e vivem seus sonhos por procuração através daqueles que admiram e escolhem. Por um acaso do destino, e há uma carta confirmando-o, Gachet conhecia a família Cézanne. Alguns anos antes, conhecera o banqueiro durante uma viagem de estudos e chegara a interceder junto a Louis-Auguste para aumentar a mesada de Cézanne, porém sem sucesso.

Doutor Gachet sugeriu a Cézanne que deixasse seu quartinho em Pontoise e alugasse uma casa em Auvers. Os preços eram módicos, o lugar maravilhoso, muito tranquilo e rico em motivos para pintar. Cézanne ficou bastante tentado e, no outono, mudou-se para uma pequena casa bem próxima à residência dos Gachet. Suas relações eram boas. Pissarro certamente prevenira o médico sobre o caráter muito particular do pintor, seu temperamento sombrio, sua aversão a contatos físicos e o fato de que ele não suportava a menor interferência em sua tranquilidade. Cézanne estava aliviado: sua família estava alojada, Hortense parecia feliz, seu filho poderia crescer em um ambiente favorável. Ninguém viria atrás deles naquele refúgio. Ele viveria ali durante dois belos anos, circundado de afeto e admiração. Embora fingisse indiferença e se escondesse atrás de sua armadura irônica e furibunda, como poderia continuar pintando sem esbarrar de vez em quando com olhares benevolentes e amigáveis? As pessoas começavam a interessar-se por ele. Com a consagração e a proteção de Pissarro, cuja cotação no mercado aumentava, ele passara a ser considerado sob outro ponto de vista. Até mesmo Daubigny, que por acaso esbarrara com Cézanne enquanto ele pintava, ficara maravilhado: "Acabo de ver um esboço extraordinário. Pertence a um jovem, um desconhecido, um tal de Cézanne." Duret, o mesmo a quem Zola negara o pedido de um encontro com Cézanne, insistia.

Ele procurava "espécies raras", ao que Pissarro respondeu-lhe que não havia nenhuma melhor do que Cézanne.

Seria Auvers um outro Paraíso? O lugar era repleto de vales cobertos de jardins e fazendas, e o rio Oise corria tranquilamente à sombra dos choupos. Como reproduzir as nuanças, a tonalidade inesgotável dos verdes, dos marrons outonais desse canto da Île-de-France, que parecia a antítese exata da Provença? A cor verdadeira precisava ser declinada com uma atenção constante, e ele precisava aprender a moderar seus impulsos. Havia uma única regra, dissera Pissarro: usar as três cores primárias, que eram moduláveis ao infinito, pintar tudo o que se via e captar aquela complexidade de tons e formas. E aquela outra verdade: o resultado não era obtido pela forma, nem pelo desenho, mas sim pela cor. Era pela cor que se podia reproduzir os efeitos da atmosfera.

Uma das grandes obras-primas do pintor, *La Maison du pendu* [*A casa do enforcado*], data do início daquele belo ano de 1873. Cézanne fincara seu cavalete no topo de um caminho de frente para as casas com seus telhados de colmo. Uma delas era conhecida como "a casa do enforcado", como se quisesse frisar seu aspecto perturbador. Essa tela será classificada na série de suas obras "impressionistas". Ela é pintada em pinceladas de cor clara. O ocre pálido e o verde predominam, a pincelada fracionada aproxima o estilo de Cézanne ao de Pissarro ou Monet, porém apenas na aparência. Um olhar mais atento perceberá que Cézanne não abandonara seu processo favorito, que consistia em aplicar camadas sucessivas e *sobrepor* a cor para obter um relevo, um processo que Monet retomará em sua série de catedrais. Esse processo dá a impressão de solidificar o espaço e imobilizá-lo. Nesse quadro, a ausência de qualquer figura humana confere-lhe ainda mais essa aparência estranha, luminosa, mineral. Um lugar abandonado, maldito, que nos lembra um crime. Cézanne ficou satisfeito com o quadro. No ano seguinte, ele o escolherá para participar da primeira Exposição Impressionista e o venderá ao conde Doria. Ainda em vida, o quadro será vendido e comprado várias vezes.

Foi durante uma conversa com doutor Gachet sobre Manet – que ambos admiravam, mas cuja invocação incessante acabou irritando e tocando Cézanne no seu ponto fraco –, que ele reencontrou o impulso que, três anos antes, havia-o levado a criar rapidamente sua primeira *Moderne Olympia*. O tema impunha-se a ele novamente. Cézanne aprendera sua profissão. O quadro foi pintado quase tão rapidamente quanto o primeiro. A nova visão de Olímpia mostrava como Cézanne se desenvolvera, sua autonomia em relação a Manet, e como as "lições" de Pissarro haviam dado frutos: essa Olímpia leve, vaporosa, colorida, insolente, parecia flutuar em sua grande cama como uma nuvem branca, uma musse cremosa, acima de um homem muito ao estilo da Terceira República, uma espécie de Cézanne bem vestido que a contempla segurando uma bengala na mão, o chapéu largado de cabeça para baixo na outra ponta do sofá, enquanto com um grande gesto gracioso e um rodopio uma mucama tira seu último véu. Era de mau gosto, era erótico, era elegante, era encantador e, ao mesmo tempo, romântico, vaporoso, onírico – e atrevido. E baudelairiano também, com aqueles móveis brilhantes e lustrados pelos anos que decoram o quarto, aquele interior perfumado de âmbar e almíscar e, em breve, de estupro. É evidente que Cézanne, soberano, senhor de si mesmo e de seus meios, capaz de pintar rapidamente com a desenvoltura de um esgrimista que experimenta um novo movimento, divertiu-se como um rei enquanto organizava esse desenho. Manet? Isso é no que transformo seu Manet e sua mulher de seios perfeitos demais. E isso é o que pintarei daqui por diante. Gachet ficou deslumbrado. Aliás, ele ficava deslumbrado com tudo o que Cézanne fazia. Ele comprou o quadro, como costumava fazer algumas vezes – uma maneira elegante e discreta de ajudar o artista a pagar suas dívidas, já que ele e sua família continuavam vivendo da magra mesada do papai. Cézanne não modificara seus hábitos, e a paternidade não mudara sua aparência. Ele continuava peludo, usava suas roupas rotas e era a mesma pessoa intratável. Pissarro recebia colecionadores e amadores esclarecidos em sua casa com frequência, aos quais se esforçava, com um sucesso crescente, em vender seus próprios quadros. Uma noite, durante um jantar, Cézanne apareceu com seu aspecto costumeiro e começou a se coçar vigorosamente com ar brincalhão. "É só uma pulga", disse para a senhora Pissarro, enquanto Pissarro caía na gargalhada. Contudo, como explicar aos hóspedes distintos que aquele possesso esquisito era filho de um banqueiro riquíssimo, e que seu pai deixava-o estagnar em uma quase miséria? Por outro lado, doutor Gachet apresentava-se de bom grado aos comerciantes da cidade como o avalista de Cézanne e pressionava o dono do armazém a aceitar seus quadros como pagamento, quando ele demorava a saldar as dívidas. "Um dia, valerão muito dinheiro", garantia. Tanto quanto os quadros de Pissarro, que agora eram vendidos a um bom preço, o equivalente a 2.000 ou 3.000 euros atuais.

Segundo Cézanne, Pissarro era um anjo da guarda, "algo como o bom Deus". Graças a esse mentor, ele logo conhecerá um homem que será muito importante para a divulgação de sua obra: Tanguy pai. Esse antigo operário e estucador, que compartilhava as ideias socialistas de Pissarro, não tinha nada de grandioso nem de opulento. Tanguy pai chegara a Paris há cerca de dez anos. Ele viera da sua Bretanha natal, onde começara vendendo salsichas com sua mulher, que era açougueira, e depois se estabelecera como negociante de tintas. Abrira uma loja em Paris e, às vezes, trabalhava como vendedor ambulante, o que o colocava em contato com muitos pintores que trabalhavam ao ar livre, como Monet e Pissarro. Tanguy pai quase morrera durante a Comuna, quando fora aprisionado junto com as alas dos federados e deportado para Brest, onde havia sido ameaçado de morte por um pelotão de execução. Ele escapara por pouco e, quando voltara para Paris, reabrira sua loja de tintas. O bom Pissarro encarregou-se de enviar-lhe clientes, e foi assim que ele e Cézanne se conheceram. Tanguy pai foi imediatamente seduzido por aquela pintura tão diferente de qualquer outra. Embora fosse um homem revoltado, era humilde por temperamento. "Um homem que vive com mais de cinquenta centavos por dia é um canalha", dizia. Defendia tudo o que podia assemelhar-se a um ataque legal contra a arte oficial, a arte dos burgueses. Ele queria a revolução, queria uma pintura bela e clara, que mostrasse a natureza, a vida, a verdade das coisas, uma pintura que falasse ao povo, que tocasse sua sensibilidade simples e fraterna. Tornou-se o "fornecedor oficial" de Cézanne, ofereceu-lhe um crédito generoso e aceitou fornecer-lhe material e tintas em troca de quadros que exporia na sua loja. Um negócio entre reis. Cézanne cumprimentava seu anfitrião curvando-se até o chão, e este retribuía com um "Senhor Cézanne" tão comprido como um braço.

 No entanto, ser exposto na loja de Tanguy pai ainda não significava um sucesso espetacular. O Salão permanecia uma fortaleza inexpugnável. Era preciso resgatar a ideia de uma exposição particular. Todo o grupo dos Batignolles pensava assim. Em 1867, há seis anos portanto, o projeto não fora realizado por falta de dinheiro, mas agora a situação era diferente. Muitos começavam a abrir seu caminho e até a vender quadros. Contudo, ainda não haviam conseguido unir suas forças, aglomerar-se em um movimento que serviria de contrapeso à ditadura odiosa do júri do Salão. Até Durand-Ruel, o grande negociante de quadros, foi obrigado a parar de comprar suas telas. O negócio era ruim para sua reputação, o público não entendia como ele era capaz de vender as pinturas daqueles ociosos, os Monet, os Sisley, os Pissarro. O horizonte fechara-se novamente. Se não houvesse uma reação imediata, eles logo seriam sufocados e enterrados sem nenhuma chance de voltar à superfície. No dia 27 de dezembro, o grupo fundou a Sociedade Anônima Cooperativa dos Artistas Pintores, Escultores, Gravadores etc. Chegara o momento de enfrentar Paris novamente.

A exposição

No início de 1874, Cézanne deixou para trás Auvers, a proximidade amiga do doutor Gachet, a vizinhança de Pissarro, a felicidade e retornou a Paris. Antes de partir, pagou suas dívidas ao dono do armazém de Pontoise com um quadro. Felizes herdeiros do dono do armazém...

Ele foi morar na Rue de Vaugirard. A família impacientava-se em Aix. Há muito tempo não a via – quase três anos. A carta que lhes escreveu em resposta a essas pressões afetuosas equivale àquela de Cambronne.* Trata-se de um texto bem escrito, recheado de belas palavras e acompanhado de uma pequena chantagem. Ele crescera.

> Na sua última carta, vocês me perguntam por que ainda não voltei para Aix. Por mais que não acreditem, eu repito que gosto de estar com vocês, mas que, quando estou em Aix, eu deixo de ser livre e sempre preciso me debater quando quero voltar para Paris. Embora sua oposição à minha volta a Paris não seja absoluta, fico muito constrangido por causa da resistência que sinto da sua parte. Eu gostaria muito que minha liberdade de ação não fosse nem um pouco entravada, porque minha alegria em apressar meu retorno será ainda maior assim.[1]

Ele terminou a carta pedindo ao pai para aumentar a mesada de 100 francos. Claro que não explicou os motivos dessa necessidade urgente de dinheiro.

A Exposição da Cooperativa estava sendo preparada aos trancos e barrancos. Era preciso dinheiro, alugar uma sala e

---

* Pierre Jacques Étienne Cambronne, Visconde Cambronne (1770-1842), general francês de Napoleão. Na batalha de Waterloo, quando recebeu a intimação do general britânico Colville para render-se, ele teria primeiro respondido: "A guarda morre, mas não se rende!" Depois, diante da insistência do britânico, deu outra resposta, tão enérgica quanto concisa, atualmente conhecida como a "palavra de Cambronne": "Merda!" (N.T.)

assumir despesas que ultrapassavam os meios financeiros da maioria dos artistas. Degas, que tinha algum dinheiro, adiantou uma parte. Manet recusou-se categoricamente a participar da exposição. Ele não se comportava muito bem. Desde que fora admitido no Salão, e seu *Le Bon Bock* [*O bom copo de cerveja*] tivera um grande sucesso, embora o quadro fosse de longe seu melhor, ele tendia a olhar para seus companheiros menos sortudos do alto de um pedestal. Ele se recusou a expor do lado de Cézanne e Renoir porque considerava o primeiro "um pedreiro que pinta com sua pá" e o segundo "um bom homem perdido na pintura". E depois, o tempo passa, envelhece-se, teme-se as reações do público. Em março, doutor Gachet pediu a Pissarro para organizar um leilão de quadros. O dinheiro das vendas reverteria para Daumier, o grande pintor, ilustrador e caricaturista, que estava ficando cego. A cooperativa participou em peso.

A grande exposição foi finalmente apresentada de 15 de abril a 15 de maio de 1874, não sem tergiversações. Guillemet desistira de participar. Sua situação melhorara consideravelmente, e ele não queria correr o risco de se expor entre aqueles peludos vestidos de trapos. Eles precisavam evitar a qualquer preço dar a impressão de estar fundando uma escola, um movimento, quando tudo o que se queria era possibilitar que as individualidades fossem expostas lado a lado. Finalmente encontraram um local. O fotógrafo Nadar acabara de mudar-se do seu amplo ateliê do Bulevar des Capucines e concordara em emprestá-lo para o período da exposição. O horário de abertura e o preço da entrada, um franco, foram fixados.

A exposição reuniu 165 obras assinadas por 27 artistas, dentre os quais destacavam-se Pissarro, Monet, Renoir, Sisley, Degas e Berthe Morisot. Cézanne expôs seus *La Maison du pendu* e *Moderne Olympia,* além de uma vista de Auvers-sur-Oise.

Poucos eventos artísticos deixaram uma marca tão profunda e suscitaram tantos comentários como essa primeira Exposição da Cooperativa, que ainda é chamada, e com razão, de a Exposição dos Impressionistas. Ela não tardou em transformar-se em um escândalo ainda mais estrondoso do que aquele da Exposição dos Recusados. A multidão comprimia-se em um grunhido de revolta, os escárnios e as gargalhadas zombeteiras explodiam, toda uma histeria maldosa traduzia o medo, a inquietação e a incompreensão. Quem disse que a arte era uma atividade inocente? Ela era o próprio pulso de uma sociedade, seu reflexo, sua dimensão imaginária, sua aspiração ao espiritual, aquela parte do sonho que participa ao menos pela metade da psique humana, não importa a forma que assuma. Ao mesmo tempo fascinado e colérico, o público aglutinava-se diante das obras daqueles que eram chamados de os "intransigentes", os artistas em ruptura com o academicismo, os revolucionários, aqueles que recusavam a misturar seu vinho com água, tal como o faziam Manet ou Guillemet, de se render às razões razoáveis. Se, como disse Picasso, é verdade que ninguém ouve mais bobagens em um dia do que um quadro exposto, os quadros daquela manifestação foram mimados. Era horrível, imundo, revoltante, aqueles pintores não enxergavam como todo mundo, eles eram mentes doentias, pessoas perversas, charlatões. Pintavam ao acaso, jogavam a cor na tela sem pensar (e quando os pintores realmente pintarem assim no século seguinte, e até os dias de hoje, as pessoas evitarão manifestar esses latidos burgueses e reacionários para não parecerem ignorantes – a grande espertеza da tolice é que ela sabe mudar de forma).

Um jornalista do *Charivari,* Louis Leroy, entraria para a posteridade, e não da melhor maneira: no papel ingrato do imbecil que inventou a palavra "impressionismo". Aliás, a posteridade não lhe fez justiça porque a noção, quando não o termo, já existia. Ela é encontrada em Théophile Gautier, quando ele deplora o fato de que Daubigny limitava-se à "impressão" e negligenciava o detalhe. Daubigny também havia sido designado por Odilon Redon como "chefe da Escola de Impressão", e Manet usava o termo em relação aos seus próprios trabalhos. Contudo, a história precisa de um saco de pancadas, e esse Leroy serviria perfeitamente.

Por mais que a multidão se comprimisse, resmungasse irada e zombasse, ela certamente comparecera em peso. Bem no fundo, sentia-se que aquela pintura era o que deveria ser visto a partir de agora, mesmo se não se estivesse preparado para ela. Em seu artigo, Leroy finge que visita a exposição na companhia de um pintor imaginário, Joseph Vincent, o duplo involuntário de Joseph Prudhomme.* A intenção do artigo era ser irônico, indigno, falsamente aprovador, delirante – exatamente como aquela pintura: "O imprudente comparecera sem nenhum pensamento maldoso. Ele acreditava que veria quadros como se via em qualquer lugar, bons e ruins, mais ruins que bons, mas que não agrediriam os bons usos e costumes artísticos, o culto da forma e o respeito dos mestres." O senhor Vincent havia ido encontrar-se com extraterrestres. Diante de um campo pintado por Pissarro, o bom homem achou que "as lentes dos seus óculos estavam embaçadas". Diante de *Impression, soleil levant* [*Impressão, sol nascente*], de Monet, que tanto devia a Turner, o inefável senhor Vincent não se conteve mais: "*Impressão*! Eu sabia! Eu havia dito para mim mesmo que, já que estava impressionado, certamente devia haver alguma impressão por ali." A exposição encontrara seu título em uma zombaria: os Impressionistas. A visita termina com uma dança do escalpo diante das obras de Cézanne: "Ugh!... Eu sou a impressão que caminha com a espátula vingativa da paleta vingativa, o *Bulevar des Capucines*, de Monet, *La Maison du pendu* e *Moderne Olympia*, do senhor Cézanne. Ugh! Ugh! Ugh!"[2]

Todo aquele barulho, toda aquela publicidade e todo aquele tumulto não foram em vão. A exposição podia ter sido um sucesso escandaloso, mas era um sucesso. A prova? Alguns dias depois do artigo de Vincent Leroy, um visitante apresentou-se na exposição. Esse homem distinto, ardoroso e generoso era o conde Doria, um grande colecionador que defendera Corot desde o início. Ele ficou parado na frente de *La Maison du pendu* durante algum tempo, discutiu e manteve

---

* Personagem de romance, o herói do escritor francês Henri Monnier nas suas obras *Grandeur et décadence de M. Prudhomme* e *Mémoires de Joseph Prudhomme*, Joseph Prudhomme era a imagem do bom burguês ridículo e sentencioso do século XIX, que queria ser moderno em seus discursos, mas que, ao contrário, mostrava-se reacionário e estúpido. (N.T.)

um solilóquio com seu filho, procurou todos os motivos para detestar o quadro e desistiu no final. Ele vira e reconhecera uma obra de primeira grandeza nessa composição, nessas massas, nesse movimento telúrico que parecia fazer que a casa surgisse da terra. Ele a comprou.

Havia um grande ausente na exposição: Zola. Ele comparecera um pouco furtivamente e tomara algumas notas, que serão reproduzidas dez anos mais tarde em *L'Œuvre*: "No calor que aumentava, os rostos ficaram congestionados, as bocas redondas e bobas como aquelas dos ignorantes que julgam a pintura e todas expressavam a soma de besteiras, reflexões absurdas e risadas maliciosas, estúpidas e maldosas que a visão de uma obra original consegue extrair da imbecilidade burguesa."[3] Zola evitou escrever o que quer que fosse para defender seus amigos nos jornais. Prudência? Desinteresse? Ele estava inteiramente voltado para a sua obra, cujos primeiros volumes não haviam obtido nenhum sucesso. Romances pacientemente construídos, poderosos ao seu modo, um trabalho titânico para chegar a um resultado insignificante.

No geral, Pissarro estava satisfeito com a aventura: "Nossa exposição vai bem, é um sucesso. A crítica nos destrói e nos acusa de não estudarmos. Volto para meus estudos, é melhor do que ler; não se aprende nada com eles."

Banhistas

Cézanne não ficou muito tempo em Paris. Assim que a exposição terminou, voltou sozinho para Aix, deixando Hortense e Paul, que estava com dois anos e meio, para trás. Que se virassem sem ele. Poderia ter agido de outra forma? Insatisfeito consigo mesmo, ele se corroerá de remorsos e nem se despedirá do seu amigo Pissarro – certamente para não ser obrigado a ouvir seus conselhos e suas reprimendas gentis. Essa situação não poderia durar para sempre. Era melhor lancetar o abscesso imediatamente e confessar a Louis-Auguste a existência de Paul. Porém, Cézanne não conseguiu. Ele ainda não crescera o suficiente para enfrentar a cólera do pai, a vergonha de admitir que tinha um filho, que fecundara uma mulher, que participava dessa ebulição da vida que se transmite, dos sexos que se procuram, dos herdeiros que nascem. Fora do casamento. O suficiente para acabar com um patrimônio e devorar a fortuna. Não, ele não podia. Ele desconfiava de que a avareza do pai tornara-se ainda mais feroz com a idade. A avareza, a irascibilidade, a maldade. Era mais forte do que ele e... Cézanne estava amedrontado. Primeiro iria para casa, depois veria.

Ele não ficou decepcionado quando chegou. Louis-Auguste estava ainda pior do que imaginara. Sem o banco e os funcionários sobre quem exercer sua mania de autoridade, estava realmente odioso. Os ecos das escapadas pictóricas do filho haviam chegado a Aix. Paul estava com boa aparência, comentou, zombando dele, que era a vergonha da família. Cézanne mencionou doutor Gachet, esse grande homem, liberal, acolhedor, que entendera tudo da sua pintura. Louis-Auguste deu de ombros. O quê? Gachet? Ele tinha uma profissão, era um bom médico. Quanto a deixar Paul (que estava com 35 anos) ir embora novamente, depois falaríamos a respeito.

O que não impediu que Cézanne retomasse seus pincéis assim que chegou. Uma carta para Pissarro[1], na qual se desculpa por sua partida repentina, confirma-o. Uma carta fascinante, que nos informa que ele só podia receber notícias do seu pequeno filho por intermédio de Valabrègue, que voltara de Paris, porque seu amável pai abria seu correio e lia suas cartas. Ele também menciona o enorme sucesso de Guillemet no Salão, o que lhe inspirou essa frase eloquente sobre a natureza profunda de sua própria atitude: "O que comprova perfeitamente que, quando seguimos o caminho da virtude, somos sempre recompensados pelos homens, mas não pela pintura". No final, ele descreve com uma ponta de ironia sua entrevista com Honoré Guibert, o filho do seu antigo professor, que assumira seu posto na direção do museu:

> Em reação às minhas afirmações de que ele não teria uma ideia muito exata dos progressos do mal ao ver meus produtos e de que precisava ver os trabalhos dos grandes criminosos em Paris, ele respondeu: "Eu teria uma ideia dos perigos que a pintura corre vendo os seus atentados". Ele veio vê-los, e quando comentei, por exemplo, que se devia substituir o modelo pelo estudo das tonalidades e tentei mostrar-lhe isso na prática, ele fechou os olhos e virou de costas. No entanto, ele disse que havia entendido, e nos separamos satisfeitos um com o outro.

Naquele verão tórrido de Aix, Cézanne pintou paisagens. Os aborrecimentos familiares pareciam não incomodá-lo muito. Curiosamente, suas paisagens da Provença começavam a assemelhar-se àquelas da Île-de-France. Os sóis molhados por aqueles céus turvos... Mas eis que, de repente, nessa natureza confortável, surgem na beira da água silhuetas de mulheres nuas, de banhistas inocentes de formas carnudas, um tanto calipígias... Elas o acompanharão durante muitos anos, primeiro durante seu breve período "impressionista", e depois muito além.

Estranhas banhistas... Quem são essas mulheres que nunca se encontram com seus banhistas homólogos, essa outra série impressionante e problemática? Na realidade, não são mulheres, ou mal o são. Não há nada de engraçado nessas figuras que parecem divindades primitivas. Elas não têm nada das carnes opulentas de Renoir, das delicadezas das bailarinas de Degas, nem nada da sensualidade, um pouco rude, mas oferecida, das taitianas de Gauguin. Elas formam blocos, massas piramidais que se fundem com a natureza. Muitas vezes estão de costas, vagamente andróginas, em todo o caso fortemente dessexuadas, a tal ponto que alguns não deixaram de apontar uma "homossexualidade latente" em Cézanne. De todo modo, essas banhistas intimidarão até os últimos quadros gigantescos que tratam desse tema. Não eram "belas mulheres" e não estavam ali para nos falar da vida, da feminilidade, mas para ocupar espaço. Não estão inscritas no tempo, mas na matéria. Seus rostos são reduzidos a um esboço. Primitivas, sim, como se surgissem de um tempo anterior à História e até anterior às mitologias, essas grandes máquinas de narrativas. Essas mulheres não nos contam nada. Elas são. Elas não estão desnudas, mas nunca estão vestidas, ainda, o que faz uma certa diferença. Junto com a montanha de Sainte-Victoire, essas banhistas serão o maior empreendimento dos últimos vinte anos da vida de pintor de Cézanne. Vinte anos de luta para libertar-se da tradição, de Poussin, de Greco, para encontrar o caminho derradeiro de uma arquitetura ritmada, grandiosa, quase abstrata, da qual Picasso se lembrará quando criará suas *Demoiselles d'Avignon*.

Às margens do Impressionismo

Cézanne voltou para Paris em setembro de 1874. Dessa vez, ele resistira às hesitações sádicas de Louis-Auguste. O dever chamava-o. Ele reencontrou Hortense e o filho pequeno, que o recebeu com alegria. O pintor estava estranhamente seguro de si. A certeza de ter escolhido o caminho certo, o único, dava-lhe uma força conquistadora. Agora tinha certeza de que a busca do sucesso a qualquer preço era uma vulgaridade e de que procurar o sufrágio dos medíocres era o melhor meio para vender sua alma. Uma carta para sua mãe comprova essas disposições de um espírito combativo:

> Começo a sentir-me mais forte do que todos que me rodeiam, e a senhora sabe que só adquiri a boa opinião que tenho a meu respeito com a sabedoria. Não posso parar de trabalhar, mas não para chegar à coisa acabada que faz a admiração dos imbecis. E essa coisa, tão apreciada vulgarmente, que é apenas o resultado da profissão de um operário, transforma qualquer obra que dela decorre em algo comum e não artístico. Eu apenas devo tentar completá-la pelo prazer de realizar o que é mais verdadeiro e mais sábio.[1]

O mais verdadeiro e mais sábio. Os dois únicos adjetivos capazes de definir a procura artística que empreendera. Verdade e ciência. Consciência de que a obra de arte não é algo espontâneo, nem apenas algo habilmente executado. Criar outro mundo, alcançar o verdadeiro não pelo plausível ou pela imitação, mas sim pela autonomia da forma. O Impressionismo era uma etapa, uma renovação, um sopro de ar puro, porém não bastava. Não bastava mais pintar a beleza da natureza, a luminosidade, o ar livre, e deixar-se guiar pelas sensações. Todo artista é depositário de uma visão do mundo e, portanto, de uma arquitetura. Era preciso também levar em consideração a poderosa profundidade das heranças, integrar na sua arte tudo o que nos legaram os mestres – os Rembrandt, os Tintoretto, os Chardin. Com os pincéis na mão, Cézanne sentia-se capaz de dialogar com os maiores.

Todos estavam em apuros, ou quase. As consequências da Exposição Impressionista haviam sido menos gloriosas do que se esperava. O sopro perdera as forças rapidamente. Havia despesas a serem pagas. Em dezembro de 1874, Renoir reuniu os participantes da exposição para fazer as contas. Cada um devia à caixa comunal a soma de 184,50 francos. Para Cézanne, isso representava mais de um mês da mesada que recebia de Louis-Auguste, e sua situação nem era a pior de todas. Uma catástrofe. Com mulher e um filho para criar... Ele teria que apresentar a nota ao velho pão-duro que gritaria, que se enraiveceria. Além de um fracassado e um imbecil, meu filho me sai caro etc. Previsões justificadas.

Para tentar pagar a fatura, Monet, Renoir e Sisley organizaram um leilão de quadros no Hotel Drouot em março do ano seguinte. Cézanne não participou. Ele estava certo. O leilão provocou uma nova rebelião. Cada quadro apresentado era motivo para um novo rebuliço. A sala estava em ebulição. Gritava-se, insultava-se, a moral era alvo de escárnio, a sociedade estava em perigo. A polícia interveio. Os quadros foram vendidos por quantias ridículas. Qualquer pessoa, com um mínimo de intuição e de julgamento, que estivesse presente no leilão naquele dia 24 de março de 1875 poderia ter feito a fortuna dos seus descendentes até a 12ª geração. Todavia, a intuição não era algo que o mundo compartilhava por excelência. Como escreveu Albert Wolf, o crítico do jornal *Figaro:* "A impressão deixada pelos impressionistas é a de um gato que passeia em cima do teclado de um piano, ou a de um macaco que teria se apoderado de uma caixa de pintura".

Entre os raros apoios a esse grupo ao qual a má sorte se agarrava com tamanha sanha, havia um rapaz de aspecto distinto, mas um pouco frágil, chamado Gustave Caillebotte.*

---

* Gustave Caillebotte (1848-1894), pintor, colecionador, mecenas e organizador de exposições francês. (N.T.)

Herdeiro de uma bela fortuna, Caillebotte era um apaixonado pela pintura, entre outras coisas. Seu dinheiro permitia-lhe comprar quadros dos seus amigos pintores, um maná muito oportuno. Caillebotte tinha um gosto muito particular por tudo o que era rejeitado pela arte oficial. Ele acabara de entrar para a Escola de Belas-Artes, onde não ficaria muito tempo. Por enquanto, o futuro autor do quadro *Les raboteurs de parquet* estava na sala do leilão, e se esforçava para aumentar os lances. Em vão.

Ele não estava sozinho. Outro homem defendia a causa dos pintores ofendidos. Ele era alto, magro, rosto emaciado – um Greco. Tratava-se de Victor Chocquet, um funcionário da Alfândega e amante da pintura, principalmente de Delacroix. Ao contrário de Gustave Caillebotte, Chocquet não era um mecenas. Sua modesta remuneração de funcionário público mal lhe permitia comprar alguns quadros, privando-se a si mesmo. Victor Chocquet era um puro, um apaixonado, um esteta sem um tostão no bolso – embora sua mulher esperasse receber uma herança –, que podia ficar um mês em jejum para poder dar-se um Delacroix de presente. Ele acumulara não só cerca de vinte quadros desse pintor, mas também alguns de Courbet e Manet, assim como certos móveis de época. Seu apartamento era um museu, uma sucursal do Louvre. Quando Chocquet descobriu Cézanne e sua pintura, foi amor à primeira vista. Eles se conheceram graças a Renoir, que o levara na loja de Tanguy pai. Chocquet era um místico da arte em uma época na qual a arte começava a substituir a religião no imaginário de alguns *happy few*. Dois mil anos antes, ele teria seguido são Paulo no caminho de Damasco. Agora, seus santos e seus deuses eram Renoir, Delacroix e, dentro em pouco, Cézanne. De Tanguy pai ele comprou as *Baigneuses* e, temendo a reação da sua mulher, disse-lhe que o quadro era de Renoir e que o trouxera para casa a fim de que ela se habituasse a essa pintura estranha. Pouco depois, pediu para ser apresentado a Cézanne. Ao saber que Chocquet tinha uma coleção importante de quadros de Delacroix, o pintor foi imediatamente à sua casa e pediu-lhe, sem rodeios, nem falsa polidez, para ver as obras. Chocquet mostrou-lhe seus tesouros. Sua amizade nasceria dessa admiração em comum. Eles contemplavam os quadros e os desenhos do seu ídolo, admiravam-nos, extasiavam-se, trocavam emoções, choravam. Eles voltarão a se encontrar muitas vezes movidos por essa paixão mútua. Pouco depois, Cézanne começou a pintar Victor Chocquet. Os vários retratos que fará do seu amigo estão entre as suas mais belas obras.

*

E o que era feito de Zola? Ele se impacientava. Publicara *La Conquête de Plassans* em 1874. Em matéria de conquista, essa estava mais para uma derrota de Waterloo: foram vendidos cerca de cem exemplares, e nenhum artigo foi publicado nos jornais. Só se falava de Duranty e Champfleury, esses falsos realistas e escritores medíocres e sem graça. Imperturbável, Zola continuava compondo sua grande obra. Ele estava no quinto volume: *La Faute de l'abbé Mouret*. Nessa narrativa, que ele situou na Provença, na zona da Galícia, naquele Paradou embriagado de perfumes, Zola permitiu-se uma grande orgia de imagens, de visões lascivas, uma devassidão de descrições sensuais em que a natureza e o desejo vibravam em cada página. Por Deus, se com esse romance túrgido ele não conseguisse vencer a indiferença e o ostracismo no qual o encerravam, ele não entendia mais nada. Zola reagiu às suas frustrações de autor agitando tanto seus antigos demônios como seu romantismo exacerbado, que ele tanto tentara refrear na análise "objetiva". Queria sacudir a apatia com a qual suas produções eram acolhidas. Porém, ainda não seria dessa vez.

A época era sombria. O burguês poupava, pouco confiante nos dias de amanhã. O grande medo da Comuna deixara marcas. Não era o momento de comprar quadros, nem de se interessar pelas elucubrações de romancistas que queriam aparecer.

Essas peripécias não preocupavam Cézanne. Ele pintava. Dessa vez, estava morando na Île-Saint-Louis, no Quai d'Anjou, no antigo ateliê de Daubigny. Alguns autorretratos datam dessa época. Cézanne não se pintou por pura complacência narcísica, aliás, ele não se favorece nem um pouco. Considerava-se um objeto de estudo como os outros, como Hortense, quando conseguiu que ela posasse para outros "estudos", nos quais ela está pouco favorável. Com a exceção de um maravilhoso e comovente desenho a aquarela datado de 1881, Cézanne nunca pintara sua companheira como um homem apaixonado. No rosto inexpressivo ou severo, somente a pintura parece revestir-se de uma realidade tangível. Ele tentava obter a síntese dos jogos de luz e da estabilidade da matéria. Os retratos desse período mostram que suas pesquisas orientavam-se para direções diferentes. Seus autorretratos contam a história dessa evolução. Naquele do Museu d'Orsay, ele está barbudo, selvagem, um homem da floresta saído de algum eremitério medieval: os traços do rosto são fortemente acentuados por camadas espessas de cores, há um contraste violento entre os tons escuros das roupas e o rosto pálido. Aos poucos, a aparência suaviza-se sem que o rosto perca nada em rugosidade nem densidade. *Portrait de l'artiste au fond rose* [*Retrato do artista com fundo cor-de-rosa*] ainda traduz essa animalidade, essa incrível tensão inquieta. Essa magnífica cabeça de homem de testa majestosa, com sua barba domesticada, como se estivesse envolta de nuvens, parece ser um passo na direção dos grandes mestres do retrato, mas deixa uma impressão de massa, de força angustiada.

Pintado em pequenas pinceladas matizadas, o retrato de Victor Chocquet é bem diferente, como também o são a série dos retratos de Hortense, em que o equilíbrio da luz e da matéria opõem-se à leveza do ambiente e à dureza mineral do rosto.

Cézanne quase não via ninguém. Permanecia o dia todo trancado em seu ateliê, e suas raras saídas conduziam-no à loja de Tanguy pai, na Rue Clauzel, para comprar tintas e telas e para deixar algumas obras recentes. Quanto aos encontros nos cafés, praticamente desistira deles. As conversas entre artistas, os julgamentos incisivos e exaltados pela bebida haviam-se tornado insuportáveis para ele. Além disso, as moscas haviam trocado de burro. A moda abandonara o Café Guerbois e transportara todo aquele pequeno mundo para o Café Nouvelle Athènes, na Place Pigalle, que ficava bem distante do Quai d'Anjou. Cézanne não era bem-vindo entre aqueles tagarelas. Falava-se de política, e a política entediava-o. Além disso, todos sabiam que ele não era boa companhia. Um dia, foi convidado para jantar na casa de Nina de Villars, uma jovem pianista, amiga dos artistas. Chegou cedo demais, ou melhor, madrugou e, depois de surpreender a camareira ainda seminua, foi embora curtir sua vergonha. Mas ele voltará à casa dessa anfitriã agradável, excêntrica e alegre, onde as pessoas podiam estar à vontade e onde reencontrou Alexis e doutor Gachet, e também conheceu um personagem estranho, um filósofo, um músico, um "gênio que dera errado", chamado Cabaner, que se interessava por tudo e impressionava mais por seus ditos espirituosos do que por suas obras. Cabaner, que não sabia o que era o ciúme nem a amargura, tornar-se-ia um dos sustentáculos mais fiéis de Cézanne.

Cézanne não havia sido feito para conviver com o mundo, mas também não estava muito à vontade na vida familiar e doméstica. Ele adorava seu pequeno filho, divertia-se vendo-o arrumar as telas ao seu modo, massacrando-as quando lhe dava vontade, furando as janelas das casas, ou vazando os olhos dos personagens. De qualquer forma, na maioria das vezes as pinturas eram péssimas. Quanto à sua relação com Hortense... Ele suportava sua mulher, respeitava-a, porém era preciso enfrentar a realidade: não a amava como alguém é capaz de amar. Ela não provocava nele, aliás, menos do que nunca, essas grandes sensações a respeito das quais lera os efeitos nas obras dos seus poetas favoritos durante toda a sua adolescência. Ele não era feito para aquela vida. Porém, então, para qual? A verdadeira vida estava ausente.

Ele não levava Hortense nas raras vezes em que saía. Poderia apresentá-la como a senhora Cézanne? Não. Logo, ela ficava em casa. Não sabemos nada da vida íntima de Hortense, nem da sua dificuldade em juntar os fios da meada para educar o filho. Ela sempre fora e era Hortense. Um dia, ela se tornaria senhora Paul Cézanne, mas para isso teria que esperar mais dez anos. O que entendera daquele homem com quem compartilharia a vida durante mais de trinta anos, com, é verdade, longuíssimos, cada vez mais longos, momentos de separação? Uma boa esposa deixa o marido em paz, não "o agarra pelo colarinho" o tempo todo.

Quando a segunda Exposição Impressionista foi inaugurada, em abril de 1876, Cézanne voltou para Aix. Ele enviara um quadro para o Salão, que foi recusado como os outros. Na Provença, recebia notícias da exposição da qual não participava. A imprensa voltou a atirar bolas de canhão vermelhas em cima do grupo. Sempre no *Figaro*, o lamentável Wolf soltou sua ira: "A Rue Le Peletier sofre. Depois do incêndio da Opéra, um novo desastre abateu-se sobre o bairro... Cinco ou seis alienados, entre os quais uma mulher, um grupo de infelizes dominados pela loucura da ambição, marcaram um encontro para expor suas obras. Algumas pessoas não conseguiram conter o riso diante daquelas coisas. Eu fiquei com o coração apertado perante aquele espetáculo pavoroso da vaidade humana que se deixa levar à demência." E sabemos que grande sucesso terá, nos regimes totalitários do século XX, a imputação de demência... Até Duranty, o arauto do Realismo na literatura, participou com sua característica espirituosa: "Para que Cézanne coloque tanto verde em cima da sua tela, é preciso que ele imagine um quilo de verde mais verde do que uma grama". O que Cézanne teria feito nessa atmosfera irrespirável, carregada de ódio e de condenação à morte? Como estivera certo em não participar dessa exposição em que seria atacado inutilmente! Para que lutar diante de tanta má-fé? A única solução era continuar durante o tempo que fosse necessário. O que significam alguns anos quando se tem a certeza de ser o mais forte e a convicção de foro íntimo que aguentaremos o tempo que for preciso?

Em Aix chovia sem parar. Ainda em abril, ele escreveu ironicamente para Pissarro: "Acabo de passar duas semanas muito aquáticas aqui. Tenho quase certeza de que esse tempo não foi comum. Aqui gelamos tanto que todas as colheitas de frutas e os vinhedos se perderam. A arte tem uma vantagem: a pintura permanece."

Em julho, ele estava em l'Estaque, onde pintou marinhas para Victor Chocquet. Escreveu novamente para Pissaro: "Comecei dois pequenos motivos com mar. (...) É como uma carta de baralho: telhados vermelhos sobre o mar azul". Segue-se uma reflexão fulgurante sobre a paisagem ao redor: "O sol é tão assustador que tenho a impressão de que os objetos voam em silhuetas não apenas em branco e preto, mas em azul, vermelho, marrom e roxo. Posso estar enganado, mas tenho a impressão de que é a antípoda do modelado."[2] A Provença, terra do imobilismo, terra imutável, cuja aparência quase não muda com as estações do ano – "olivais e pinheiros que nunca perdem suas folhas" –, terra que lhe convinha e que, ao contrário da mutável Île-de-France, permitia o tempo necessário para o modelado. Ele precisava dessa permanência, da garantia de uma maturação lenta para seus motivos, "que exigiriam três a quatro meses de trabalho" – o tempo, esse grande escultor. E tanto pior para os moradores de l'Estaque: "Se os olhos das pessoas daqui lançassem olhares mortais, eu já estaria morto há muito tempo. Elas não gostam da minha cara."[3]

E quem gostava da sua cara? Nem mesmo seu pai, que se recusava obstinadamente a aumentar sua mesada. Para que tanto dinheiro? Até parecia que o velho começava a desconfiar de algo. Em agosto, Cézanne partiu de Aix sem conseguir nem um tostão a mais. Quando chegou em Paris, a cidade estava em ebulição.

*

Naquele verão de 1876, um acontecimento tornou-se o centro das atenções das crônicas. Tratava-se do romance de Émile Zola, *L'Assommoir,* publicado em capítulos no jornal *Le Bien public.* Pronto! Aquele diabo do Émile finalmente conseguira o que queria. Só se falava de seu livro: de Gervaise, Coupeau e Lantier, da atmosfera sórdida da taverna, da vida miserável do povinho, do destino impiedoso dessas vítimas de um mundo duro demais. E, sobretudo, se falava que o livro não escondia nada sobre os usos e costumes daquele meio social, da promiscuidade odiosa, dessa realidade sobre a qual normalmente era de bom-tom jogar um véu pudico. Um escândalo. Cartas indignadas chegaram ao jornal, choveram cancelamentos de assinaturas, e *Le Bien public* decidiu interromper a publicação da série. No entanto, Catulle Mendès deu continuidade a ela no *La République des Lettres*. Dessa vez, a censura não passaria. Caricaturado, exibido sob as aparências mais grotescas, Zola era insultado. Em resumo: um triunfo.

Cézanne ficou feliz com esse sucesso. Ele ficava feliz com os sucessos das pessoas de quem gostava. Em contrapartida, seus colegas pintores encontravam-se em uma situação bem menos gratificante do que a de Zola. A crítica mantinha-se reticente. Caillebotte fazia o impossível, não poupava tempo nem dinheiro e, apesar de ter apenas 28 anos de idade, redigiu seu testamento e deixou de herança uma grande quantia em dinheiro para a Exposição Impressionista de 1877. Ele tinha certeza de que morreria jovem.* A Exposição de 1877 estava sendo preparada e, dessa vez, Cézanne pretendia participar dela. Ele ocuparia um lugar de honra: dezesseis das suas obras foram expostas, entre as quais se incluíam naturezas-mortas, paisagens, um estudo de banhistas e, principalmente, o famoso retrato de Victor Chocquet.

Graças aos esforços incansáveis de Caillebotte, a exposição foi inaugurada no dia 4 de abril. Adotou-se a fórmula irônica de Leroy: era realmente a Exposição dos Impressionistas que era apresentada pela terceira vez no amplo apartamento da Rue Le Peletier, onde maravilhas se misturavam: *Les Dindons blancs*, de Monet, e as vistas da estação de trem Saint-Lazare; *La Balançoire*, de Renoir, e seu famoso *Bal au moulin de la Galette*. Os Cézanne estavam pendurados no grande salão, ao lado das obras de Berthe Morisot. E os Sisley, os Pissarro, os Caillebotte... Degas ocupava uma galeria inteira. No total, 240

---

* Caillebotte morreu aos 45 anos de idade. (N.T.)

obras desvendavam-se aos numerosos visitantes. Porém, uma vez mais, as reações da crítica foram execráveis. A multidão, que não esperava outra coisa para ficar excitada, acompanhou o movimento. Um tal Barbouillotte (certamente um pseudônimo rebuscado) assinou essas palavras elevadas no jornal *Le Sportsman:* "É impossível ficar parado mais de dez minutos nessa galeria sem evocar imediatamente a sensação de enjoo no mar... Talvez por isso alguns amadores afirmaram: É inegável que algumas coisas estão bem devolvidas."

Cézanne ficou arrasado, enojado. Seu retrato de Victor Chocquet, também conhecido como *Tête d'homme* [*Cabeça de homem*], era alvo de todas as zombarias. No entanto, quanta presença, quanta emoção havia naquele rosto: pequenas pinceladas diversificadas ao infinito davam-lhe uma densidade e uma mobilidade extraordinárias. Sentia-se perfeitamente que naquele retrato havia algo de "uma estranheza desejada" para a qual não se encontravam palavras. Então, chamavam-no de o "Billoir de chocolate", uma referência ao nome do famoso assassino.* Um assassino, ou um louco, é tudo a mesma coisa, até um louco pintado por outro louco. O inefável Leroy fez-se novamente de engraçadinho: "Se visitarem a exposição acompanhados de uma mulher em estado interessante", escreveu no jornal *Le Charivari ,* "passem depressa pelo *Portrait d'homme* do senhor Cézanne. Aquela cabeça da cor do couro escuro de uma bota, de um aspecto tão estranho, poderia impressioná-la demais e provocar a febre tifoide no seu fruto antes da sua entrada no mundo."

Devemos entender o que estava em jogo nessas brigas. A fotografia já conseguia representar o real mais de perto e substituir a pintura em sua função de testemunha. A pintura, em um retrato como aquele, fazia parte do todo maior da vida, da cor e das formas. Ela não se limitava apenas a imitar o mundo, ela se somava a ele. O artista afirmava-se como

---

* Billoir assassinou sua amante a punhaladas, depois a esquartejou e abandonou o saco com as partes do corpo às margens do rio Sena, onde foi encontrado em 8 de novembro de 1876 por duas crianças. Preso, julgado e condenado, morreu guilhotinado. (N.T.)

mestre absoluto da realidade que recriara. E nós gostaríamos que isso não provocasse nenhum escândalo?

Todavia, Cézanne encontrara um novo defensor em Georges Rivière. Em *L'Impressionniste*, um folhetim vendido nos bulevares durante a exposição, Rivière comprovou ter entendido tudo sobre o esforço heroico de Cézanne:

> Essas risadas e esses gritos decorrem de uma má-fé que ninguém tenta dissimular. As pessoas vão ver os quadros do senhor Cézanne para morrer de rir. De minha parte, confesso desconhecer qualquer quadro que me faça rir menos do que aquele... Senhor Cézanne é um pintor, e dos grandes. Aqueles que nunca seguraram um pincel ou um lápis na mão disseram que ele não sabia desenhar e recriminaram-no por imperfeições que não passam de um refinamento obtido por um conhecimento enorme... Suas naturezas-mortas tão belas, tão exatas na relação dos tons, contêm algo solene na sua verdade. Em todos os seus quadros, o artista comove porque, diante da natureza, ele próprio sente uma emoção violenta que o conhecimento transmite à tela.

*

Naquele ano foi Zola quem ficou em l'Estaque, de maio a outubro. As vendas de *L'Assommoir,* que estava na 35ª edição, haviam-lhe rendido 18.500 francos, uma fortuna. Ele havia começado seu próximo romance, *Une page d'amour,* e passava dias felizes à beira do mar Mediterrâneo, cujas margens reencontrava com um prazer ainda maior agora que voltara rico e triunfante. O tempo de comer pão embebido em azeite de oliva estava longe. Ele comia, assim dizia, "sem limites", enchia-se "de toda espécie de porcarias", de caldeiradas de peixe e crustáceos, como um pobre que finalmente podia dar vazão à sua gula.

Cézanne ficara em Paris. Ele estava pintando. Às vezes, ia até Pontoise, onde trabalhava na companhia de Pissarro, ou a Issy-les-Moulineaux com Guillaumin. Essa proximidade permitiu-lhe constatar como o fosso aumentara entre eles. Faltava matéria, espaço, àquelas faíscas de luz. Cézanne aprofundou sua meditação. A natureza não era apenas luz. Ele precisava de estrutura, construção e elaboração. "O artista não percebe suas emoções como um pássaro modula seus sons: ele compõe."

Ele sentiu necessidade de voltar novamente para Provença. No final de agosto, enviou uma carta a Zola pedindo que desse um recado para sua mãe, porque planejava passar o inverno em Marselha. "Se no próximo mês de dezembro ela se encarregasse de encontrar uma casa pequena de dois quartos em Marselha, que não fosse cara, mas em um bairro em que não há assassinatos demais, ela me daria muito prazer". Dessa vez, ele pretendia levar Hortense e o pequeno Paul. Três dias depois, desistiu do projeto. Viajar até Marselha com a família era complicado demais. Ele relutou, tergiversou. O que o teria feito mudar de ideia no final? Talvez as reclamações de Hortense, que não queria mais ficar durante meses a fio em uma situação precária, sozinha com o filho em Paris. O sentido do dever? Ou o desejo de, finalmente, confrontar essas "pessoas mais imundas do mundo" e dizer o que pensava delas, mesmo correndo o risco de um rompimento? Em março de 1878, Cézanne embarcou no trem para Provença com a família debaixo do braço.

Família, família

Ele reagira a um impulso nobre ou simplesmente a uma necessidade material imperiosa. Porém, não tardou a começar a roer as unhas. A estadia transformara-se em um pesadelo ou em uma comédia. Antes de deixar Paris, ele assinara uma nota promissória comprometendo-se a pagar as dívidas que tinha com Tanguy pai, no valor de "dois mil setenta e quatro francos e oitenta centavos, correspondente ao fornecimento de tintas". Em l'Estaque, a situação logo se tornou catastrófica. Enfiado em seu Jas de Bouffan como um animal à espreita, Louis-Auguste estava detestável. Era evidente que desconfiava de que o filho tinha um caso com uma mulher. Desconfiaria da existência do neto também? "Parece que tenho netos em Paris", teria dito. Cézanne estava em grandes apuros. Ele escreveu a Zola para pedir sua ajuda: "A situação entre mim e meu pai está cada vez mais tensa, corro o perigo de perder toda a minha mesada". Uma carta de Chocquet, que Louis-Auguste interceptara, realmente mencionava "a senhora Cézanne e o pequeno Paul". Cézanne começou a procurar um emprego: "Solicito sua benevolência em relação à minha pessoa e peço que indague junto às pessoas que o rodeiam, usando sua influência para me colocar em algum lugar, se achar que isso é possível". Cinco dias depois, nova carta desesperada: o velho ia reduzir sua mesada de 100 francos, e o pequeno Paul estava com uma infecção nas mucosas.

Cézanne não era homem de reclamar do destino, e este episódio nos parece inverossímil: esse grande artista, munido de uma força da vontade incomum quando se tratava do seu trabalho, estava reduzido a pedir dinheiro ao seu amigo porque tremia de medo na frente do pai. Ele chegou a pedir-lhe para escrever menos, porque precisara pagar 25 centavos a mais ao correio por causa de uma carta com insuficiência de selos. Não estaria exagerando? Tudo indica que não. Cézanne estava com 39 anos de idade, seu pai era riquíssimo, mas ele se debatia em uma pobreza tenebrosa. Gostaríamos de poder acreditar que Louis-Auguste não medira toda a extensão do desastre no qual seu filho vivia e que simplesmente se fixara em seus princípios: um homem precisa ganhar a vida, e Cézanne não fazia nada nesse sentido. Aliás, Cézanne teria podido exigir sua parte quando o pai liquidara seus negócios. Isso nem lhe passara pela cabeça. Cézanne tinha um coração puro.

O filho pequeno estava doente, e senhora Cézanne, sua mãe, também – e gravemente ao que tudo indicava. Cézanne alojara sua família em Marselha, na Rue de Rome, trabalhava em l'Estaque e dormia em Aix. Ele passava o tempo viajando entre esses três lugares. Será que acreditava estar dando o troco? Para que se obstinar nesses silêncios, nessa comédia deplorável, quando todos sabiam ou desconfiavam? Ele usou as artimanhas dos índios Sioux para esconder a presença de sua família. Fazia três anos que uma estrada de ferro ligava Aix a Marselha. Cézanne "esquivava-se" (segundo ele) para passar algum tempo ao lado do filho doente. Um dia, enganou-se de horário e perdeu o último trem para Aix. O pavor: chegaria atrasado para o jantar. Ele se pôs a caminho, a pé. Trinta quilômetros separavam as duas cidades. Em geral, essa distância não o assustava. Cézanne era um andarilho. Trinta quilômetros. "Cheguei uma hora atrasado", escreveu para Zola.

Todos os pretextos eram válidos para Louis-Auguste. "Ele soube por várias pessoas que tenho um filho. Tentou me pegar de surpresa usando todos os meios possíveis. Ele queria me afastar do meu filho." Louis-Auguste transformara-se em um monstro arcaico, um homem do clã que devorava seus filhos, que saíra de uma tragédia grega ou de mitologias mais obscuras. "Explicar esse homem a você seria longo demais, mas nele as aparências enganam, acredite no que estou dizendo." Cézanne chegara apenas uma hora atrasado para o jantar. Desconfiado, Louis-Auguste ficou emburrado, ranzinza, melindrado, mau. A tribo ficou em silêncio... Esse horrível mistério das macerações familiares, esse jugo atroz das almas, esse ninho de neuroses que destroem as mentes frágeis. Qualquer estranho teria dito a Louis-Auguste o que pensava dele e lhe enfiado o nariz no próprio vômito. Nessa família, porém, ninguém deu um pio. "Peço-lhe que mande 60 francos para Hortense", escreveu Cézanne para Zola. Ele reiterou o mesmo pedido em maio, junho e agosto. Zola atendeu. "Minha boa família, aliás excelente para um pintor infeliz que nunca soube fazer nada, talvez seja um pouco avara, o que é uma pequena falha, sem dúvida muito desculpável na província." Quantos termos gentis...

Se ao menos tivesse interlocutores à sua volta que estivessem à sua altura. Porém, ele só frequentava imbecis, ou quase. "Senhor Gibert acompanhou-me quando estive em Marselha. Essas pessoas enxergam bem, mas têm olhos de professores. Quando passamos pela estrada de ferro que fica perto das terras de Alexis, um motivo estonteante surgiu do lado do levante: a montanha de Saint-Victoire e os rochedos que dominam Beaurecueil. Comentei: 'Que lindo motivo', ao que ele respondeu: 'As linhas balançam demais'. Por isso que ele é certamente o mais apto para cuidar mais e melhor da arte de uma cidade com vinte mil almas"[1], concluiu Cézanne.

Nem mesmo Marselha, onde Hortense e seu filho pequeno moravam escondidos, tinha mais graça para ele: "Assim como Paris é a capital movida a manteiga da França, Marselha é a capital movida a azeite. Você não faz ideia de como essa população feroz é impertinente. Ela tem apenas um instinto, aquele do dinheiro. Comenta-se que ganham muito, mas são muito feios. Os meios de comunicação apagam os lados salientes das pessoas do ponto de vista exterior. Viver será completamente inútil daqui a algumas centenas de anos, tudo estará arrasado. Mas o pouco que ainda resta é muito querido ao coração e ao olhar."[2]

Ele também não encontrava seu lugar em Aix: "Os alunos de Villevieille me insultam quando passo por eles. Vou cortar o cabelo, talvez esteja um pouco comprido." Sobre sua vida, ele escreveu: "Começa a assumir os ares de um teatro burlesco à moda de Clairville".* Louis-Auguste interceptara uma carta do

---

* Louis François Clairville, dramaturgo francês, autor de peças para o teatro burlesco. (N.T.)

proprietário do apartamento em Paris, na qual ele mencionava "pessoas estranhas", o que convencera o banqueiro de que seu filho "abrigava mulheres em Paris". Na realidade, Cézanne deixara a chave com um sapateiro que trabalhava para seus amigos, e ele hospedara pessoas da sua família no apartamento durante a Exposição Universal. Decidido a ver o mal em todos os cantos, Louis-Auguste concluíra que seu filho, esse casto, era um grande depravado. Em setembro, um alerta: uma carta de Hortense aterrissara no Jas de Bouffan. "Você está vendo no que deu", escreveu para Zola. Em um inferno.

E se tudo não passasse de ciúme e frustrações por parte do velho? No final de setembro, surpresa divina, notícia maravilhosa! Ainda em pleno vigor da idade, Louis-Auguste estava apaixonado. "Papai deu-me 300 francos esse mês. É incrível! Desconfio de que ele tenha uma queda por aquela empregadinha encantadora que trabalha para nós em Aix." Eis Louis-Auguste sofrendo da síndrome de Victor Hugo, esse grande consumidor de empregadas da casa. Assustadora, a vida? Às vezes, ela pode ser tão simples como uma sorte no amor.

Para coroar aquele ano de 1878, que decididamente se apresentava bem sombrio, Hortense precisou viajar para Paris de repente. Os motivos da viagem permanecem obscuros. Um assunto de família urgente? Desejo de ver os seus? Cuidar de um parente adoentado? Ou apenas vontade de uma mudança de ares? Em Marselha, o clima estava pesado, e o teatro burlesco que se prolongava transformara-se em um jogo de esconde-esconde sórdido. Hortense sentia a hostilidade da mãe e das irmãs do marido à sua volta, embora a senhora Cézanne tivesse ficado encantada de conhecer o neto. Com medo de que seu pai desembarcasse de repente, Cézanne permanecia em l'Estaque, ladeado por sua progenitura. O outono tempestuoso daquele ano era pouco propício para o trabalho sobre um motivo. Cézanne permaneceu em casa, ao lado da lareira, na companhia do filho pequeno, muito turbulento, "terrível em todos os sentidos", escreveu para Chocquet em janeiro. "Ele nos dará trabalho no futuro." Ele lia pela terceira vez um livro que o marcara profundamente, *A história da pintura na Itália*, de Stendhal, "uma trama de observações de uma finura que eu sinto que muitas vezes me escapa, mas quantas anedotas e fatos verdadeiros!", comentou com Zola.

Hortense voltou afinal. "Ela teve uma pequena aventura em Paris", comentou Cézanne placidamente em outra carta para Zola.[3] "Não vou descrevê-la por carta, contarei quando voltar, aliás não é nada muito importante." Ficaremos sem saber. Não há nenhuma notícia posterior sobre os detalhes dessa "aventura". Um flerte? Algo mais? Ou nada disso? Seja como for, Cézanne não reagiu como um homem apaixonado, mas muito mais como um rapaz que tem algo engraçado para contar a seu amigo Zola. Ele desconhecia os tormentos do ciúme. Para isso certamente teria que amar Hortense, ou tê-la amado.

Era um período de flutuações, incertezas, derivas. Em 19 de janeiro de 1879, Cézanne completou quarenta anos de idade. Ele se sentia acuado por todos os lados. No início do ano, em uma troca de cartas com Victor Chocquet, perguntou como devia proceder para mandar um quadro para o Salão. Garantiu que era "para um amigo". Estranho... O "amigo" seria ele mesmo? Ou Achille Emperaire, a quem parece ter encontrado em Aix? Emperaire continuava arrastando seu sofrimento, as sessões para se esticar no trapézio não o haviam feito crescer, e ele sobrevivia de pequenos trabalhos, vagando em volta da Faculdade e da Catedral Saint-Sauveur, propondo aos estudantes desenhos pornográficos produzidos por sua imaginação fértil.

Cézanne estava sentado entre duas cadeiras. Não desistira completamente do Salão, onde ninguém queria saber dele, mas não queria participar da Exposição Impressionista de 1879, temendo que sua presença lhe fechasse as portas do Salão definitivamente. Uma carta para Pissarro, datada de 1º de abril de 1879, pouco depois de seu retorno para Paris, evidencia esse problema. O outro motivo mais profundo era que ele não se identificava com o grupo impressionista que começava a surgir: só se identificava consigo mesmo.

Ele não era o único a ter essas reticências. A ideia de uma escola ou de um movimento sempre havia sido uma ilusão. Um artista verdadeiro era uma individualidade forte em primeiro lugar. Para grande raiva de Degas, que se esforçara para que a exposição se materializasse e pagara uma parte das despesas do próprio bolso, Monet, Sisley e Renoir decidiram não participar para não perder suas possibilidades com o júri do Salão, para o qual Monet e Renoir haviam sido admitidos. Sisley não. Nem Cézanne, é claro.

Cézanne não tinha culpa de ter-se rendido ao adversário. Sem a menor vergonha, fizera uma campanha junto ao amigo Guillemet, que agora era muito bem considerado na Corte. Porém a fizera ao seu modo: sem nenhum compromisso e sem nenhuma fidelidade estética. Ele foi recusado por aqueles "juízes de coração empedernido". Era a "guilhotina seca". Na primavera, Cézanne mudou-se para Melun.

Médan

Com os direitos autorais que recebera de *L'Assommoir*, Zola comprara – assim escreveu para o velho Flaubert, seu mestre (o "velho" tinha somente 57 anos de idade e teria apenas mais alguns meses de vida) – "uma cabana para coelhos". Era muita modéstia. "Por 9 mil francos. Digo-lhe o preço para que não me respeite demais. A literatura pagou por esse modesto asilo campestre cujo mérito é situar-se longe de qualquer estação e não ter nenhum burguês na vizinhança." Na realidade, a cabana de coelhos era uma propriedade enorme. Zola fez obras importantes na casa e ampliou-a. Embora realmente não houvesse nem um único burguês na vizinhança, eles se deslocavam de Paris para vê-lo. Era um desfile permanente de artistas, escritores, editores, jornalistas e letrados. Zola reinava sobre esse pequeno mundo com toda a realeza, ceceando, importante – finalmente! Feliz? Isso é outra história. Para não perder nada dessa glória adquirida a duras penas, ele trabalhava incansavelmente em uma sala gigantesca, de pé direito altíssimo, cuja simplicidade não era uma das qualidades principais: uma poltrona estilo Luís XIII e uma escrivaninha em cima da qual era possível dançar o cancã francês. No alto da coifa da chaminé gigantesca, lia-se essa inscrição gravada em letras de ouro: *Nulla dies sine linea*, ou seja, "Nenhum dia sem uma linha". Os móveis e a decoração exibiam um luxo delirante de riquezas recém adquiridas, uma orgia de compras compulsiva depois de uma longa frustração: armaduras medievais, tapeçarias, porcelanas, estatuetas, uma miscelânea de bugigangas caras sem nenhuma coerência estética. Parecia uma caverna de Ali Babá onde o gótico se debatia como um menino travesso e o oriental brigava com o barroco italiano. Era impressionante e infantil ao mesmo tempo, hugoano pelo gosto do sobrecarregado e dos confeites ornamentais, e ingenuamente surrealista.

Zola convidou Cézanne para visitá-lo em Médan. Cézanne ficou pasmo. O famoso escritor fez o impossível para tornar a estadia do amigo agradável. Zola tinha um bom coração. Talvez essas marcas ostentatórias do sucesso que Cézanne, que não ignorava sua origens, contemplava com uma expressão zombeteira o incomodassem um pouco; tal como o incomodavam todas aquelas pessoas que passavam ou permaneciam alguns dias e comportavam-se como se estivessem em sua própria casa; toda aquela jovem guarda que girava em torno da órbita do grande escritor, Hennique, Huysmans, Céard e Alexis, o único de Aix do grupo. Eles logo assinariam a obra coletiva *Les Soirées de Médan,* esse manifesto do naturalismo. E havia também aquele personagem pitoresco, o filho espiritual de Flaubert, que os fofoqueiros transformarão em seu filho natural, um normando alto, bigodudo, guloso e beberrão, um frenético sexual que esbanjava talento, chamado Guy de Maupassant. Só faltava o próprio Flaubert, por quem Cézanne tinha grande admiração, mas Flaubert era a esfinge, a grande consciência de todo aquele pequeno mundo, o patrão. Ele nunca saía de Croisset, que ficava distante dali, à margem do rio Sena, lutava com um projeto insensato, desesperado, intitulado *Bouvard e Pécuchet,* e morreria em breve tão solitário como Cézanne, sem ter conhecido o triunfo de Zola nem, pouco depois, o de Maupassant. Esses dois homens irmanados na procura absoluta da sua arte, esses dois gigantes, nunca se cruzarão. Como por um esquecimento da história...

Cézanne não se sentia nem um pouco à vontade naquele ambiente de literatos tagarelas. O que fazem os escritores quando saem em grupo? Trocam ideias inteligentes sobre a literatura, a arte, o mundo em geral? Não, eles conversam sobre edições, contratos, publicidade e os truques baixos aplicados pelos editores. As únicas pessoas que conversavam (muitas vezes mal) sobre literatura eram as senhoras mundanas.

Contudo, Cézanne gostava de Médan, esse lugar tão próximo de Pontoise e Auvers-sur-Oise, de onde guardava as melhores lembranças daqueles últimos anos. As margens do rio Sena lembravam as margens do rio Oise: a mesma luz suave, as pradarias, os choupos que se refletiam nas águas do rio. Ele pintou a casa de Zola da outra margem. É a casa de persianas vermelhas do lado direito do quadro. Os reflexos da água são de um verde profundo, e o quadro parece estriado em toques oblíquos. Porém, ele não era do agrado de todos. Certo dia (essa história, narrada por Gauguin, certamente lhe foi contada por Guillemet), um andarilho parou atrás do pintor e observou-o durante muito tempo enquanto trabalhava. Finalmente, perguntou se ele gostava de pintar. "Muito não, um pouco", resmungara Cézanne. Encorajado, o andarilho insistiu. Ele era um antigo aluno de Corot, e o que via ali, aqueles verdes gritantes, aqueles vermelhos escarlates, aquele céu hachurado, francamente, era trabalho de um amador que necessitava de alguns conselhos. "Permite?", perguntou e pegou os pincéis e a paleta para colocar um pouco de ordem naquele desastre – "Sabe, os valores são a única coisa importante" – e suavizar as cores com matizes cinzentos para ligar aqueles contrastes tão pouco convenientes. Cézanne aguardou um momento e depois explodiu: "Senhor, como as pessoas devem invejá-lo! Eu tenho certeza de que, quando o senhor pinta um retrato, coloca no nariz os mesmos reflexos do espaldar de uma cadeira!" Ele tomou seu material de volta, raspou as gracinhas cinzentas do aluno de Corot e soltou um grande peido: "Ah! Que alívio!" Um trem respondeu-lhe ao longe apitando alegremente, uma balsa passou pelo rio. Cézanne estava sozinho. Ele estava pintando a casa de seu colega em Médan.

*

Como de hábito, Cézanne voltou para Melun sem avisar ninguém. Zola ficou sem notícias dele durante semanas. O coração de Zola balançava entre a vaidade de criticar seu amigo e sua bondade natural. Ele não entendia Cézanne. Estaria infeliz? Um pouco maluco? Totalmente perdido para aquela glória à qual haviam aspirado tanto? Não, ele pendia para a maluquice. A esposa de Zola era da mesma opinião. Esse Cézanne, quanto menos o víamos, melhor estávamos. Não se pode arrastar para sempre o passado atrás de si como uma bola de ferro. E Cézanne era o passado de Zola, quando este era pobre e frágil. Agora tudo havia mudado. A vida continuava, e ela não era gentil com os medíocres.

Foi durante aquele verão de 1879, nas redondezas de Melun, que Cézanne criou um dos quadros mais extraordinários do seu período "construtivo": *Le Pont de Maincy* [*A ponte de Maincy*]. De fato, é uma obra extraordinária ou, como escreveu Joseph J. Rishel*, a construção do espaço "repousa sobre toques de tinta longos e retos que formam uma composição à medida que se entremeiam".[1] A vegetação rasteira banhada de luz, cujos reflexos parecem surgir de maneira tão fugidia como nos quadros mais vaporosos de Monet, está impregnada de toda a estética impressionista e resulta em algo como uma síntese das diferentes tendências que atravessam a pintura.

Em setembro, Cézanne saiu da toca e manifestou-se. Ele queria assistir a *L'Assommoir*, a peça de teatro adaptada do romance homônimo de Zola, e pediu três entradas ao amigo. "Eu sempre dou um jeito de encontrar meu caminho pictórico. A natureza me apresenta as maiores dificuldades." Ele ficou encantado com a representação. "Fiquei acordado a noite toda embora, em geral, vá para a cama pouco depois das oito horas." Algum tempo depois, ele começou a ficar preocupado. No início de 1880, Zola mandara-lhe um exemplar de seu novo romance, *Nana*. "É uma obra magnífica, mas temo que, devido a um acordo pré-ajustado, os jornais não a tenham nem mencionado. De fato, não vi nem um artigo e nem um anúncio em nenhum dos três jornalecos que costumo ler."

Na realidade, *Nana* foi um triunfo. Cézanne não soubera nada desse novo terremoto literário porque estava morando em Melun, a alguns quilômetros de Paris. Que selvagem! O sucesso prodigioso de *Nana* foi divulgado nos cartazes publicitários, e até pelos homens-sanduíches nos bulevares. *Nana* tornou-se um símbolo, uma marca registrada. E, é claro, as pessoas alardeavam que era um escândalo, indignavam-se com a imoralidade do escritor e com seu gosto pelo obsceno. "Pode ser que o barulho que a publicação de *Nana* deve ter ocasionado não tenha chegado até mim." Realmente deve ter

---

* Escritor norte-americano especializado em História da Arte. (N.T.)

sido isso, porque a partir do primeiro dia de lançamento foram vendidos cinquenta mil exemplares. Quanto a Cézanne, ele vivia como um homem da selva naquele inverno particularmente rigoroso de 1880 e pintava na floresta de Fontainebleau, que estava mergulhada na neve. A menos que aquele quadro de vegetação rasteira coberta de neve que pintou naquele inverno tenha sido inspirado em uma fotografia. É difícil pintar quando o termômetro marca -20º C do lado de fora...

Em março de 1880, Cézanne voltou para Paris e foi morar na Rue l'Ouest, atrás da Gare Montparnasse, onde retomou sua existência solitária. De vez em quando, encontrava-se com alguns conhecidos: Tanguy pai, Guillaumin ou o infeliz Cabaner, cuja vida era um desastre (tuberculoso, ele sobrevivia tocando piano todas as noites em um café-concerto). Cézanne também via Zola. Quando Zola não reinava em seu domínio de Médan, morava em um apartamento suntuoso na Rue de Boulogne (atualmente Rue Ballu, no 9º *arrondissement*). Ele tentou arrancar Cézanne do seu trabalho algumas vezes para apresentá-lo à sociedade que frequentava. Tentativa inútil. Um dia, conseguiu que Cézanne fosse convidado para a casa do editor Charpentier, onde se reunia a intelectualidade. Todos estavam lá: Sarah Bernhardt, Jules Massenet, Octave Mirbeau, Alphonse Daudet e Edmond de Goncourt. Cézanne chegou como um índio selvagem, assustou-se com todo aquele barulho, aqueles ataques de intelectuais, aqueles rostos desconhecidos que lhe pareceram hostis, e saiu correndo. Outra vez, coube a Zola convidá-lo para sua casa para que participasse de uma de suas famosas noitadas. Sem Hortense, é claro, porque para Zola e Gabrielle ela simplesmente não existia. Como sempre, Cézanne chegou com suas roupas rotas e com seu olhar desvairado. Durante toda a noite, ele foi um bloco de silêncio. Esses mundanos pretensiosos, cheios de si, irritavam-no. De súbito, carregando em seu dialeto e modos rudes, perguntou a Zola: "Émile, você não acha que faz calor aqui? Com sua licença, vou tirar o casaco."

As cartas que escreveu para Zola nesse período expressam um mal-estar difuso. Zola tornara-se um homem importante, enquanto ele ficara para trás. Aquele mundo não era para ele. Embaralhava-se em frases desajeitadas, que mal disfarçavam sua inquietação, a menos que fosse por ironia ou por humildade do orgulho: "Com a gratidão do seu antigo colega de colégio de 1854". No dia 1º de maio de 1880, Cézanne encontrou-se com o amigo para transmitir-lhe um pedido da parte dos seus companheiros do Grupo Impressionista. Tratava-se de publicar no jornal *Le Voltaire* uma carta de protesto de Renoir e Monet, na qual criticavam suas "más colocações" no Salão. Eles também pediam que uma Exposição dos "Impressionistas puros" fosse apresentada no ano seguinte. Cézanne parecia quase querer desculpar-se pelo pedido: "Preencho a função de porta-voz e mais nada". Na mesma carta, ele lembrava "o acontecimento tão infeliz da morte de Flaubert".

Essa carta teria consequências. O fiel Zola entendeu que lhe pediam para partir em campanha novamente, não se limitou a fazer publicar a carta de Monet e Renoir, mas reiniciou o debate tumultuado sobre a pintura a partir do ponto em que parara há catorze anos. No entanto, agora seu peso era outro: Zola publicou quatro longos artigos no *Le Voltaire* sob o título "Le naturalisme au Salon" ["O naturalismo no Salão"]. Contudo, suas propostas não foram exatamente ao encontro do sentido desejado pelos pintores. Zola começou esses artigos publicados em junho de 1880 com uma defesa vibrante dos Impressionistas:

> Tratam-nos de trocistas e de charlatões que zombam do público e fazem muito barulho em torno das suas obras quando, ao contrário, eles são observadores sérios e estão convencidos do que fazem. O que as pessoas parecem ignorar é que a maioria desses batalhadores é feita de homens pobres que vivem em meio ao sofrimento, à miséria, e à lassidão. Como são singulares esses trocistas, esses mártires da sua crença.

Uma homenagem muito ao gosto de Zola. Porém, o autor triunfante de *Nana* logo manifestou algumas reservas:

ele considerava a última Exposição Impressionista nefasta. Embora o Impressionismo fosse a ponta da lança da pintura moderna, o "fluxo crescente e irresistível de modernidade pouco a pouco arrastava em seu bojo a Escola de Belas-Artes, o Instituto e todas as receitas e todas as convenções". Em resumo, era possível continuar pintando na época da estrada de ferro tal como sob o reinado de Luís XIV? Não seriam essas exposições em grupo uma conduta de facilidade? Elas não permitiam que vários artistas medíocres se introduzissem pela brecha aberta? Por fim, *in cauda venenum,* Zola apresentou o argumento mortal: "A grande infelicidade é que nenhum artista desse grupo concretizou de maneira poderosa e definitiva a nova fórmula que todos eles aplicaram de maneira dispersa em suas obras". Em outras palavras, e seguindo meu raciocínio: o que o Impressionismo ainda aguardava, o Naturalismo encontrara na minha pessoa. E Zola prosseguia: "A fórmula está ali, dividida ao infinito, porém em nenhum lugar, em nenhum deles, encontramo-la aplicada por um mestre. Todos são precursores. O homem brilhante ainda não nasceu. Percebemos o que querem e damos-lhes razão, mas procuramos em vão a obra-prima que imporá a fórmula e obrigará todas as cabeças a se curvarem. Esta é a razão por que a luta dos impressionistas ainda não começou. Eles permanecem inferiores à obra que tentam pintar e gaguejam, incapazes de enunciar a palavra."[2] A mensagem era clara: o Impressionismo não tinha seu líder, seu gênio – senão o público já teria sido conquistado, como acontecera com seus romances.

Os impressionistas ficaram furiosos. Exceto Cézanne. Pela primeira vez, Zola prestava-lhe uma homenagem, embora comedida e sem nenhuma condescendência: "Senhor Paul Cézanne, um temperamento de grande pintor que ainda se debate em pesquisas da arte, está mais próximo de Courbet do que de Delacroix."

Cézanne estava contente. Zola falara dele. Finalmente! Será que sentia que havia uma certa indulgência e incompreensão nas suas frases? Claro que a comparação com Courbet e Delacroix era lisonjeira. Contudo Zola não percebera que ele chegara ao fim do seu caminho, que já estava além do Impressionismo e esculpia seu destino cada vez mais singular. Quanto ao Impressionismo, os dois homens eram da mesma opinião: Cézanne estava muito bem colocado para saber quantas pesquisas, quantas dificuldades e quantas lutas com a matéria significava a "nova fórmula". Ele não ficou ofendido com a mornidão de Zola. Tinha consciência de todos os progressos que ainda precisava realizar.

Cézanne passou o verão de 1880 novamente em Médan. O ambiente do lar familiar pesava-lhe. Sua relação com Hortense estava cada vez mais tensa. É verdade que a vida dela não tinha nada de excitante. Quando se vive com um artista, seria de se esperar outra coisa do que aquela lenta monotonia dos dias. Hortense nem aproveitava suas poucas amizades e relações, sempre retraída, escondida. O clima também estava pesado em Médan. Zola não se apressara em responder quando Cézanne, que não queria ser "um assunto incômodo", anunciara seu desejo de visitá-lo. De qualquer forma, Cézanne já se instalara em sua residência de verão para pintar, pintar sempre. Teria Zola ficado aborrecido? Cézanne era um amigo exigente. Pedidos de dinheiro, longas estadias... Mas tudo isso era muito natural para Zola. Não recebera Cézanne sempre de braços abertos? Os dois não estavam unidos por um pacto antigo, uma fraternidade que transcendia os cálculos mesquinhos, as peripécias, os acasos da vida? Zola conseguira ser o primeiro, era só isso. Cézanne reencontrou um Zola tenso, angustiado, como se estivesse na frente de abismos que se abriam diante dele. Tudo havia sido rápido demais? O sucesso, o dinheiro, a condição de grande consciência de sua época, ele, que ainda recentemente estava no fundo do poço. Zola debatia-se entre o orgulho pelo sucesso e as dúvidas a seu respeito, para as quais não havia cura. Ele reinava sobre Médan, sobre a República das Letras, mas morria de medo de que tudo aquilo acabasse em uma catástrofe, era perseguido por ideias de morte, ficava triste, mal-humorado. Então, o sucesso era isso? Um mal-entendido, uma impostura? Podia-se ampliar a casa, alardear seu sucesso, porém quando se é inteligente sabe-se que tudo isso não significa nada ou tão pouco.

E essa fauna duvidosa que seu sucesso atraía. Havia pessoas notáveis, com certeza, mas também arrivistas vulgares, homens de um exibicionismo duvidoso. Ainda não era o grande circo da mídia, mas era exatamente como se fosse, como aquele Busnach, o adaptador do *L'Assommoir* para o teatro, falante e gordo, que tinha certeza de que bastava acariciar a massa dos imbecis no sentido da penugem para tornar-se um homem rico. Para evitar todos esses inoportunos e também para agradar seus anfitriões, Cézanne começou a pintar o retrato da senhora Zola servindo chá. No entanto, Cézanne era um tirânico quando pintava com um modelo-vivo: era proibido mover um dedo, respirar. Durante horas intermináveis. Um dia, Guillemet entrou no ateliê com seu jeito volúvel, encantador e brincalhão, e começou a entreter senhora Zola, que mudava de lugar sob qualquer pretexto. Furioso, Cézanne quebrou os pincéis e rasgou a tela. Ele era impossível!

Cézanne foi embora de Médan no final de agosto. Em Paris, deparou-se com um texto póstumo de Duranty, que morrera no ano anterior, cujo personagem era um jovem artista apresentando-se no ateliê de um certo Maillobert, um "aloprado", que não era outro do que o próprio Cézanne. A caricatura era pesada. O pintor era representado como um louco que dizia coisas sem sentido, rabiscava, "jogava uma pá de verde" em cima de uma tela e criava suas maluquices em um ateliê sórdido na companhia de um papagaio que repetia incansavelmente: "Maillobert é um grande pintor". "Ele é meu crítico de arte", explicava Maillobert para seu visitante. Um texto sinistro, odioso. Cézanne ficou triste, à beira das lágrimas. O golpe doera. Mais um. Que grau de sofrimento moral um homem devia aguentar para ter o direito de ser ele mesmo?

Ele passou o inverno sombrio de 1881 em Paris. O Salão recusou-o novamente. Antes de partir para Pontoise, pediu outro favor a Zola. Cabaner, o encantador Cabaner, aquele músico sem sucesso, um companheiro alegre, perdera sua batalha contra a tuberculose e estava morrendo. Alguns artistas haviam oferecido suas obras para angariar algum dinheiro em um leilão para ele, entre os quais se incluíam Manet, Degas, Gervex e, é claro, Cézanne. Zola concordou em redigir o prefácio do catálogo.

Cézanne permaneceu em Pontoise de maio a outubro de 1881. Ele alugou uma casa no Quai de Ponthuis, 31. Sentia-se bem em Pontoise. A cidade ficava perto de Auvers-sur-Oise, onde passara muitos momentos felizes, e de Pissarro, a quem reencontrou com alegria. A vida também não estava sendo fácil para Pissarro, que estava com cinquenta anos de idade e passava por dificuldades financeiras. Seu sucesso inicial entrara em declínio, e às vezes as coisas ficavam difíceis para a família. Contudo, Camille, com sua barba branca, não perdera nada de sua afabilidade, nem de sua profunda bondade e sabedoria. Os dois amigos pintavam juntos, como nos velhos tempos. O moinho da Couleuvre propiciou um tema a Cézanne e resultou em uma das suas melhores telas daquela época: uma paisagem em vários níveis, arquitetada solidamente, mas que dava uma impressão de leveza, de um contato tranquilo com a natureza.

Às vezes, Cézanne e Pissarro iam até Auvers-sur-Oise cumprimentar doutor Gachet. A vida não se mostrara afetuosa para esse justo. Sua mulher falecera há seis anos, e ele continuava inconsolável. Agora trabalhava como médico para a Companhia de Estradas de Ferro do Norte. Durante um acidente de trem, agira heroicamente e não se poupara para salvar os feridos. Ainda pintava, embora sem muito sucesso, e era regularmente recusado no Salão.

Cézanne planejava continuar até Médan, que ficava bem próxima, "com as minhas próprias pernas", mas a família entrou em contato com ele: Rose, sua irmã mais nova, acabara de casar com um advogado chamado Maxime Conil, um nativo rico de Aix. O casal chegaria a Paris em maio. "Você me vê conduzindo aqueles dois pelo Louvre e outros lugares de quadros?", reclamou tristemente para Zola. A viagem transformou-se em um pesadelo. Rose teve uma violenta crise de reumatismo, e Cézanne foi obrigado a embarcá-los rapidamente no trem de volta para Aix. Teria sido um fenômeno psicossomático na presença daquele irmão incômodo e pouco amável? Finalmente só. "Comecei vários estudos de tempo coberto e tempo ensolarado", escreveu para Zola, cuja mãe acabara de falecer. "Espero que encontre logo seu ritmo normal no trabalho que é, a meu ver, e apesar de todas as alternativas, o único refúgio no qual encontramos nossa satisfação verdadeira."[3]

O trabalho, essa santa lei do mundo. A "satisfação de si", Cézanne encontrava-a nesses estudos de paisagens que fascinaram um rapaz, um corretor da bolsa de valores. Esse "golden boy", muito na moda de sua época, que ganhava confortavelmente sua vida e era um apaixonado pela pintura, atendia pelo nome de Paul Gauguin. Ele pintava avidamente nos brevíssimos intervalos que sua profissão lhe permitia, colecionava quadros e possuía uma dezena de obras de Cézanne. Desconfiado, Cézanne resistia aos avanços daquele rapaz que parecia querer roubar-lhe seus segredos e arrancar-lhe sua fórmula.

Cézanne partiu de Pontoise em outubro. Em sua última visita a Médan, Zola contara-lhe que Baille, seu amigo Baille, o engenheiro, acabara de casar-se com uma mulher riquíssima e que iria trabalhar de binóculo e monóculo no Ministério da Guerra. A juventude ardente estava bem distante. O único que não fugira às regras fora ele, Cézanne...

"Se eu morresse em breve"

Cézanne refugiara-se novamente em l'Estaque, "a pátria dos meninos travessos". Foi lá que recebeu com atraso – suas cartas continuavam sendo interceptadas – o livro de recordações que Paul Alexis acabara de publicar, intitulado *Émile Zola, notes d'un ami* [*Émile Zola, anotações de um amigo*], no qual ele evocava longamente a juventude de Zola e de Cézanne. Cézanne ficou emocionado: "Agradeço-lhe muito pelas boas emoções que me propiciou ao lembrar as coisas do passado". Nessas recordações, havia um detalhe que, no entanto, deveria ter alertado Cézanne. Ao delinear os projetos literários de Zola para os anos seguintes, Alexis mencionava um romance sobre a arte que o romancista queria escrever há muito tempo:

> Seu personagem principal está terminado. É Claude Lantier, aquele pintor fascinado pelo belo e moderno, que entrevemos em *Le Ventre de Paris*. Eu sei que Zola queria descrever a assustadora psicologia da impotência artística através dele. Ao redor desse centro, desse homem, desse gênio e sonhador sublime, cuja produção está bloqueada por uma fissura, gravitarão outros artistas, pintores, escultores, músicos e homens de letras, todo um grupo de jovens ambiciosos que também viera para conquistar Paris. Alguns não realizarão seus objetivos, outros o conseguirão mais ou menos, mas todos serão casos da doença da arte e variedades da grande neurose atual.[1]

Alexis previra qual seria o maior inconveniente do projeto: Zola seria obrigado a colocar em cena seus amigos e escrever um *roman à clefs*, um romance baseado em pessoas reais: "De minha parte, se eu me reconhecer nele, mesmo se não for nem um pouco elogiado no livro, comprometo-me em não abrir um processo."[2]

Por enquanto, era apenas um projeto. Naquele início de 1882, Cézanne estava totalmente absorto com algo muito mais importante e decisivo: seria admitido no Salão. Graças à mediação de Guillemet, ele finalmente fora aceito. Porém em que condições... Segundo os estatutos, Guillemet, que fazia parte do júri, tinha direito de escolher uma obra recusada. Essa era a chamada escolha "por caridade". Foi, portanto, como "aluno de Guillemet" (porque essas "sumidades" escolhiam, muitas vezes, seus alunos) que Cézanne fez sua entrada no Salão, quarenta anos mais tarde.

Porém, ele não chegou a Paris para se preparar para o evento em tempo hábil. Um erro estratégico. Enquanto as pequenas manobras e maquinações habituais para conseguir um lugar na exposição eram praticadas em Paris, ele trabalhava tranquilamente em l'Estaque. Estava pintando com Renoir, que estava hospedado em sua casa e de passagem por Marselha. Quando Renoir ficou doente, Cézanne cuidou dele como se fosse sua mãe. "Você nem imagina como Cézanne foi gentil comigo", escreveu Renoir para Victor Chocquet. "Ele me ofereceu toda sua casa." Vá entender aquele homenzinho.

Em março de 1882, Cézanne voltou para Paris, e chegou antes da abertura do Salão. Guillemet mantivera sua palavra: um de seus quadros realmente havia sido incluído na exposição. Qual não sabemos. Sua presença foi tão pouco notada que ninguém parou na sua frente, nem mesmo para zombar. Um fiasco. Porém, foi mencionado no *Dictionnaire Véron* como "um futuro colorista". Ele teria preferido as rejeições àquela indiferença. Ao menos poderia adornar-se com a auréola de mártir.

Cézanne ficou prostrado: perdera seu espaço em Paris. Será que o teve algum dia? Aliás, não tinha mais espaço em lugar nenhum. Não suportando mais nada nem ninguém, passou o mês de setembro de 1882 em Médan novamente. Se foi bem-vindo? Ele foi recebido por hábito ou por dever e por caridade também. Esse pobre Cézanne... Quando o azar bate à porta... Mas que ideia também comportar-se daquele jeito, ficar emburrado o tempo todo quando se é convidado na casa de alguém e na frente dos anfitriões manter um silêncio que mais parecia um julgamento e uma crítica permanentes...

Ele era severo até em relação a Zola. Na casa dos Cézanne, o dinheiro nunca fora motivo para aqueles excessos ridículos.

Fazer o quê? Voltar para Aix e trancafiar-se. O clima não era dos mais tranquilos no Jas de Bouffan. Rose viera dar à luz seu filho, seu marido viera junto, e Cézanne detestava seu cunhado. Ele também achava insuportáveis os gritos do bebê e as manifestações autoritárias de sua irmã Marie. Esbarrava com pessoas que o enojavam – por exemplo, com o jovem Baille, o irmão do seu amigo, advogado de profissão, que lhe dava a impressão de ser "um belo pequeno crápula do judiciário". "Nenhuma novidade, nem o menor suicídio"[3], observou cinicamente. Marguery, um dos seus amigos da juventude, que também era advogado, suicidara-se no ano anterior jogando-se do alto da Salle des Pas Perdus (Salão dos Passos Perdidos) do Ministério de Justiça. Se os amigos da juventude começavam a morrer... Ele próprio não se sentia muito bem. De repente, sentia-se velho. Os primeiros sintomas de uma diabetes? Um imenso cansaço moral? Fracassos demais, golpes duros demais? Seja como for, aos 43 anos Cézanne cogitava fazer seu testamento. O que seria da sua família se morresse? Ele queria que seus herdeiros fossem sua mãe e seu filho pequeno. Seus temores, conforme expôs para Zola, eram claros: se ele morresse, suas irmãs seriam suas herdeiras, sua mãe ficaria "frustrada" (ele não confiava muito na honestidade do cunhado), e a herança do seu filho corria o risco de ser contestada, embora o tivesse reconhecido. Ele não deixaria nada para Hortense. Sua "situação" certamente tornava isso impossível. Por precaução, pediu a Zola que aceitasse guardar uma cópia do testamento, "porque aqui o papel poderia sumir". Seis meses depois, comunicou a Zola o desejo de que sua mãe fosse sua herdeira universal. "Explicarei a você de viva voz o que me levou a isso." Era evidente que suspeitava que Maxime Conil casara com Rose para apoderar-se da fortuna dos Cézanne. Que outra razão teria? Rose não era nem um pouco atraente e uma companhia pouco alegre. Cézanne queria proteger sua família. Ele também devia sentir que aquela situação não podia durar para sempre. Precisava casar com Hortense.

Lentamente, insidiosamente, sua mãe e sua irmã Marie, que se voltava cada vez mais para a religião, começaram o seu trabalho de demolição. Seria muito proveitoso se casasse, começando por deixar de viver no pecado. Cézanne teve um acesso de cólera, vociferou, foi embora. Hortense estava em l'Estaque, o Jas de Bouffan tornara-se insuportável. Onde ir para que o deixassem em paz?

Talvez para Marselha... Cézanne mantinha uma amizade sólida com Adolphe Monticelli, um personagem pitoresco, que também era pintor. Majestoso, teatral e tão refratário como Cézanne, Monticelli tinha a bela cabeça de um senhor da nobreza ou de um velho sábio latino. Ele morava em uma cabana miserável atrás da igreja dos Reformados e trabalhava incansavelmente, porém sem nenhum sucesso. Há muito tempo, ele tivera sua hora de glória em Paris quando se fizera passar ostensivamente por um artista, um dândi flamejante. Depois voltara para Marselha, onde vegetava inutilmente havia quase sessenta anos e exibia um verdadeiro desprezo pela comédia social e pelos compromissos sórdidos do mundo da arte. Monticelli costumava comparar a prova do Salão a um concurso de gado. Ele pintava agarrado ao seu sonho de um mundo de beleza, grandeza, prazer e liberdade. Era um verdadeiro herdeiro de Delacroix, e Cézanne reconhecia nele um irmão espiritual, um temperamento semelhante ao seu. Monticelli pintava como lhe aprazia telas coloridas, ricas de material, e zombava do resto. Ao contrário de Cézanne, ele não estava à procura de uma fórmula, de uma síntese entre o espírito e, o instinto, entre a natureza e sua recomposição necessária. Como costumava fazer outrora com Zola, eles davam longos passeios fora de Marselha em busca de um motivo. Cézanne ficava estupefato com a desenvoltura e o estilo de Monticelli. Porém, isso não era para ele.

Cézanne recebeu a notícia da "catástrofe" da morte de Manet, que acabara de falecer aos 51 anos de idade após uma amputação. Manet, o encantador Manet, o elegante Manet, a quem costumava passar trotes no Café Guerbois, morrera em circunstâncias terríveis, devorado pela febre e pelo pus. Isso o convenceu a colocar seus negócios em ordem rapidamente. Ele mandou uma cópia do testamento para Zola e alugou uma pequena casa em l'Estaque, onde planejava ficar um ano. Triste e melancólico, sem notícias de ninguém, Cézanne entregou-se "às recordações de Alexis e dos vivos". Se não eram ideias mórbidas... Não obstante, continuava sua procura por uma paisagem. "Continuo ocupado com a pintura. Encontrei dois belos pontos de vista, mas não são um motivo propriamente dito. Porém, subindo para o topo das montanhas ao entardecer, tem-se um belo panorama do fundo de Marselha e das ilhas, o todo envolto por um pôr do sol de um efeito muito decorativo."

Afastado de Paris há quase dois anos, e como se estivesse cortado do mundo e dos acontecimentos de que não necessitava para sua pintura, Cézanne mergulhou em uma solidão cada vez mais profunda e fundia-se obsessivamente naquelas paisagens que lhe eram consubstanciais para elaborar sua "fórmula". Aix-en-Provence tornou-se o centro de um mundo a ser construído. Ele chegou a essa conclusão, meio amargo, meio surpreso, durante um passeio com Valabrègue em fevereiro de 1884: "Demos uma volta pela cidade, relembramos algumas pessoas que havíamos conhecido, mas como estamos distantes de qualquer emoção! Minha cabeça encheu-se de ideias sobre essa região, que me parece bastante extraordinária."

Extraordinária, porque aquela natureza dava-lhe o que precisava e o que ele era o único a ver: uma sensação de eternidade e perenidade sobre a qual poderia criar a cor e construir planos.

No final de 1883, uma visita de Monet e Renoir, que estavam de passagem pela Provença, rompeu sua solidão durante algum tempo. Os dois amigos o encontraram muito mal-educado, fechado em si mesmo, em um estado preocupante de aparente neurastenia. Monticelli acabara de perder sua mãe e fechara-se na sua tristeza. Cézanne não só ficara sem esse companheiro, como também havia sido abandonado por seu pequeno círculo de amigos de Aix formado por Numa Coste e Victor Leydet, cuja fortuna e condição social eram indiscutíveis agora. O que fazer com aquele louco que largava suas telas inacabadas no fundo das valas e nas curvas dos caminhos? A epidemia de cólera que assolara Marselha de junho a outubro de 1884 talvez explicasse esse retraimento, essa sua necessidade de se proteger do exterior.

Ele pintava. Foram dois anos de criação intensa: naturezas-mortas, retratos, paisagens. As naturezas-mortas desdobravam-se em combinações múltiplas e, nas telas pintadas ao ar livre, aparecia, majestosa, a forma suprema da qual tentaria desvendar o enigma até o final da sua vida: a montanha de Sainte-Victoire. Hortense posava para retratos que traíam a distância que se estabelecera entre eles: ela está triste, distante, dolorosamente anônima. Talvez não fosse totalmente sem razão.

"A senhora permitiu que eu a beijasse"

> Eu a vi, e a senhora permitiu que eu a beijasse. Desde então, fui agitado por uma perturbação profunda. Peço-lhe desculpas se esse amigo atormentado pela ansiedade tomou a liberdade de lhe escrever. Eu não sei como qualificar essa liberdade, que a senhora talvez considere desmesurada, mas como poderia continuar sob este desânimo que me oprime? Não é melhor expressar um sentimento do que escondê-lo?
> Por que, perguntei-me, calar tudo o que atormenta? Expressar-se não é conceder um alívio ao sofrimento? Se a dor física parece encontrar algum alívio nos gritos do infeliz, não é natural, senhora, que as tristezas morais procurem um alívio na confissão que se faz a um ser adorado?
> Eu sei muito bem que esta carta, cujo envio prematuro e ao acaso pode parecer indiscreto, serve apenas para lembrar-lhe que a bondade de...

Esse texto[1] é o rascunho de uma carta que foi rabiscada atrás de um desenho encontrado no ateliê do Jas de Bouffan, provavelmente durante a primavera de 1885. O que estava acontecendo? A coisa mais simples do mundo: Cézanne estava apaixonado. E, ao lermos essa carta, é evidente que não estava pouco apaixonado. Ele estava com 46 anos, e o desejo da meia-idade manifestava-se como uma paixão tão repentina e devastadora que o fez tomar emprestado ênfases racinianas: "Vênus por inteiro que se agarra à sua presa".* Ou, como diz um dos personagens de *Manon des sources*: "Às vezes, quando isso chega tarde, chega mal".**

Apaixonado por quem? Aqui, as coisas se complicam. Elas fizeram os especialistas em hagiografia cézanniana der-

---
* Frase famosa de *Fedra*, obra de Racine. (N.T.)

** Romance (1952) de Marcel Pagnol (1895-1974), escritor, dramaturgo, cineasta e acadêmico francês. (N.T.)

ramar muita tinta e ficar em maus lençóis. O santo da pintura moderna: apaixonado! Cézanne certamente não era um Don Juan. Ele era um tímido com uma sexualidade insatisfeita, uma tendência reforçada pelo peso do ambiente familiar, da tradição latina e da pressão do jugo clerical que sofrera desde a infância. Os contatos físicos eram-lhe dolorosos, mas sua obra mostra, com abundância, que ele não era insensível às vertigens da sensualidade. A mulher era o interdito supremo, a alteridade absoluta. Por outro lado, tal como muitos homens de sua época, ele às vezes frequentava os prostíbulos. Carta para Zola, verão de 1885: "Para mim, o isolamento total. O bordel na cidade, ou em outro lugar, e nada mais. Eu pago, a palavra é suja, mas preciso de desafogo, e este é o preço que tenho que pagar por ele."

Quem era essa senhora? Para alguns, ela foi uma empregada, e até a chamarão de Fanny. Porém escreve-se assim para uma empregada? Uma burguesa de Aix-en-Provence ou Marselha? É mais provável. Talvez a esposa de um notável? Parece que houve uma troca de cartas entre os dois da qual, porém, não temos conhecimento, e que, a pedido de Cézanne, Zola tenha servido de intermediário nesse comércio epistolar:

> Eu gostaria que me prestasse um serviço que, a meu ver, será uma coisa mínima para você, mas enorme para mim: seria receber algumas cartas para mim e enviá-las pelo correio para o endereço que lhe mandarei depois. Ou estou louco, ou sou um insensato. *Trahit sua quemque voluptas*!* Recorro a você e imploro sua absolvição. Os sábios são felizes! Não me recuse esse préstimo, eu não tenho mais a quem pedir.

Segue-se esse *post-scriptum,* meio envergonhado, meio engraçado:

> Sou imperfeito e não posso fazer nada por você. Como partirei antes de você, apelarei em seu favor junto ao Altíssimo para que tenha um bom lugar.[2]

---

* "Cada um é atraído pelo que lhe agrada" (Virgílio, *Bucólicas*, 2,65). (N.T.)

Era evidente que o caso era sério. Pouco afeito às coisas do amor, Cézanne era-o ainda menos para a dissimulação. Dentro em pouco, ninguém mais ignorava que uma flecha de Cupido o acertara. Independente da identidade do objeto da sua paixão, as pessoas ao seu redor logo entenderam que havia perigo. Hortense, em primeiro lugar. Hortense não era nada. Era a mãe do pequeno Paul, mas não tinha nenhuma existência legal junto ao pintor. Se Cézanne a abandonasse, ela ficaria sem nada. Ela entrou em pânico. Certamente não por ciúme. Eles não sentiam mais nada um pelo outro. No entanto, podem dezesseis anos de vida em comum acabar assim? Marie, a irmã entronizada no papel de governanta da casa, não estava de acordo com a atitude de Cézanne. Ela podia não gostar de Hortense, porém apreciava ainda menos que seu irmão estivesse metido na confusão de um caso amoroso. Intratável, por certo frustrada sem o saber, silenciosamente atacada pelos batalhões de hormônios que se debatiam na fortaleza da sua virgindade ressequida, ela iniciou uma guerrilha doméstica sem dó nem piedade. A batalha durou um mês, no final do qual Cézanne saiu correndo de casa e foi refugiar-se na casa dos Renoir, em La Roche-Guyon. Hortense foi com ele. Cézanne esforçou-se para comportar-se direito, mas não conseguia parar quieto. Ele deixara o endereço de uma caixa postal em La Roche-Guyon, caso chegassem cartas para ele. Aguardava notícias da sua bela dama e metralhava Zola com cartas pedindo, mais uma vez, que o hospedasse em Médan. Um ato falho? Esqueceu-se de apanhar as cartas no correio. "Sou um perfeito idiota", anotou com lucidez. Do seu amor, nenhuma notícia. Muito provavelmente apaixonara-se sozinho. Sem saber o que fazer, em 11 de julho partiu de La Roche-Guyon para Villennes, o que o aproximava de Médan. Zola negou-se a recebê-lo. Cézanne vagou pelas ruas sem conseguir encontrar um hotel. Era véspera dos festejos de 14 de julho. Ele parecia um louco. Finalmente acabou indo para Vernon, onde encontrou um quarto em uma hospedaria. Planejava voltar para Aix. Partir, revê-la. Cézanne sofria.

Finalmente, Zola convidou-o para passar o 22 de julho* na sua casa em Médan. Os dois amigos reencontraram-se. Eles não se viam há três anos. Com a regularidade de um metrônomo, Zola continuava publicando todos os anos um novo volume dos seus *Rougon-Macquart*: *Au bonheur des dames* em 1883; *La Joie de vivre* em 1884; e *Germinal* naquele ano. Para escrever esse último romance, ele pesquisara longamente o mundo dos mineiros e viajara pelo norte da França para colocar-se, ele também, "dentro do motivo". A indignação vibrava em todas as páginas de *Germinal*, onde o universo do operariado era descrito com uma mistura espantosa de compaixão e violência nua e crua. Zola colocara-se indubitavelmente ao lado dos mineiros e da sua revolta, porém não sem um pouco de maniqueísmo. Oportunismo? Certamente não. A força do livro, que borbulha de humanidade e denuncia energicamente a indignidade da condição do operariado, demonstrava sua sinceridade. Zola não esquecera nada do sofrimento social, ainda que sua cintura engordasse na mesma medida da sua fortuna. Ele estava enorme. Médan transformara-se em uma propriedade suntuosa, com um parque, novas dependências para empregados, estufas, uma cocheira e galinheiros exemplares. Zola era um senhor em suas terras. Cézanne, por outro lado, que só trazia sua pobreza, seu sofrimento amoroso ferido e sua aparência maltrapilha, era uma alegoria do fracasso. Contudo, sua presença não era tão inútil assim. Como tinha por hábito, Zola escrevia todos os dias algumas páginas do seu novo romance, *L'Œuvre*, a história de Claude Lantier, cujo modelo central era o próprio Cézanne. Há anos que Zola planejava esse grande romance sobre a arte e os artistas, que seria o 14º volume da série dos *Rougon-Macquart.* Sim, o modelo era realmente muito parecido...

Teria Cézanne sentido que sua presença era demais ali? Ou que aquele mundo não era mais para ele? Partiu de Médan. Teria sabido que nunca mais veria seu amigo? Pressentido a

---

* Em memória da tomada da Bastilha, símbolo da Revolução Francesa, e da queda da monarquia, em 1880, o governo fixara a data da Festa Nacional no dia 14 de julho. Oficialmente, a festa era celebrada uma semana depois. (N.T.)

catástrofe por vir? Em meados de agosto, estava de volta em Aix. Ele jamais reverá a dama misteriosa. As pessoas ao seu redor estavam atentas ao menor sinal. "Tudo teria sido melhor se eu tivesse tido uma família indiferente", escreveu para Zola. A família, porém, não lhe era indiferente. Ela o espreitava e vigiava. Para escapar dela, Cézanne ia trabalhar todos os dias em Gardanne, que ficava a cerca de dez quilômetros do Jas de Bouffan. Ele podia estar desesperado, mas pintava. Pouco depois, mudou-se com Hortense e o filho para um pequeno apartamento no centro de Gardanne. Os telhados da aldeia e sua arquitetura tornaram-se uma obsessão para ele. Pintava sua geometria perfeita, justapunha os tetos como cubos. Era quase uma abstração banhada de uma luminosidade irreal. Conhecemos três quadros desse período, dos quais dois estão inacabados, mas não destruídos, o que nos faz pensar que ele lhes dava algum valor. São quadros prodigiosos, nos quais a forma geométrica das casas opõe-se à rapsódia poderosamente ritmada dos elementos naturais, das árvores e das colinas ao longe: uma sinfonia de verdes, essa cor "das mais alegres", como escreveu para Victor Chocquet em 11 de maio de 1886, "que faz tão bem à vista". As formas, o verde, o espaço. A verdadeira vida era tão insuportável...

O ano terrível

1886. A comédia chegara ao fim. Marie vencera. Cézanne finalmente resolvera casar com Hortense. O casamento seria realizado na primavera. O que se podia esperar de um casamento após mais de quinze anos de vida em comum com uma mulher a quem não se ama mais? Nada. Cézanne não esperava nada. Ele estava cansado. Muita tensão, muita espera... Para nada: uma vidinha medíocre na aldeia de Gardanne, na qual não havia nada para fazer a não ser tomar um aperitivo à tarde no café com alguns fregueses costumeiros.

O trabalho dava-lhe um equilíbrio aparente. "Comecei a pintar, mas só porque quase não tenho problemas", escreveu para Zola em fins de agosto. Ele recomeçou seus passeios solitários no outono. Caminhava sem rumo durante dias inteiros, dormia nas fazendas quando a noite o surpreendia e estava longe demais de Gardanne. Comprou um burro para transportar seu material, um burrico teimoso que só fazia o que queria e que ele era obrigado a seguir nas suas fantasias ambulatórias, quisesse ou não. Reviu algumas vezes Marion, o naturalista, cuja companhia sábia e alegre acalmava-o. Seus passos conduziam-no cada vez mais frequentemente para o sopé de Sainte-Victoire. Cézanne reapropriou-se daquela massa imponente que logo se tornaria seu motivo principal. Penetrava lentamente em sua realização derradeira.

Temos certeza de que Cézanne recebeu um exemplar do novo romance de Zola, *L'Œuvre*, por volta do final do mês de março de 1886. Ele começou a lê-lo imediatamente. O choque foi violento, doloroso. À medida que avançava na leitura, e passadas as primeiras páginas nas quais Zola relembra em uma adaptação mal disfarçada sua juventude calorosa em Aix, Cézanne foi tomado por um mal-estar silencioso, uma dor profunda que o fez soluçar. Sim, essas primeiras páginas eram maravilhosas. A amizade, os passeios no campo, os mergulhos no rio, os sonhos... A sequência, porém, era menos gentil. Aquele Claude Lantier, aquele fracassado, aquele pintor lamentável um pouco louco, furibundo, angustiado, que destruía suas telas e termina suicidando-se porque seu quadro não "vem" era ele. Um impotente, um pobre coitado. A reação de Cézanne não demorou a manifestar-se. Esta carta, datada de 4 de abril de 1886, foi a última que escreveu para Zola:

> Meu querido Émile,
> Acabo de receber *L'Œuvre*, que você teve a gentileza de me enviar. Agradeço ao autor dos *Rougon-Macquart* por este bom testemunho das nossas recordações e peço-lhe que me permita apertar sua mão em memória dos anos passados.
> Ainda sob o impulso dos tempos decorridos, seu...

Um tom digno, que mal disfarçava sua tristeza e sua dor. Seria um mal-entendido? Em que Zola estava pensando? Por que criara esse personagem, desenvolvera essa narrativa que parecia uma execução, quando não um ajuste de contas? Na realidade, as coisas eram um pouco mais complicadas. Claude Lantier não era Cézanne, ou o era apenas em parte. Assim que o livro foi publicado em capítulos, no meio artístico imediatamente levantaram-se suspeitas de que se tratava de um romance baseado em personagens reais. Ninguém, porém, pensava em Cézanne, mas sim em Manet, que era muito mais conhecido. No entanto, a indignação foi maior com a forma como Zola tratava seus amigos impressionistas: uns indecisos que "não saíam dos esboços, das impressões apressadas, nenhum deles parecia esforçar-se para ser o mestre tão esperado". Zola mudara, pensavam, suas antigas lutas não passavam de mero oportunismo, um meio para aparecer. Ele renegara tudo e passara para o outro lado. Certamente não por maldade, sem dúvida por compaixão pelo que considerava ser uma sucessão de fracassos daqueles "derrotados". Contudo o resultado estava ali: uma calamidade. Claude Monet não se deixou enganar: "Luto há muito tempo", escreveu para Zola sem disfarçar sua irritação, "e temo que os inimigos usem seu livro para nos demolir quando chegar a hora." Em outras palavras, Zola cometera uma traição. Era verdade que ele quase não mudara a realidade em muitos pontos. Cada um conseguia reconhecer-se nos personagens e nas situações mal disfarçadas pelas lembranças e pelos momentos reais que haviam vivenciado juntos: Baille havia sido transformado em um arquiteto chamado Dubuche; Solari aparecia sob o nome de Mahoudeau; Guillemet, que havia sido transformado em Fagerolles, era praticamente a mesma pessoa. E havia o Café Guerbois, a estátua do Negro Cipião derretendo-se no calor, as recordações da juventude... Como sempre, Zola trabalhara segundo um modelo. Dessa vez, porém, ele não precisou pesquisar, apenas precisou juntar as lembranças, as anotações que fizera durante os Salões e os artigos que escrevera em defesa da nova pintura. Que pulsão diabólica teria-lhe soprado essa crueldade que todos tinham dificuldade em acreditar que fosse involuntária? Agora Cézanne entendia melhor os silêncios de Zola em relação a ele, seu pouco empenho em defendê-lo e elogiar sua obra. Durante todos aqueles anos em que haviam estado juntos, depois de terem passado tanto tempo em companhia, era isso o que seu amigo pensava dele.

Eles nunca mais se veriam. Não sem uma imensa tristeza, talvez de ambos os lados, mas certamente por parte de Cézanne. Anos mais tarde, Cézanne contaria para Ambroise Vollard, o vendedor de quadros que se tornaria seu confidente, a história da morte dessa amizade. Cézanne ficara indignado com o final de *L'Œuvre,* com o motivo invocado por Zola para o suicídio do seu herói:

> Não se pode exigir de um homem que se ignora que diga coisas razoáveis sobre a arte de pintar, mas, por Deus – e Cézanne começou a bater com a mão em cima da tela como um louco –, como ele ousa afirmar que um pintor se mata apenas porque pintou um quadro ruim? Quando não conseguimos terminar um quadro, nós o jogamos no fogo da lareira e começamos outro![1]

Cézanne ficou inconsolável com a perda dessa amizade. Algum tempo depois, como relembrou na frente de Vollard,

soube que Zola estava em Aix. "Imaginei que ele certamente não ousaria vir me ver... Está entendendo, senhor Vollard, meu querido Zola estava em Aix! Esqueci tudo, *L'Œuvre* e tantas outras coisas também, e até ignorei aquela droga de empregada que me olhava de esguelha enquanto eu limpava os pés no capacho antes de entrar na sala em que esperava encontrar Zola. (...) Sem perder tempo em arrumar minhas malas, corri até o hotel onde Zola estava hospedado. Na rua, cruzei com um conhecido que me contou que, no dia anterior, alguém perguntara a Zola na sua frente: 'Você vai comer uma sopa na casa de Cézanne?' E que Zola respondera: 'Por que eu reveria aquele fracassado?'. Então, voltei para meu motivo'."
"Os olhos de Cézanne estavam cheios de lágrimas", contou Vollard. "Ele assoou o nariz para esconder a emoção e disse: 'Sabe, senhor Vollard, Zola não é um homem mau, ele apenas é influenciado pelos acontecimentos'."[2] Ele não. Quase no final de sua vida, comentou com Joachim Gasquet:

> Nada é mais perigoso para um pintor do que se deixar levar pela literatura. Eu sei do que estou falando. O mal que Proudhon* causou a Courbet, Zola teria me causado. Gosto muito de Flaubert porque ele se proíbe rigorosamente de falar nas suas cartas sobre uma arte da qual ele ignora a técnica.[3]

*

Cézanne casou com Hortense na prefeitura de Aix-en-Provence em 28 de abril de 1886. A cerimônia não foi nem um pouco festiva. Louis-Auguste compareceu ao casamento, mas a partir de então tudo seria diferente. Ele sabia de tudo há muito tempo, explorara esses tristes segredos, e agora o caso havia sido oficializado. Tudo aquilo para chegar a isso... Cézanne ofereceu um almoço às testemunhas, entre as quais estava seu cunhado Maxime Conil. Ao que tudo indica,

---

* Pierre-Joseph Proudhon (1809-1865), teórico socialista francês, de quem Gustave Courbet era grande admirador, queria que este fosse um pintor proletário e que, com exceção dos entalhadores de pedras, não aparecessem nem operários e nem camponeses em seus quadros. (N.T.)

Hortense não participou do almoço. A bênção religiosa teve lugar no dia seguinte, na igreja Saint-Jean-Baptiste, situada na avenida Cours Sextius, na presença de Maxime Conil, Marie e duas testemunhas que haviam sido convocadas para assinar o registro. E isso foi tudo, como diria Flaubert.

Hortense não ficou muito tempo no Jas de Bouffan. O ar estava irrespirável. Marie mal a tolerava, e a mãe de Cézanne preferia ter o filho só para ela. Louis-Auguste começava a fraquejar, seu fim estava próximo. A casa era administrada por aquelas duas mulheres que finalmente haviam conseguido o que queriam: ver Cézanne casado com uma mulher que não exigia demais, o que era melhor ainda. As aparências estavam salvas. Ele poderia contar com elas para qualquer problema doméstico. Quanto à sua própria família, Cézanne via-a quando sentia vontade. Estranha lua de mel...

Os motivos de tristeza acumulavam-se. No final de junho daquele ano ruim de 1886, foi a vez de Monticelli, seu amigo e pintor, falecer. Hemiplégico, agonizante, pintou até o fim. A pintura sempre fora uma festa para ele, sua única alegria, uma orgia de cores e formas. Foi um golpe duro para Cézanne. Ele perdera Zola – e o fim de uma amizade é igual a um luto – e sua pobre liberdade em um casamento de conveniências, acabara de perder um dos seus colegas mais queridos ao lado do qual só conhecera a alegria, a luminosidade e a elegância suprema de poder ser ele mesmo de forma absoluta e viver de acordo com seus sonhos e desejos. Talvez fosse um sinal do destino, um desses momentos da vida que prenunciam mudanças profundas. Movido por uma força obscura, ele deixou a Provença e voltou para Paris.

A curiosidade não era uma força estranha nessa nova partida. Ele queria saber o que estava acontecendo lá. Assim que chegou, foi direto à loja de Tanguy pai, onde havia deixado alguns dos seus quadros. Os negócios não iam de vento em popa. Tanguy pai não tinha tino para o comércio, embora a loja guardasse alguns tesouros, que incluíam quadros de Guillaumin, Pissarro e Gauguin, aos quais ninguém prestava muita atenção ainda, a não ser ele mesmo, que venerava as obras que abrigava na loja. Ele nem pensava em valorizá-las. Os quadros de Cézanne, seu pintor favorito, valiam 40 francos (os pequenos) ou 100 francos (os grandes). Uma miséria. Quando gostava muito de um quadro, Tanguy pai fixava um preço inacessível para não ter que se separar dele. Recentemente, apaixonara-se por um jovem pintor holandês muito estranho, um autodidata atormentado que produzia obras violentas, coloridas, pesadamente empastadas, mas de uma força indiscutível, um tal Vincent van Gogh. Julien Tanguy o teria apresentado a Cézanne, que ficara desconcertado diante daquele possesso em estado permanente de revolta e extrema agitação. Suas pinturas espontâneas, de uma expressividade alucinante, que pareciam jorrar da espátula e da paleta sem aquela preocupação com a composição e com a elaboração lenta que caracterizava o trabalho de Cézanne, deixaram-no perplexo: "Para ser sincero", teria dito a Van Gogh, "o senhor pinta como um louco." Temos algumas dúvidas a esse respeito. Cézanne podia ser colérico, mas não era mesquinho. Ele mesmo fora tantas vezes insultado assim... Teria realmente conhecido Van Gogh? Ele nunca o mencionou. Lendas, lendas…

Tanguy pai passava por dificuldades financeiras. Esse revoltado calejado pelas peripécias políticas que quase o haviam conduzido à frente de um pelotão de fuzilamento desconfiava de todo mundo. Seus pintores não eram subversivos perigosos e estavam em uma situação delicada junto às autoridades? Quando um cliente desconhecido entrava na loja imunda, Tanguy pai observava-o demoradamente e, desconfiado de que talvez fosse um delator, começava a resmungar e resistia para desvendar as maravilhas que escondia nos fundos da loja. Há donos de galerias de arte mais convincentes. Desesperado, no ano anterior escrevera para Cézanne uma carta repleta de erros de ortografia, pedindo-lhe que pagasse o resto das suas dívidas: mais de 4.000 francos. Comenta-se que quem pagou a dívida foi Ambroise Vollard, que costumava recortar pedaços dos estudos de Cézanne para vendê-los no varejo. Sempre era possível comprar três maçãs quando não se queria ficar com o resto.

Contudo havia lugares em que o sopro do espírito da criação ainda se manifestava na mais perfeita inocência. A loja de Tanguy pai era um desses. Os verdadeiros amadores, aqueles que sabiam ver, costumavam encontrar-se lá para comprar e trocar quadros. Muito surpreso, Pissarro acompanhava o caminho pictorial do seu amigo e aluno, defendendo-o com unhas e dentes, principalmente de Huysmans, a quem recriminava não ter dedicado todo o espaço que Cézanne merecia no seu livro *Art Moderne*: "Permita-me dizer-lhe, meu caro Huysmans, que o senhor se deixou levar por teorias literárias que somente podem ser aplicadas à Escola de Gérôme...* modernizada?" Paul Gauguin, que abandonara o ambiente exaustivo das finanças para dedicar-se à pintura em tempo integral, adquirira alguns quadros de Cézanne e recusava-se obstinadamente a vendê-los, apesar das suas dificuldades financeiras, porque acreditava que a arte nutria mais o homem do que a especulação.

A hora da glória ainda não chegara para Cézanne, e ainda faltava muito para que isso acontecesse, mas o sulco escavava-se pouco a pouco com a força tranquila das coisas longamente amadurecidas. Sua estadia em Paris permitiu-lhe constatar que ainda tinha seguidores fiéis, apesar da peça pregada por Zola. Entre esses admiradores, sempre podia contar com Victor Chocquet, na casa de quem ficou hospedado na Normandia antes de seguir para Aix. Apesar de ter recebido uma herança recentemente, o que lhe permitia saciar sua paixão pela pintura e pelos objetos de artes, a vida de Chocquet era uma pobreza só. Ele arrastava consigo uma melancolia sombria. O retrato que Cézanne fez dele naquele verão mostra um homem emaciado, envelhecido, profundamente triste. Porém, a obra de linhas nítidas, rigorosa em sua construção, é magnífica. Chocquet... Cézanne tremia de raiva quando lembrava como Zola tratara Victor em *L'Œuvre*, aquele personagem de um colecionador louco que acumulava os "quadros delirantes" de Claude Lantier. A quem dirigir-se, meu Deus? Cézanne era reconhecido por seus iguais, o que deveria contentá-lo e tranquilizá-lo. Então, por que essa tristeza, esse nó na garganta, essas lágrimas que

---

* Jean-Léon Gérôme (1824-1904), pintor e escultor francês. (N.T.)

lhe subiam aos olhos quando lembrava todos aqueles anos de trabalho, tudo o que dera de melhor... No trem que o levava de volta para Aix, durante aquela longa viagem que fizera tantas vezes, pensou em terminar com tudo. Porém, poderia impedir-se de espalhar suas cores em cima de uma tela?

*

Louis-Auguste morreu no dia 23 de outubro de 1886, aos 88 anos de idade. Durante quase meio século, Cézanne aguentara a autoridade doentia desse pai estranho, esse monstro de orgulho e de falsa humildade, esse calculista e astucioso. Teriam gostado um do outro, apesar de tudo? Sem essa oposição de granito, teria Cézanne tentado realizar-se de maneira tão obstinada? Teria Louis-Auguste desejado que o filho pagasse adiantado pela fortuna que adquirira e que herdaria agora, a qual o tornaria um homem rico? Porque ele estava rico. "O papai, o papai", murmurara diante do corpo inerte do pai. O papai fizera dele um herdeiro. A partir de agora, Cézanne receberia a quantia anual de 25.000 francos, correspondente aos dividendos de aplicações habilidosas, principalmente em ações da estrada de ferro.

Todavia, não se vive passando dificuldades durante toda a vida adulta para criar hábitos luxuosos quando se está quase com cinquenta anos. Apesar de dispor de uma bela fortuna, Cézanne permaneceu um homem frugal. Seu prato preferido? Salada de batatas. O dinheiro será usado sobretudo na compra de tintas e telas.

O que não correspondia exatamente à ideia de Hortense. Sem poder usufruir tanto do necessário como do supérfluo durante muito tempo, detestando Aix e a vida que levava, essa sólida jurassiana sonhava em mudar de ares e voltar para Paris. Quanto ao dinheiro, Cézanne concordou em dar-lhe o que desejava, o dinheiro não representava nada para ele. E, quanto a voltar para Paris, isso estava fora de questão no momento. Cézanne tinha um encontro marcado, há muito tempo transferido, com uma montanha.

A montanha mágica

O pai descansava no cemitério. Cézanne correu ao encontro do seu motivo. Havia muito tempo que a montanha de Sainte-Victoire estava no centro de seu olhar. Ela sempre o acompanhara, desde o tempo dos seus passeios desatinados com Zola. Ela estava ali, essa forma única, aquele triângulo mineral voltado para o céu, que descansava pesadamente sobre a paisagem. O local era marcado pela História. O nome de Sainte-Victoire referia-se à vitória de Marius* sobre as hordas bárbaras dos Cimbros e Teutões no século I a.C. Dizia-se que a terra em volta era vermelha por causa de todo o sangue que havia sido derramado naquela horrível batalha. Outras etimologias, talvez mais fantasiosas ("a montanha dos ventos"), surgiram ao longo do tempo. Esse esplêndido animal deitado na terra era considerado uma montanha sagrada na região de Aix-en-Provence. Para Cézanne, ela será a montanha mágica.

Sempre em busca de novas perspectivas ele a pintou de vários ângulos. Na primeira série das Sainte-Victoire, que data de meados da década de 1880, a montanha ainda não tinha a forma de uma pintura, o motivo obcecado e triunfante que se tornaria o emblema da modernidade pictórica, os primeiros passos em direção ao cubismo e à abstração: ela ainda era uma paisagem. A montanha representava o ponto de ancoragem, uma baliza no meio do mar, um elemento de estabilidade mineral em um cenário de campos cultivados, com um pinheiro de galhos retorcidos no primeiro plano. Em geral, Cézanne pintava na bela propriedade de Montbriant, situada ao sul de Aix, que sua irmã Rose e Maxime Conil, seu cunhado, haviam acabado de comprar, talvez com a herança paterna (sabe-se que pagaram 38.000 francos por ela). Entretanto ele também fazia longas caminhadas pelas redondezas em

---
* Caio Mário (em latim, Caius Marius) (157 a.C.-86 a.C.), político e general da República Romana. (N.T.)

busca da melhor perspectiva, como o comprovam os pontos de vista ligeiramente diferentes a partir dos quais pintou sua montanha: o vale do Arc, o viaduto, o pinheiro. Às vezes, aproximava-se mais da montanha pela estrada de Tholonet. Château-Noir. As pedreiras de Bibémus. Ele retomava posse de seu último território.

Era um período estranho de sua vida, como se a morte de Louis-Auguste o tivesse libertado. Ele não esperava mais nada, porém nunca trabalhara tanto, se tal coisa fosse possível. Rodeado por suas três mulheres – sua mãe, sua irmã e Hortense –, mimado como um bebê, e muitas vezes irritando-se com todas essas atenções, ele se refugiava em seu trabalho. A vida escorria. Castanheiros secos do caminho do Jas de Bouffan. Paisagens pálidas de inverno. Cézanne sentia que algo se transformava em seu corpo. Esse cansaço... Como se o sangue circulasse mal em suas veias. Essas vertigens angustiantes. O mundo era-lhe hostil, a diabetes começava a corroê-lo implacavelmente. O início de seu retorno espantoso à religião data dessa época. Às vezes, ele parava em Tholonet para acompanhar a missa na pequena igreja. Oh, não, Cézanne não se transformara em um velho beato como sua irmã Marie, mas é certamente a ela que deve essa nova atitude, ele, que na juventude demonstrara um anticlericalismo zombeteiro. A paz, finalmente. Quase se poderia acreditar que se sentia bem na igreja, embalado pelos vapores dos incensos e pelas palavras de consolo. Uma forma de manter-se estável quando a loucura ameaça, quando nos sentimos cada vez mais sós no caminho escolhido. Um conformismo aparente para manter o essencial intacto, o núcleo duro. Uma fuga necessária para o desconhecido. No entanto, assim como a arte, Deus é uma droga que vicia e, ao longo dos anos, a religião ocupará um lugar cada vez mais importante nessa mente e nesse corpo em busca de paz e certezas.

*

Cézanne voltou para Paris em 1888 e foi morar no Quai d'Anjou, em um apartamento situado no segundo andar de um belo edifício do século XVII. Hortense ficou encantada. Por fim, os prazeres da vida, o conforto e a liberdade longe das miasmas do Jas de Bouffan, e tudo isso na Île-Saint-Louis, um dos lugares mais bonitos de Paris, onde há muito tempo moravam pintores e artistas.

Cézanne estava com dificuldade para reencontrar a serenidade e não parava quieto. Para não ficar mergulhado constantemente naquele ambiente, alugou um ateliê na Rue du Val-de-Grâce e escapava para as redondezas de Paris sempre que podia. Certamente foram o período invernal e a proximidade do Carnaval e da Quaresma que lhe inspiraram um tema bastante inesperado em sua obra: o personagem do Arlequim. Para pintar esses quadros, ele fez seu filho Paul posar fantasiado de Arlequim, e o filho do sapateiro dos seus amigos, de Pierrô. As sessões de posa eram sofridas, quase insuportáveis. Paul, que já conhecia o humor tenebroso do pai e seus ataques dantescos de cólera se o modelo mexesse um dedo, nem piscava. Porém, Louis, o jovem Pierrô, não aguentará e desmaiará de exaustão. Uma sessão de tortura. Contudo, os dois quadros, *Arlequin* [*Arlequim*] e *Mardi-Gras* [*Terça-feira gorda*] estão aí. Duas obras-primas. Segundo John Rewald*, "O *Arlequim* possui uma qualidade que Cézanne nunca expressou – ou não tentou expressar – nos outros quadros. Este é ousado e delicado, muito tenso e, ao mesmo, tempo vibrante."[1] Vestido de uma fantasia multicolorida, Arlequim está em pé, a perna direita muito esticada. *Mardi-Gras* é uma festa um pouco grotesca, muito colorida, e os personagens estão como paralisados, uma rigidez decorrente da postura. Anos mais tarde, esses quadros serão os pontos irradiadores do fauvismo e do cubismo. Picasso lhes prestará uma homenagem suntuosa com seu famoso *Paul en Pierrot* [*Paul vestido de Pierrô*].

Na primavera, Cézanne foi para Chantilly, onde ficou cinco meses, e produziu alguns quadros luxuriantes: folhagens,

---

* John Rewald, nascido Gustav Rewald (1912-1994), historiador de arte alemão, naturalizado norte-americano, e especialista em Impressionismo, Pós-Impressionismo e Paul Cézanne. (N.T.)

vegetação rasteira, casas enfiadas debaixo de arcos de verde, obras bem clássicas, equilibradas, que pareciam refletir um certo apaziguamento.

No entanto, a Provença chamava-o novamente, e ele foi passar o inverno no Jas de Bouffan. Teria, então, tomado conhecimento do artigo que Huysmans lhe dedicara em seu estilo rebuscado inimitável – já naquela época – e decadente do final do século? "Em suma, [ele é] um colorista revelador que contribuiu mais do que o falecido Manet para o movimento Impressionista, um artista de retinas doentias que descobriu, na apercepção exasperada da sua visão, os pródromos de uma nova arte, eis como pode ser resumido o senhor Cézanne, esse pintor por demais esquecido."[2]

A alusão às "retinas doentias" do pintor nos faz pensar. Huysmans referia-se aos preconceitos de Zola, que, em *L'Œuvre,* justificava as esquisitices pictóricas de Lantier por um defeito fisiológico...

Quando Renoir visitou Cézanne naquele inverno de 1888, ficou muito impressionado com as "retinas doentias" do pintor, mas ficou perplexo com o nível de domínio que Cézanne alcançara: "Como ele consegue? Ele dá duas pinceladas de cor na tela, e fica ótimo." Quanto ao olho do pintor, que olhava com um olhar "ardente, concentrado, atento e respeitoso" para o motivo, como se quisesse trespassá-lo, certamente não era daquele que sofre da vista. Renoir encontrou um Cézanne mais atormentado do que nunca, que passava do entusiasmo ao abatimento de um segundo a outro e que continuava destruindo as telas que considerava ruins, ou abandonando-as às intempéries. Renoir mencionou suas reações violentas e sua raiva quando um passante o incomodava enquanto pintava o motivo, por exemplo, quando uma tricotadeira começou a aproximar-se dos dois pintores: "Olha a vaca aí!", resmungou Cézanne. E foi embora, deixando Renoir sem saber o que fazer. Até no próprio Jas seu comportamento era imprevisível. Certo dia, Renoir fez um comentário jocoso e inocente a respeito dos banqueiros que provocou um ataque de cólera irracional em Cézanne e que foi apoiado pela senhora Cézanne, a mãe. O clã, o reflexo tribal, a lembrança ainda viva do pai... Como Renoir, que era tratado como um príncipe e havia sido alimentado regiamente, permitia-se... Realmente, era impossível manter uma amizade com aquele desajustado. Renoir foi embora, como os outros.

*

Um monumento estranho, todo em aço, que parecia querer agarrar-se às nuvens no céu, havia sido construído em Paris. A Torre Eiffel, do mesmo nome de seu criador, era a curiosidade da Exposição Universal de 1889. Alguns artistas protestaram contra aquele insulto ao bom gosto, essa Torre de Babel orgulhosa e horrenda que desafiava as leis da física. Será que esperavam que um monstro como aquele fosse aceito por todos sem reclamações? Por sorte, a Torre seria desmontada assim que a exposição terminasse. O mais importante era o lugar que as Belas-Artes ocupariam nessa exposição. Victor Chocquet, que concordara em emprestar algumas de suas obras-primas para essa ocasião, exigiu como contrapartida que um quadro de Cézanne também fosse exposto, o famoso *La Maison du pendu,* que ele obtivera do conde Doria em troca do quadro *Neige fondante en forêt de Fontainebleau.* Vinte anos haviam passado desde o primeiro Salão, mas as coisas não haviam evoluído nem um pouco. O quadro de Cézanne foi relegado mais uma vez, ou seja, ele foi mal pendurado e colocado a uma altura em que ninguém podia enxergá-lo. Cézanne havia sido um proscrito pobre. Agora era um proscrito rico. Nada mudara. Ninguém queria saber dele nem do seu trabalho.

Porém, no outono de 1889, surpresa divina! Uma carta de Octave Maus*, que organizava o Grupo dos XX, ou *Les XX*, como também era conhecido, composto por artistas de vanguarda de Bruxelas, convidou-o para participar da sua exposição. Cézanne aceitou:

---

* Octave Maus (1856-1919), crítico de arte, escritor e advogado belga. (N.T.)

> Contudo, terei permissão para repudiar a acusação de desdém com a qual o senhor me gratifica em relação à minha recusa de participar nas exposições de pintura?
> A esse respeito, posso dizer-lhe que, como os inúmeros estudos aos quais me dediquei deram apenas resultados negativos, e temendo as críticas demasiadamente justificadas, decidi trabalhar em silêncio até o dia em que me sentiria capaz de defender o resultado dos meus testes teoricamente.[3]

Tudo indica que *La Maison du pendu* foi o único quadro que Cézanne considerou digno de participar em uma exposição. Ele se sentira "pego de surpresa" para propor outros. Pediu mais uma vez o quadro emprestado a Victor Chocquet para aquela ocasião, mas também mandou um *Esquisse de baigneuse* [*Esboço de banhista*]. Embora fingisse que aquele evento o deixava indiferente e afirmasse ter recebido um "pedido formal" para participar da exposição, esperava muito dela. Teria o momento do reconhecimento chegado finalmente? A exposição foi inaugurada em Bruxelas no dia 18 de janeiro de 1890. E nada. Apenas um jornalista arriscou fazer um julgamento inapelável: "Arte confusa com sinceridade". Ele merecia que seu nome fosse citado?

Os jogadores de cartas

Cézanne sabia que estava doente. Seu mal tinha um nome: diabetes. No final do século XIX, o tratamento com insulina ainda não fora inventado, e essa disfunção do pâncreas que envenena o sistema circulatório era mal tratada. Os médicos prescreviam apenas dietas, o que não convinha à indocilidade do pintor. Ele sofria de dores indefinidas que interrompiam seu trabalho e alteravam seu humor, que já era mutável por natureza, e de cansaços intensos ou, ao contrário, tinha momentos de superexcitação que o mergulhavam no trabalho freneticamente.

A família Cézanne passou o verão de 1890 na região de Doubs, a terra natal de Hortense. Seu pai acabara de morrer, e ela precisava tratar de alguns assuntos relacionados à herança. Hortense tinha uma ideia na cabeça: o que se faz no século XIX quando se tem tempo e dinheiro, e a Suíça está tão próxima? Ir lá. Assim que foi possível, ela e o filho viajaram para Vevey, e Cézanne foi encontrar-se com eles dez dias depois. Eles ficarão cinco meses na Suíça.

Cézanne detestou essa estadia, mas ficou encantado com seu pequeno Paul, que amadurecia e crescia em sabedoria e demonstrava uma disposição prática que ele mesmo não tinha. Quanto ao resto... Não gostava da Suíça. Nem do ambiente, nem da luminosidade e nem das pessoas, que achava sem graça. Era-lhe difícil apreender aquelas paisagens tão diferentes da Provença ou da Île-de-France. Ele fincou seu cavalete à margem do lago de Neuchâtel e tentou captar as cores e a profundidade – em vão. Ele não se sentia em casa. Hortense, por sua vez, exultava: a Suíça era bonita, muito parecida com seu Jura natal, e a vida que levavam nos hotéis convinha-lhe perfeitamente. "Minha mulher" – diria o pintor um dia – "gosta somente de limonada e da Suíça." O dinheiro tinha seus encantos, e Cézanne era um marido que não lhe dava muita importância. Ele dividia sua renda entre os três:

um terço para Hortense, um terço para Paul e um terço para ele. Diz-se até, mas diz-se tantas coisas, que Hortense não se furtava em dar uma garfada na parte do marido, o suficiente para abençoar a memória de Louis-Auguste e tentar esquecer os anos de pobreza.

Neuchâtel, Berna, Fribourg. E foi em Fribourg que Cézanne desapareceu um dia. O motivo dessa circunstância pode parecer duvidoso... Ou preocupante: ele teria fugido porque ficara transtornado ao esbarrar com uma manifestação antirreligiosa na rua que o ofendera em suas convicções, nessa fé que se apoderava dele e retornava das suas origens, e talvez da obstinação religiosa da sua irmã. Ou teria sido apenas um pretexto para escapar e encurtar a estadia? Ele certamente seria capaz disso. Hortense e Paul haviam marcado um encontro com ele no hotel naquela mesma noite, mas o pintor desaparecera. Apesar de conhecerem os hábitos fujões do artista, ficaram preocupados e passaram quatro dias aflitivos. Finalmente receberam uma carta de Genebra, onde, mais tranquilo, Cézanne informava que os aguardava. Mesmo assim, Hortense insistiu em prolongar aquele périplo encantador, e os três seguiram para Vevey e Lausanne. Cézanne não aguentava mais, a Suíça o irritava. Brigas. Ele queria voltar para Aix, Hortense queria ir para Paris. O que ela fez, deixando para trás um Cézanne abandonado, que voltou para o Jas de Bouffan.

*

Nunca esquecemos nossas primeiras emoções. Quando ia ao Museu de Aix, Cézanne sempre sentira uma atração especial pelo quadro atribuído a Mathieu Le Nain, *Les Joueurs de cartes* [*Os jogadores de cartas*]. Sempre sonhara em se inspirar nele, pintar daquele jeito. Por que esse tema? Porque sempre estivera diante dele, porque naqueles personagens de jogadores de cartas podia abarcar a humanidade inteira e ainda reinventar a pintura, a pintura de gênero dessa vez.

Cézanne criou cinco quadros e vários estudos sobre tema. Quem são aqueles homens captados de perfil, que jogam cartas tranquilamente naquele aposento tão modesto? Segundo Paul

Alexis, eram camponeses que trabalhavam no Jas de Bouffan. O homem à esquerda, com o cachimbo na boca, seria o jardineiro Paulet. Para o aposento, Cézanne usou como modelo os quartos das fazendas das redondezas, que ele conhecia das vezes em que costumava dormir lá durante suas expedições solitárias.

O maior desses quadros, com cinco personagens, que pode ser visto na Barnes Foundation, na Filadélfia, é excepcional na obra do pintor por causa de seu tamanho. Apenas *Les Grandes Baigneuses* [*As grandes banhistas*] tem uma dimensão superior. O quadro é mudo. Os personagens estão tensos, concentrados, contraídos dentro de roupas grossas. O jogo de cartas não era uma brincadeira. Os homens assumem uma postura imponente, uma condição de figuras graníticas congeladas para sempre em sua tensão. O tom azulado e o extraordinário jogo de cores conferem à cena uma dimensão que excede em muito o simples testemunho de um quadro desse gênero. Um pouco escondido, o belo rosto de uma moça suaviza a impressão de dureza, quase de hostilidade, que emana desse grupo de homens. A segunda versão da série, aquela que está no Metropolitan Museum of Art, em Nova York, contém quatro personagens, e as duas versões seguintes apenas dois: os jogadores de cartas estão de perfil, sentados nas duas pontas da mesa. Tudo nesses quadros confere a esse gesto do jogo, cotidiano e banal, a solenidade de uma cerimônia; tudo confere a essa representação a força de um momento de eternidade. Simplicidade das linhas e, dignidade na série das atitudes. Uma imagem do homem em seu cotidiano que, ao mesmo tempo, está além dele, em uma relação de harmonia singular com o mundo. Ao abandonar o monumental, Cézanne concentrou-se no essencial e ganhou em sobriedade para atingir o ser humano.

Graças a Paul Alexis e Numa Coste, sabemos muito bem como foi a vida do pintor naquele inverno de 1890-1891, porque ambos mandavam notícias de Cézanne para Zola, algo que ele provavelmente pediu que fizessem. Por exemplo, Alexis conta sem meias-palavras como foi o retorno de Hortense (que haviam apelidado "La Boule", *A Bola*) e daquele "chato do filho" (apelidado "Le Boulet", *A Bolinha*): Cézanne havia reduzido suas rendas mensais e convocado os dois a voltar para Aix. O que fizeram. "Não obstante", escreveu Alexis, "ele nem pensa em se afastar da mãe nem da querida irmã, nem da casa delas no Faubourg, onde mora, onde ele se sente muito bem e certamente prefere à sua mulher. Se, como espera, *La Boule* e o moleque criarem raízes em Aix, nada o impedirá de passar seis meses em Paris. 'Viva o sol e a liberdade!' Ele passa os dias pintando no Jas de Bouffan. Um homem que trabalha na propriedade serve-lhe de modelo. Um dia desses, irei ver o que está fazendo. Para terminar e para completar seu perfil psicológico: ele se converteu, tornou-se um crente e pratica a religião. 'É o medo!... Sinto que tenho apenas quatro dias de vida sobre a Terra. E depois? Depois, acho que sobreviverei e não quero assar *in aeternum*'." [1]

Numa Coste também enviou informações a Zola sobre o estado do pintor. Carta de 5 de março de 1891:

> Como explicar que um banqueiro ave de rapina, tão duro como uma pedra, tenha sido capaz de gerar uma pessoa como o nosso pobre amigo Cézanne, com quem me encontrei há pouco? Ele está bem, não está debilitado fisicamente, está mais jovem e mais tímido e primitivo do que nunca.
> Ele mora no Jas de Bouffan com sua mãe, que, aliás, brigou com a *Boule*, que, por sua vez, não se dá com as cunhadas, e nem elas entre si. De forma que Paul vive de um lado e sua mulher do outro. É uma das coisas mais comoventes que já conheci na minha vida ver esse rapaz conservar suas ingenuidades pueris, esquecer os desapontamentos da vida e obstinar-se, resignado e sofrendo, em perseguir uma obra a qual não consegue dar à luz.[2]

Ignorância, cegueira, tolice. Uma obra a qual ele não consegue dar à luz... Não devemos esquecer que há mais de oitocentos quadros e inúmeras aquarelas e desenhos de Cézanne espalhados pelo mundo. Sem contar, é claro, as centenas de obras perdidas ou destruídas.

A morte de Chocquet em 7 de abril, em Yvetot, tocou Cézanne profundamente e marcou o fim de uma época, aquela dos apoios confidenciais. Ainda bem as coisas estavam em movimento. A loja de Tanguy pai, que acabara de mudar-se do nº 14 para o nº 9 da Rue Clauzel, atraía cada vez mais pessoas. A triste condescendência dos amigos Coste e Alexis não era compartilhada por todo mundo.

Tornar-se uma lenda

Quando se é pintor, escritor ou cantor de rock, o importante é tornar-se um mito. O preço é alto: uma morte prematura, um longo purgatório ou mal-entendidos intermináveis, mas é a única oportunidade de reaver tudo em que se apostou. Uma lenda começava a formar-se em torno de Cézanne. A nova geração dos pintores, os "Nabis"*, que diziam representar o Simbolismo, formada por Maurice Denis, Sérusier e Vuillard, todos discípulos de Gauguin, que lhes falara muitas vezes do pintor antes de partir para o Taiti, tentavam desvendar o mistério Cézanne. Quem era ele? Ele existia? Eles o mencionavam em termos velados. O próprio Tanguy pai respondia com evasivas. Esse pintor, que nunca se via, não estaria morto? Ou, então, comentava-se que vivia em algum lugar do lado de Aix. Eles chegaram a imaginar, e aqui começava a glória, que, tal como Shakespeare, Cézanne não seria Cézanne, mas um pintor conhecido que levava uma vida dupla e criava em segredo uma obra original demais para admiti-la como sua. Quem sugeriu essa hipótese foi o pintor e crítico Maurice Denis. Porém, depois de ver os quadros de Cézanne na loja de Tanguy pai, ele mudou rapidamente da surpresa para uma admiração sem limites.

Quase simultaneamente, em 1892, apareceram dois estudos sobre o pintor. Em fevereiro, Georges Lecomte publicou na revista *L'Art moderne*, em Bruxelas, um artigo no qual mencionava Cézanne como um precursor: "O senhor Cézanne, cujo esforço exerceu uma influência notável na evolução impressionista, foi principalmente um dos primeiros anunciadores das novas tendências". Naquele mesmo ano, Lecomte publicou um livro, *L'Art impressionniste d'après les collections de M. Durand-Ruel* [*A arte impressionista segundo as coleções do sr. Durand-Ruel*], onde podemos

---

* Nabis, ou "Profetas", do hebraico Nebiim. (N.T.)

ler esta bela homenagem: "O trabalho sóbrio, a síntese e as simplificações de cores tão surpreendentes em um pintor tão apaixonado pela realidade, assim como a análise, as sombras luminosas delicadamente coloridas e os valores muito suaves, cujo jogo sábio cria harmonias tão delicadas, foram um rico ensinamento para seus contemporâneos". Erguemos levemente as sobrancelhas em relação a esse verbo no passado simples: "foram". Parecia que Cézanne havia sido enterrado antes de conhecer a glória. Um pouco mais tarde, coube a Émile Bernard escrever no número dedicado a Cézanne, na série de monografias *Les Hommes d'aujourd'hui* [*Os homens de hoje*], o texto mais lúcido para caracterizar o gênio do pintor, que, segundo ele, "abre essa porta surpreendente para a arte: a pintura por si mesma".

Esses frêmitos de reconhecimento não escaparam a um rapaz que se estabelecera recentemente em Paris como *marchand* de arte. Seu nome era Ambroise Vollard. De origem crioula, Vollard tinha uma postura que parecia indiferente e enfadada, mas cometeríamos um erro se nos deixássemos enganar por ela. Vollard era um olho, mesmo se estivesse apenas semiaberto. Naquele momento, porém, ele estava apenas começando, e os negócios não iam muito bem. Vollard corria atrás dos lugares onde se podia ver, comprar e vender quadros. Em suas memórias como *marchand*, encontra-se um dos melhores textos jamais consagrados a Cézanne:

> Quando conheci Tanguy pai, as coisas haviam mudado um pouco. Não que os amadores tivessem se tornado mais clarividentes, mas Cézanne retomara a posse da chave do seu ateliê, e Tanguy pai, que Émile Bernard conseguira convencer da superioridade de algumas das suas obras em relação às dos outros, considerava que os poucos Cézanne que lhe restavam eram um tesouro que não tinha preço. (...) Ele acabou enfiando dentro de uma mala "seus" Cézanne que, após sua morte, quase não foram disputados [nos leilões] do Hotel Drouot.[1]

Vollard percebeu imediatamente que encontrara um tesouro e que Cézanne não tinha um *marchand* digno desse nome para cuidar da sua obra, porque Tanguy pai... Contudo falava-se dele: Cézanne era uma mina de ouro inexplorada.

*

Uma fotografia, um autorretrato. O Cézanne do início desses anos de 1890 já parecia um velho. No autorretrato, ele aparece "glorioso, um quinquagenário de barba grisalha, usando um boné da Liga".* Porém, nas fotografias, Cézanne aparece careca, o rosto pálido, os poucos fios de cabelo chegando até o colarinho, a barba hirsuta de profeta substituída por um cavanhaque bem-aparado. O movimento que se esboçava em torno da sua obra em Paris não parecia atingi-lo, nem torná-lo mais gentil.

No verão de 1894, Cézanne estava novamente em Paris. Nada indica que tenha se manifestado na ocasião da morte de dois homens que haviam desempenhado um papel tão importante na defesa de sua obra.

O primeiro, Tanguy pai, morreu em fevereiro de um câncer no estômago. Sofrendo muito, ele preferira morrer na sua casa em meio aos seus quadros. Em junho, Octave Mirbeau organizou um leilão de quadros em prol da viúva do amigo. Os quadros de Cézanne que Tanguy pai tinha em seu poder na loja foram vendidos a preços ridiculamente baixos: *Les Dunes* [*As dunas*] por 95 francos; *Coin de village* [*Recanto da aldeia*] por 215 francos; *Le Pont* [*A ponte*] por 102 francos; e *Village* [*Aldeia*] por 175 francos. Todos foram comprados por Ambroise Vollard, que pediu um prazo para o pagamento porque estava sem dinheiro naquele momento. Cézanne não mandara nenhum quadro. Saberia que seu primeiro "*marchand*" morrera?

O segundo, Gustave Caillebotte, morreu no dia 21 de fevereiro de uma congestão pulmonar que contraíra enquanto podava as roseiras. A morte levara aquele pintor delicado, esse amigo perfeito que tanto trabalhara pelo reconhecimento

---

* A Liga Católica, também denominada Santa Liga ou Santa União, foi fundada na França em 1576 pelo duque Henri de Guise. Seu objetivo era extirpar definitivamente o protestantismo do país. (N.T.)

dos impressionistas, muito mais tarde do que ele acreditara. Caillebotte deixou seus bens para o Estado, incluindo os 65 quadros de sua coleção pessoal. Um verdadeiro tesouro, entre os quais havia três Manet, dezesseis Monet, dezoito Pissarro, oito Renoir e quatro Cézanne. No entanto, nem todos concordaram com esse legado. Liderados por Jean-Léon Gérôme, pintor acadêmico, os pintores "oficiais" iniciaram imediatamente uma campanha para pressionar a administração a fim de que o legado de Caillebotte fosse recusado, alegando que aquela coleção era uma ofensa à moral pública. Gérôme não usou de rodeios: "Estamos em um século de decadência e imbecilidades... O nível de toda a sociedade está baixando a olho nu... (...) Repito, para que o Estado tenha aceitado esses lixos, é preciso que a mácula moral seja incomensurável... Anarquistas! Loucos ! Essas pessoas pintam no hospício do doutor Blanche, elas pintam sob suas ordens, acreditem no que lhes digo... são feitas piadas, se diz: 'Isso não é nada, espere...', e muito bem, não, isto é o fim da nação, é o fim da França!" Por Deus! Quando os imbecis começam a invocar a nação e a França, a guerra civil não está longe. A discussão deteriorou-se. Os burocratas da Diretoria das Belas-Artes e do Museu do Luxembourg foram obrigados a se organizar: eles não podiam recusar o legado de Caillebotte em bloco. No final, embora tenham devolvido alguns quadros aos herdeiros dos artistas incriminados, aceitaram-no.

Ao mesmo tempo, Théodore Duret, um grande amador de arte, decidiu, em março de 1894, vender sua coleção, composta de cerca de quarenta quadros, entre os quais três Cézanne, que foram vendidos com um lucro de 2.000 francos – um prenúncio do que estava por vir. Gustave Geffroy escolheu esse momento para publicar um artigo elogioso sobre o pintor de Aix. Embora desse a impressão de ser indiferente a toda essa agitação, Cézanne agradeceu-lhe emocionado. Ele passou algum tempo em Alfort e, no verão, mudou-se para um pequeno apartamento em Paris, situado na Rue des Lions-Saint-Paul.

*

Em setembro, partiu para Giverny. Claude Monet morava ali há cerca de oito anos em uma grande casa rodeada por um jardim suntuoso. Cézanne instalou-se na aldeia, no Hotel Baudy, onde também estavam hospedadas Mary Cassatt, uma artista americana amiga de Monet, e Matilda Lewis, uma jovem pintora que, em uma carta para sua família, esboçou um perfil impressionante de Cézanne:

> Ele parece a descrição de um homem do Sul por Daudet. Quando o vi pela primeira vez, tive a impressão de estar diante de um degolador. Os olhos grandes, vermelhos e saltados, davam-lhe uma aparência feroz, que era aumentada ainda mais pela barbicha pontuda, quase grisalha, e ele tinha um modo de falar tão agressivo que fazia os pratos reverberarem, literalmente. Depois, descobri que me deixara enganar pelas aparências porque, longe de ser feroz, seu temperamento era o mais gentil possível, como o de uma criança.[2]

Matilda Lewis também lembrou os "modos" rudes e surpreendentes do pintor. "Ele raspa o prato de sopa, depois levanta-o e deixa escorrer as últimas gotas na colher. Segura a costeleta de porco com a mão e arranca a carne do osso com os dentes." Em contrapartida, frisou a infinita delicadeza do pintor, sua polidez e sua conversação cheia de tolerância.

Por amizade, Claude Monet convidou Cézanne para juntar-se ao pequeno grupo de convidados que se reuniria na sua casa naquele 28 de novembro de 1894. E que reunião! Lá estariam Octave Mirbeau, Auguste Rodin, Georges Clemenceau e o crítico Gustave Geffroy, o autor do belo artigo que tanto emocionara Cézanne. Temendo os saltos de humor de Cézanne, Monet prevenira seus hóspedes sobre as esquisitices do pintor, como se quisesse desculpar-se de antemão por qualquer incidente. No entanto, naquele dia Cézanne mostrou-se particularmente encantador. Aquela companhia prestigiosa intimidava-o e galvanizava-o ao mesmo tempo: Mirbeau, "o primeiro escritor do seu tempo", segundo Cézanne;

o prodigioso Rodin, o gênio da escultura; Clemenceau, a estrela da política, que não se poupava de contar piadas que faziam Cézanne chorar de tanto rir. Na realidade, ele nunca parecia estar em seu estado normal, mas haveria um estado normal para esse ciclotímico? Naquele dia, ele estava no auge. Ficou extasiado, com as pálpebras úmidas de emoção, quando Rodin, "nem um pouco convencido", apertou-lhe a mão. Um homem condecorado! Se conhecêssemos Cézanne menos, bem poderíamos pensar que estava brincando, ou agindo com a ironia do orgulho. Mas não. À mesa, embriagado de vinho, ele se soltou, como se diz, e até denegriu um pouco seus colegas. Aquele Gauguin... "Eu tive aquela pequena sensação, bem pequena, bem pequena sensação. Nada... Não era nada... Não era maior do que isso... Mas era minha, aquela pequena sensação. Pois muito bem, um dia, esse senhor Gauguin tomou-a de mim e levou-a consigo. Ela a levou consigo nos navios, o pobre coitado!" A assembléia entreolhou-se e riu sem jeito. Que homem mais esquisito. Depois do almoço, no jardim, ele se jogou aos pés de Rodin para agradecer-lhe por ter apertado sua mão.[3]

Em outra ocasião, Monet convidara alguns amigos em sua homenagem, entre os quais estavam Renoir e Sisley. Ele parecia tão feliz na última vez... Cézanne chegou atrasado, mas Monet recebeu-o com algumas palavras de amizade e estima em nome de todos. Era o dia errado. Cézanne começou a chorar e, erguendo o rosto transtornado para Monet, vociferou: "Você também, Monet, você também zomba de mim!" E foi embora deixando o grupo arrasado.

Partiu de Giverny sem avisar ninguém, deixando vários quadros inacabados para o dono da hospedaria. Monet mandou-os de volta para ele.

*

Em janeiro de 1895, o capitão Dreyfus foi acusado de espionagem em favor da Alemanha, sendo exonerado, degradado e degredado para a colônia penal de Caiena, a capital da Guiana Francesa. Era o início do Caso Dreyfus. Por sua causa, amizades serão rompidas e famílias brigarão. Cézanne era *antidreyfusardo*. Era mais conveniente. Na realidade, ele estava pouco ligando.

Às vezes, podia ser tão audacioso como um tímido, e ter pulsões como um estrategista desajeitado. Ei-lo pensando em retomar o contato com o crítico Gustave Geffroy, que lhe dedicara artigos tão belos. Em abril, escreveu para ele:

> Caro senhor Geffroy,
> Os dias estão ficando mais longos, a temperatura mais clemente. Estou desocupado todas as manhãs, até a hora em que um homem civilizado senta-se à mesa. Pretendo ir a Belleville para apertar-lhe a mão e apresentar-lhe um projeto com o qual às vezes brinco, outras vezes abandono e por vezes retomo...
> Muito cordialmente.
> Paul Cézanne, pintor por inclinação.

Esse projeto era pintar o retrato de Geffroy, esse crítico influente. Em janeiro, ele recebera o livro *Le Cœur et l'esprit*, para o qual Geffroy se inspirara amplamente nas ideias de Cézanne sobre a arte. Era uma introdução ideal.

Embora não soubesse o que o aguardava se posasse para Cézanne, Geffroy concordou com a proposta por curiosidade. Foi o início de uma amizade breve, porém verdadeira. Cézanne mostrou-se muito mais paciente com ele do que com os outros modelos. Bem-humorado, ia todos os dias a Belleville e começava a trabalhar na frente de um Geffroy deslumbrado. O crítico posava sentado atrás de sua escrivaninha. Cézanne fizera marcas de giz para poder retomar a pose facilmente. Os dois homens conversavam e trocavam ideias. Esse Geffroy não era apenas um cavalheiro: ele sabia ver. E era íntimo de Clemenceau, esse grande homem... Embora Cézanne não confiasse nem um pouco nos políticos. Por outro lado, não poupava elogios para Claude Monet, ele era "o melhor de todos nós. É apenas um olho, mas que olho!" Enquanto isso, durante aquela primavera de 1895, o quadro ia formando-se com um vigor e com uma força espantosa. Dezenas de sessões de pose, trabalho, harmonia. Um belo dia, porém, o pintor mudou de atitude como se fosse tomado por uma vertigem. O retrato escapava-lhe, ele nunca conseguiria terminá-lo. Em 12 de junho, para seu grande espanto, Geffroy recebeu esta carta incompreensível: "Caro senhor Geffroy, como estou de partida, e incapacitado de terminar o trabalho que está além das minhas forças, o qual errei em começar, peço-lhe que me desculpe e que remeta os objetos que deixei em sua biblioteca ao mensageiro que lhe indicarei."

Geffroy protestou, zangou-se. O quadro era extraordinário! Era preciso terminá-lo! Cézanne concordou, resmungando. O bom humor passara. Mudo, sombrio, ele ainda trabalhou durante cerca de uma semana no retrato depois esvaneceu-se no ar. Em julho, Monet recebeu esta nota desencantada:

> Fui obrigado a abandonar momentaneamente o estudo que comecei de Geffroy, que se colocou tão liberalmente à minha disposição, e estou um pouco confuso com o magro resultado que obtive, principalmente depois de tantas sessões, tanto entusiasmo e tantos desencorajamentos sucessivos. Eis-me, portanto, de volta ao Midi, do qual eu talvez nunca devesse ter me afastado para me lançar na busca quimérica da arte.

Em abril do ano seguinte, ele mandou apanhar seu material na casa de Geffroy. Os dois homens nunca mais voltarão a se ver.

Teria Cézanne enlouquecido de vez? Alguns tendiam a acreditar que sim. Enquanto pintava o retrato de Gustave Geffroy, Cézanne reencontrara Francisco Oller, seu velho amigo da academia de Suisse pai, que acabara de retornar de um périplo de vários anos que o havia levado para a Espanha, onde trabalhara na corte do rei Alfonso XIII, e até para Porto Rico. Cézanne estava em uma fase de jovialidade afetuosa e recebeu esse amigo da juventude de braços abertos: emprestou-lhe seu ateliê e dinheiro, e pagou suas dívidas na loja do falecido Tanguy pai. Sem dinheiro, Oller, que envelhecia, grudou-se nele. O "agarrar pelo colarinho" não estava longe.

Um dia, Cézanne foi embora de Paris de repente, Oller entrou em pânico e quis segui-lo até o sul da França. Porém, Cézanne não queria mais vê-lo. Fingiu que marcava um encontro com ele na estação de trem de Lyon e tomou muito cuidado para evitar seu devedor. Oller pegou o primeiro trem em Paris, desembarcou em Lyon, onde lhe roubaram 500 francos, continuou até Aix e avisou a Cézanne que havia chegado. Irritado, o pintor mandou-lhe uma nota breve: "Se é assim, venha logo. Aguardo-o."

Oller não podia nem imaginar o que aconteceria depois. Furioso, fora de si, em um estado de violência extrema, Cézanne injuriou-o e a seus colegas também. Diante de um Oller paralisado, ele teria tratado Pissarro de "velho imbecil", Monet de "manhoso", e arrasado as pessoas com seu desprezo: "Eu sou o único que tem personalidade! Eu sou o único que sabe criar um vermelho!" Dois dias depois, Oller recebeu esta carta sem sentido:

> Senhor, o tom autoritário com o qual me trata há algum tempo e a maneira pouco elegante com a qual o senhor permitiu-se dirigir-se a mim no momento de sua partida desagradaram-me. Decidi não recebê-lo mais na casa de meu pai. As lições que o senhor permitiu-se dar-me terão dado seus frutos. Então, adeus.

Oller contou essa triste história para Pissarro, que ficou desconsolado. Tudo indicava que Cézanne enlouquecera. "Não é uma pena e triste", escreveu para seu filho Lucien, "que um homem dotado de um temperamento tão belo seja tão pouco equilibrado?"

Uma consagração

Cézanne estava em Aix quando a primeira retrospectiva consagrada à sua obra foi anunciada no outono de 1895. Era um acontecimento incrível, e deve-se essa boa ação a Ambroise Vollard, sendo que o empreendimento foi realizado em consequência dos pedidos insistentes de Pissarro, que lamentava o ostracismo evidente de seu velho amigo. A questão do legado de Caillebotte acabara acomodando-se, não sem alguns tiros de emboscada por parte dos pintores oficiais liderados pelo inefável Gérôme. Mesmo assim, duas telas de Cézanne seriam finalmente expostas no Museu do Luxemburgo: *L'Estaque* e *Une cour de ferme à Auvers-sur-Oise* [*Um pátio de uma fazenda em Auvers-sur-Oise*].

Vollard começara a abrir seu caminho. Alugara uma loja na Rue Laffitte, no trecho em que o comércio da pintura estava concentrado, e procurava, fuçava, fazia o que podia, ao seu modo falsamente linfático, para expor e vender. A Exposição Cézanne seria em sua loja. Ainda não se falava de "galerias".

Cézanne e Vollard nunca haviam se encontrado. O *marchand* tentara, em vão, entrar em contato com o pintor para informá-lo sobre seu projeto. Cézanne desaparecera de Paris. Vollard acabou batendo na porta do seu apartamento, na Rue des Lions-Saint-Paul, onde se deparou com Paul júnior, o filho do pintor, cujo senso prático era muito mais aguçado do que o do pai. Paul júnior escreveu imediatamente para ele e pediu-lhe sua permissão para que a exposição fosse apresentada: tal permissão foi-lhe concedida.

Cézanne não honrará essa homenagem com sua presença. Teria consciência do seu alcance? Ele recuperara um pouco seu entusiasmo da juventude em Aix. No dia 8 de novembro, Cézanne, Emperaire e Solari fizeram uma excursão até Bibémus, que ficava no sopé da montanha de Sainte-Victoire. A vida desses dois não era nem um pouco maravilhosa. Suas obras não lhes davam nenhuma certeza, e sua existência diária beirava a indigência. Às vezes, Cézanne oferecia-lhes uma boa refeição. Eis os três, narizes ao vento, na luminosidade daquele outono. Château-Noir, as pedreiras de Bibémus, um piquenique em Saint-Marc. Apesar da diabetes, aquele danado de Cézanne ainda era um andarilho feroz. Emperaire seguia-o como podia, trotando e arfando atrás dele. Eles jantaram no restaurante Tholonet e abusaram um pouco do vinho. Na volta, Emperaire tropeçou, caiu e se machucou.

Outro dia, Cézanne decidiu escalar a montanha de Sainte-Victoire com Solari. A subida de mil metros em terreno desnivelado era árdua. Cézanne não sentiu o cansaço. Eles almoçaram no topo, de onde se avistava toda a Provença, até os primeiros Alpes. Na descida, Cézanne tentou subir em um pinheiro, como costumava fazer antigamente. Mas a juventude estava longe…

*

Enquanto isso, em Paris, a Exposição Cézanne abria suas portas na loja de Vollard. Segundo o *marchand,* foram expostos 150 quadros e desenhos com os meios disponíveis: as telas não estavam emolduradas, e a exiguidade da loja exigia uma rotação das obras. Vollard não se deixou atemorizar. Para marcar o evento, e com a certeza de que ela acabaria suscitando comentários furibundos, expôs a tela *Baigneuses au repos* [*Banhistas descansando*] na vitrine. O que de fato aconteceu, porém a partida não estava vencida de antemão.

Essa primeira exposição era um evento artístico cuja importância os amigos do pintor logo perceberam. Pela primeira vez, via-se essa trajetória estética, com sua evolução singular, reunida em um único lugar. Pissarro, Monet, Degas e Julie Manet, a sobrinha do pintor, testemunharam esse choque: "Eles não sabem, como nós sabemos, que Cézanne foi inicialmente influenciado por Delacroix, Courbet, Manet e até Legros", escreveu Camille Pissarro. "Nem que ele foi influenciado por mim em Pontoise, e eu por ele."

Todos os amigos de Cézanne compraram seus quadros. "Meu entusiasmo só é superado por Renoir e pela festa de são João* no verão", escreveu Pissarro para seu filho. Monet e Degas compraram telas que poderiam ter obtido de graça de tanto que Cézanne era pródigo com seu trabalho. Entretanto, era um gesto, uma forma de compromisso, um testemunho de estima e admiração. Alguns homens têm sorte – e faro. Vollard era um desses homens. Hoje, Vollard recebia os dividendos de todo um longo trabalho executado nos bastidores e que permitira à obra impor-se: o apoio de Tanguy pai, do doutor Gachet, a amizade indefectível das almas nobres dos seus colegas que, apesar das suas extravagâncias e do seu caráter difícil, nunca haviam deixado de ter fé em Cézanne. Agora via-se, finalmente. Aquilo que poderia ser considerado as esquisitices de um louco compunha um conjunto de uma coerência impressionante. Podia-se gostar ou não, mas não se podia deixar de reconhecer que ali havia uma obra poderosa, maciça, um mundo.

Contudo, nem todos haviam ficado convencidos. Placidamente instalado na sua loja, Vollard teve que aguentar os protestos e as vaias dos burgueses que não tinham coisa melhor para fazer, assim como dos fracassados ou semiexitosos que se empurravam até a Rue Laffitte para dar vazão às suas zombarias ou ao seu fel. Vollard era o homem perfeito para aquela situação: ele não dava opinião nem sugestão, nem tinha competência para tanto, apenas vendia. Quanto ao resto, que fossem procurar os críticos.

E os críticos não tardaram a se manifestar. Um pouco rancoroso, Geffroy escreveu: "Ele é um grande verídico, ardente e ingênuo, pungente e matizado. Ele irá ao Louvre, e há mais de um quadro para os museus do futuro." Em *La Revue blanche*, de 1º de dezembro de 1895, Thadée Natanson manifestou sua admiração e colocou Cézanne em seu verdadeiro lugar:

> Além da pureza da sua arte, que não contém nenhuma sedução de má qualidade, uma outra qualidade, tão essencial nos

---

* O solstício do verão era festejado no dia de são João Batista, 24 de junho, com uma grande festa ao ar livre e fogos de artifício. (N.T.)

precursores, atesta seu domínio: ele ousa ser tão rude como um selvagem e, desprezando todo o resto, deixa-se levar até o final somente por aquela única preocupação que induz os iniciadores a criarem novos signos.

Ainda havia alguns resmungões. Como aquele Denoinville, que derramava suas indignações no *Journal des artistes* como nos melhores tempos do Salão dos Recusados e das Exposições dos Impressionistas: "Podemos ser um pouco indiferentes ao mundo, mas não a esse ponto! O mais espantoso é que ele encontra críticos de arte conhecidos, dos quais não mencionaremos os nomes por respeito humano, para exaltar essas insanidades." Etc. Não podemos deixar de admirar a riqueza conceitual do argumento.

E quanto ao clã Zola? Claro que Zola não se deslocara de Aix, nem se manifestara. Nem quando um de seus amigos, Thiébault-Sisson, publicou um artigo no jornal *Le Temps,* no qual praticamente reproduzia os termos usados por Zola em *L'Œuvre* em relação ao julgamento: Cézanne era "impotente para julgar-se, incapaz de extrair de uma concepção, mesmo se nova, todo o proveito que pessoas mais hábeis do que ele tiraram dela. Em uma palavra, é demasiadamente incompleto para realizar o que percebera em primeiro lugar e fornecer em partes definitivas toda a sua medida." Em suma: a mesma rotina de sempre.

Não obstante, vendiam-se os quadros. Aconselhados por amadores esclarecidos, os ricos colecionadores deslocavam-se até a loja de Vollard e arrebatavam as obras. Os preços, que ainda eram acessíveis, podiam alcançar 700 francos. Vinte anos mais tarde, eles valeriam trezentas vezes mais.

*

Os ruídos dessa exposição chegaram a Aix, a cidade das águas, a cidade da arte, como era conhecida na época. A Sociedade dos Amigos das Artes, que havia sido fundada há pouco, organizou sua primeira exposição naquele mês de dezembro de 1895. Problema: podemos ignorar Cézanne? Ele está louco, faz uma pintura horrorosa, pinta mulheres nuas que não se parecem com nada, mas era de Aix. Como era impossível furtar-se à solidariedade cocidadã, dois membros da sociedade foram enviados à casa do pintor para convidá-lo a participar da exposição. Cézanne ficou encantado. Ele aceitou de todo coração e até presenteou cada um dos emissários com um dos seus quadros. Um deles recusou o presente sob o pretexto de que sua mulher não gostava de pintura moderna.

Cézanne mandou dois quadros: um *Champ de blé* [*Trigal*] e uma *Sainte-Victoire*. E agora? Onde pendurariam aqueles quadros? Em Aix, suspeitava-se de que o único objetivo do sucesso parisiense de Cézanne era zombar dos nativos da terra. De nada adiantou pendurar os quadros no alto da porta da entrada para que não se sobressaíssem demais. Eles não passaram despercebidos. Se em Paris as pessoas realmente gostavam daquilo, era porque os parisienses eram uns doidos.

No banquete de encerramento dessa Exposição de Aix, Cézanne teve um dos seus ataques de cólera homéricos quando um dos oradores declamou elogios sobre Cabanel e de Bouguereau*, que, segundo ele, não passavam de uns imbecis. O sucesso parisiense não lhe propiciava nenhum reconforto: não acreditavam nele, eles não sabiam nada. Ou, então, uma vez mais, tentavam zombar dele...

---

* Dois pintores franceses. (N.T.)

O último círculo

No entanto, na boa cidade de Aix não havia apenas imbecis ou pessoas de má-fé. Um dia, na primavera de 1896, Cézanne estava sentado no Café Oriental, que ficava na avenida Cours, em companhia de Coste, Solari e do padeiro Henri Gasquet, um dos seus velhos amigos de infância. Os quatros homens conversavam e observavam a multidão que ia e vinha pela avenida, passeando lentamente naquela tarde de domingo depois do serviço religioso das vésperas. Um rapaz parou e inclinou-se respeitosamente na frente de Cézanne. Era Joachim, o filho de Henri Gasquet. Esse jovem poeta fogoso e brilhante era casado com uma bela moça que havia sido eleita a rainha do Félibrige, algo como a miss Provença da época. Ele expressou sua admiração pelo pintor, disse que vira todos os seus quadros na Exposição dos Amigos das Artes e que os achava magníficos. Cézanne, que não o reconhecera, começou a repeli-lo duramente, achando que era mais um jovem insolente que zombava dele. Porém, o pai interveio, e foi o início de uma amizade.

Joachim Gasquet contou a seguinte anedota em um livro encantador, um documento precioso que narra os últimos anos da vida do pintor[1]: "Aqueles dois quadros abriram-me o mundo das cores e das linhas. Durante uma semana, senti-me embriagado de um novo universo." Cézanne abriu-se ao seu novo amigo desde aquele primeiro encontro e prometeu que lhe daria aquela Sainte-Victoire que tanto chamara sua atenção de presente. "Ele estava em um estado de excitação incrível. Desnudou sua alma para mim, falou-me do seu desespero, do abandono em meio ao qual estava morrendo e do martírio que eram sua pintura e sua vida." Durante uma semana, o velho pintor e o jovem poeta encontraram-se diariamente. A juventude de Gasquet parecia devolver-lhe a fé e o vigor. "Ele nunca falava de si, mas, considerando a aurora da vida em que eu entrava, ele gostaria, assim disse, de contar-me sua experiência. Lamentou que eu não fosse pintor. Seu estado de excitação era realmente incrível." Cézanne encontrara outro filho. Passados alguns dias, ele mudou de atitude: trancou-se em casa, recusou-se a receber Gasquet e fingiu que viajara para Paris quando, na realidade, permanecera em Aix. Um dia, cruzou com o jovem poeta na cidade e fez de conta que não o reconhecia. Pouco depois, Gasquet recebeu uma carta estranha do pintor que, segundo ele, hesitou em transcrever durante muito tempo. Eis um extrato:

> Se não me engano, o senhor pareceu estar muito zangado comigo. Se pudesse conhecer-me por dentro, conhecer o homem que sou por dentro, o senhor não ficaria. O senhor não percebe a que triste estado fui reduzido. Não sou senhor de mim mesmo, o homem que não existe, e o senhor, que pretende ser um filósofo, quer acabar comigo de vez. Eu amaldiçoo os Geffroy e certos engraçadinhos que, para escrever um artigo de cinquenta francos, atraíram a atenção do público sobre mim. Trabalhei durante toda minha existência para ganhar minha vida e acreditava que era possível fazer uma pintura bem-feita sem atrair atenção para minha vida particular. Claro que um artista deseja elevar-se o máximo intelectualmente, mas o homem deve permanecer obscuro. O prazer deve residir no estudo. Seu eu tivesse sido capaz de criar, eu teria ficado no meu canto, junto com alguns colegas de ateliê com quem tomaria alguns tragos.[2]

Gasquet foi imediatamente até o Jas de Bouffan. Cézanne recebeu-o de braços abertos: "Eu não passo de um velho animal", disse. "Sente-se ali. Vou pintar seu retrato." Atualmente, esse retrato pode ser visto no Museu de Praga. Segundo Raymond Jean*, Gasquet arvora um "ar altivo e nobre, o rosto é claro e firme, os olhos bem abertos, e o cabelo é abundante. Uma bela construção de um 'homem de letras'."[3]

---

* Escritor francês contemporâneo, nascido em 1925, Raymond Jean é colaborador do jornal *Le Monde*, entre outros. (N.T.)

Gasquet deu um testemunho precioso sobre a elaboração do quadro *La Vieille au chapelet* [*A velha com o rosário*], que Cézanne pintou no Jas de Bouffan naqueles anos de 1895-1896. Esse retrato admirável pode ser considerado o par pictórico perfeito da obra de Gustave Flaubert, *Un cœur simple* [*Uma alma simples*]. Nesse quadro de uma velha freira, porteira de um convento do qual fugira aos setenta anos de idade, Cézanne realmente tentara encontrar um tom "à Flaubert": oprimida pelo peso dos anos, as mãos crispadas em volta do rosário, seu rosto está tenso, descarnado, pálido, ausente, bem próximo da morte. Como Cézanne? Gasquet: "Um raio, uma sombra de piedade consola com uma vaga luminosidade sua testa vazia e ferida. Apesar do rosto todo enrugado e mau, uma bondade envolvia-a. Sua alma ressequida e trêmula refugiava-se no gesto das suas mãos. Cézanne contou-me a história dela. Em um sobressalto de agonia, aos setenta anos, essa religiosa sem fé pegara uma escada e passara por cima do muro do seu convento. Decrépita, alucinada, dava voltas pelas ruas como um pobre animal. Ele a havia recolhido e, em lembrança a Diderot e movido por uma bondade natural, tinha vagamente a tomado por boa pessoa. Depois a fizera posar para ele e agora essa velha destituída de sua Ordem roubava-o desavergonhadamente e revendia-lhe suas próprias toalhas e lençóis, depois de dilacerá-los em trapos para enxugar os pincéis, enquanto murmurava litanias. Porém, como se fosse um ato de caridade, ele fingia não ver e não a mandava embora."[4]

*

No outono de 1896, Zola esteve em Aix de passagem, mas não foi visitar aquele "fracassado". Em maio, publicara um artigo sobre o Salão no qual evocava, não sem algumas reticências que não o honravam em nada, a figura do seu antigo amigo:

Passaram-se trinta anos, e eu me desinteressei um pouco da pintura. Fui criado quase no mesmo berço com Paul Cézanne,

> meu amigo, meu irmão, de quem somente agora nos dignamos reconhecer as partes geniais desse grande pintor abortado.

Não obstante, o gênio do "pintor abortado" atraía cada vez mais artistas da vanguarda, que estavam fascinados pela figura distante daquele que se tornara um mestre e cuja cotação subia. Durante o ano de 1896, provavelmente na primavera, Ambroise Vollard viajou para Aix para conhecer o pintor e tentar conseguir alguns quadros. Senhora Cézanne e Paul júnior haviam precedido o *marchand*. A visita era importante, e era preciso estar atento a qualquer problema.

Vollard narrou com muita vivacidade[5] essa estadia em Aix, a acolhida de Cézanne, sua extrema cortesia, bem como seus ataques de cólera repentinos quando o nome de Gustave Moreau era pronunciado na sua frente, um "professor", essa raça odiada: "Os professores são todos uns degenerados, uns castrados, uns burros! Eles não têm nada na cabeça!" Vollard não perdeu seu tempo durante essa viagem. O ateliê de Cézanne no Jas de Bouffan deixou-o sem palavras. A desordem era indescritível, e ele viu várias telas furadas que teria exposto em sua loja de bom grado. Até no galho de uma cerejeira, havia uma natureza-morta pendurada. Que desperdício! Vollard resolveu investigar. Não haviam dito que ele encontraria os quadros de Cézanne em todas as esquinas das ruas de Aix? Os moradores da cidade desconfiaram dele. Vir de Paris até Aix para comprar quadros de Cézanne? Não fazia sentido. Os pintores locais, que gostavam de uma bela obra e de um trabalho bem feito, propuseram seus quadros a Vollard. Um deles até pintara por cima de uma das telas do mestre, de quem gostava, para que não zombassem dele. Vollard acabou encontrando um intermediário que lhe indicou um casal que queria desfazer-se de alguns quadros de Cézanne. Eles observaram o *marchand* com desconfiança; porém, quando Vollard tirou uma nota de 1.000 francos para pagar por um lote inteiro, eles sorriram e seus rostos se iluminaram. Aquele parisiense não batia muito bem da cuca, azar o dele. Vollard ganhou de presente uma paisagem que havia esquecido e que o casal jogou pela janela.[6] Tempos inocentes...

*

Cézanne passou o verão de 1896 com Hortense e o filho, à margem do lago de Annecy, em Talloires. Ele partira um pouco contra a sua vontade e entediava-se ali tanto quanto na Suíça. Para escapar do tédio, assim escreveu para Solari, dedicava-se à pintura. Mais precisamente a uma pintura: àquela vista única do lago de Annecy, que seria um sucesso absoluto – imagem do romantismo naquela paisagem tranquila, técnica fluida na declinação dos azuis e verdes justapostos com uma virtuosidade reforçada por pinceladas espessas que restituem a massa das montanhas. Um ápice da sua obra.

No final do verão, depois de uma breve estadia em Aix, ele voltou para Paris, onde começou a procurar um ateliê. Acabou encontrando um que ficava "a um passo da Basílica do Sacré-Cœur com seus campanários e pináculos que se enlaçam no céu", como escreveu poeticamente para o poeta Gasquet. Iniciado em 1875, esse lamentável bolo de noiva arquitetônico ainda estava em construção. Enquanto isso, Cézanne relia Flaubert. Afinal, o mestre de Aix e o mestre de Croisset pertenciam à mesma espécie.

A nova geração assumira o antigo posto dos velhos amigos ao seu lado. Depois de Joachim Gasquet, o filho de Henri, foi a vez de Émile Solari, o filho de Philippe Solari, que, preocupado, foi visitá-lo em Paris. Esses jovens devotados dedicavam-se para tornar sua obra mais conhecida. Joachim Gasquet usou sua influência para que dois quadros do pintor fossem "admitidos" pelo professor de filosofia da Faculdade de Aix, senhor Dumesnil. Sim, um professor. Eles estavam por todo lado. Mas se era preciso passar por eles... "Talvez eu tenha chegado cedo demais", comentou Cézanne com Gasquet. "Eu fui mais o pintor da sua geração do que da minha".

A cotação dos seus quadros subira um pouco, com fortes variações. Em novembro, seu amigo Renoir comprou de Vollard, por 2.000 francos cada uma, duas das suas obras da juventude: *Roches rouges, collines lilas* [*Rochas vermelhas, colinas roxas*] e *Idylle* [*Idílio*]. Em janeiro do ano seguinte, o mesmo Vollard vendeu quatro quadros por quatrocentos a setecentos francos.

Em fevereiro de 1897, o anexo do Museu do Luxemburgo foi inaugurado, e o legado de Caillebotte exposto. Segundo um hábito que já se tornara um ritual, as obras dos impressionistas desencadearam a ira dos visitantes e de alguns pintores. Um deles, um corajoso anônimo, mencionou "aquele monte de lixo cuja exposição em um museu nacional desonra publicamente a arte francesa". Apesar de uma intervenção no Senado em nome dos valores sagrados da Pátria e da Arte, tudo indicava que esse combate na retaguarda começava a perder fôlego.

*

Cézanne estava cansado. No inverno de 1897, uma forte gripe deixara-o acamado durante quase um mês. Com a ajuda do filho, mudara de Montmartre para a Rue Saint-Lazare. A vida de Paris tornava-se uma prova cada vez mais difícil. Ele não aguentava mais o barulho nem a multidão. Em maio, partiu para Mennecy, em Essonne, e no final do mês foi refugiar-se em seu retiro solitário de Aix.

Foi um verão estranho, carregado de ruminações funestas embora estivesse rodeado pelo afeto de Joachim Gasquet e Marie, sua esposa, jovem rainha de beleza. O casal convidava-o com frequência para reunir-se com eles e o círculo de jovens escritores que frequentavam: Jean Royère, Edmond Jaloux ou José d'Arbaud. Esses jovens ardorosos estavam unidos por seu amor pela terra provençal, embora não sem alguns zelos nacionalistas de qualidade bem duvidosa, dos quais talvez não medissem todo o alcance. A época era de afirmação identitária, de celebração dos valores imemoriais à antiga, de declamações agrestes do *félibrige*. Quando era convidado, Cézanne comparecia de bom grado a essas reuniões, gritava "Viva a Provença!", manifestando amor por uma terra e uma paisagem que forjaram seu talento, que ninguém ousaria contestar. Porém, não estava muito interessado nos objetivos políticos que agitavam aqueles vanguardistas. Ele sentia uma necessidade profunda de paz espiritual, tornava-se cada vez mais tradicionalista e bom católico.

Ele não aceitava sempre os calorosos convites dos Gasquet, não comparecia sempre a essas noitadas nas quais se tocava música. Marie tocava Weber no piano, o músico preferido de Cézanne, que às vezes adormecia, exausto. A diabetes o corroía. "Sinto grandes cansaços e uma lassidão tão poderosa que não posso aceitar seu gentil convite. Sei que não tenho mais forças e peço que me desculpe..."[7]

Naquele verão de 1897, Cézanne alugou uma cabana em Tholonet, no sopé da montanha de Sainte-Victoire. Ele trabalhava sozinho, longe de Aix, onde não era respeitado, onde o insultavam, e precisava caminhar pelas ruas quase roçando as paredes. Alguns falavam em fuzilá-lo. Talvez ainda pagasse pelo sucesso insolente do pai, que continuava atravessado na garganta de muitos. Crianças jogavam pedras nele e sugeriam-lhe pintar jaulas, provavelmente para que depois se trancafiasse dentro delas. "Cézanne está muito deprimido", escreveu Numa Coste para Zola, "e, muitas vezes, é tomado por pensamentos sombrios. (...) Ele passa a maior parte do tempo em uma cabana que alugou nas pedreiras da barragem."

As pedreiras de Bibémus inspiraram-lhe alguns dos seus mais belos quadros. Vegetação rasteira, pinhos, rochas. Contudo, ele ainda sonhava com banhistas. Às vezes, Gasquet ia visitá-lo com algum dos seus amigos. Um dia, encontraram-no diante de uma tela dilacerada: "Eu ia conseguir me expressar dessa vez... Estava ali, estava ali... Mas não era para acontecer." Ele começou a chorar, acabou de rasgar a tela e gritou: "Deem o fora daqui!"[8]

Sua mãe morreu no dia 25 de outubro, aos 83 anos de idade. Ele amara aquela mulher doce e gentil, que sempre o apoiara e o encorajara. Com ela, desaparecia toda uma parte da sua vida, talvez até a sua própria vida. Quis desenhá-la em seu leito de morte, mas não se sentiu digno. Ele não passava de um fracassado.

A chegada da noite

"Pregaram-lhe uma peça", disse Cézanne.

Quem era esse ingênuo? Zola. Émile, que não fazia rodeios, acabara de publicar naquele 13 de janeiro de 1898, no jornal *L'Aurore,* seu famoso *J'accuse* [*Eu acuso*], em defesa do capitão Dreyfus. O caso abalou a França e dividiu as famílias. "Eles conversaram a respeito", diz a legenda de uma caricatura de Caran d'Ache*, que mostrava uma briga em família. Zola, que recebera o dossiê que comprovava a evidente inocência do capitão Dreyfus e o complô do qual fora vítima, bem como sua consequente desonra do Exército, vestira a camisa de Voltaire no caso Calas** para defender o condenado. Esse ato de coragem lhe custará caro: uma condenação no mês de fevereiro e um provável assassinato quatro anos mais tarde.

"Pregaram-lhe uma peça." Cézanne não acreditava na inocência do capitão Dreyfus. Por princípio, mas principalmente por indiferença. A "política" não lhe interessava. Ele pintava.

Achille Emperaire morreu no dia 8 de janeiro. Ele não esperava mais nada dessa vida que dedicara à beleza sem jamais receber nada em troca. Essa nova perda abalou Cézanne. De vez em quando, sentava-se no Café Agard, onde alguns quadros do seu amigo infeliz estavam pendurados.

Cézanne estava quase com sessenta anos. Ele sabia que não tinha a saúde de ferro do pai, e nem mais muito tempo de vida. No início de 1898, voltou para Paris, e foi morar em um

---

* Emmanuel Poiré (1859-1909), caricaturista francês, mais conhecido pelo pseudônimo de Caran d'Ache. (N.T.)

** O caso Calas foi um processo judicial movido pela intolerância religiosa. Jean Calas (1698-1762) era um comerciante francês protestante, acusado injustamente de ter matado seu filho para impedir que se convertesse ao Catolicismo. Ele foi torturado, julgado e condenado à morte pelo suplício da roda, garroteado e queimado na fogueira em Toulouse. Voltaire contribuiu para que sua inocência fosse reconhecida. Jean Calas foi reabilitado em 1765. (N.T.)

ateliê na Villa des Arts, na Rue Hégésippe-Moreau, 15. Foi lá que começou a pintar o retrato de Ambroise Vollard, com quem mantinha um relacionamento muito cordial. Vollard, que era um homem prevenido, mantinha-se em silêncio e evitava qualquer argumento que pudesse ferir a suscetibilidade tenebrosa do pintor. Ele nunca mencionava seus colegas nem falava de literatura. O quadro era uma construção geométrica com linhas perpendiculares e horizontais, de um marrom sombrio iluminado apenas pelo branco da camisa, debaixo de um rosto pensativo. Cézanne comentou que estava contente com aquele branco da camisa.

Essa estadia em Paris permitiu-lhe constatar como sua notoriedade crescia a cada dia. Em maio e junho, Vollard expôs sessenta dos seus quadros em sua loja da Rue Laffitte. O escritor e pintor Paul Signac publicou algumas linhas elogiosas sobre seu trabalho no livro *De Delacroix au néo-impressionnisme*: "Na frente do tronco de uma árvore, Cézanne descobre elementos de beleza que escapam a muitos outros. Todas essas linhas que se entrelaçam, se acariciam, se envolvem, todos esses elementos coloridos que se recuperam, degradam, ou se opõem, ele se apodera deles e os dispõe." Durante um leilão organizado em janeiro de 1899 em prol dos filhos de Sisley, que acabara de morrer na miséria, um dos seus quadros foi vendido por 2.300 francos, enquanto outro atingiu o preço recorde de um leilão: 6.750 francos. O público resmungou. Um homem maciço, forte, levantou-se e enfrentou as pessoas presentes: "Eu sou o comprador", disse. "Eu sou Claude Monet."

A coleção da viúva de Victor Chocquet foi vendida no início de julho de 1899. Os inúmeros quadros de Cézanne obtiveram lances excelentes no leilão. *Mardi-Gras* foi vendido ao colecionador e *marchand* Durand-Ruel (que também comprou outros dezessete quadros do pintor) por 4.000 francos. Os esforços incansáveis de Vollard e sua habilidade em defender "seu" pintor acabaram dando frutos: os preços subiam. Eles logo subirão às alturas.

Mesmo assim, a melancolia de Cézanne não se dissipava. "Tarde demais" pensava, "tudo aconteceu tarde demais."

Esses sucessos não passavam de migalhas para ele. Não fora reconhecido oficialmente, não fora recebido em nenhum Salão, não recebera nenhuma recompensa institucional, nenhuma medalha da *Légion d'honneur*. Quando se chega a uma certa idade, essas futilidades tranquilizam. O próprio diretor da Escola de Desenho de Aix, onde Cézanne fizera seus inícios laboriosos, jurara aos seus deuses poderosos que nenhuma obra daquele nativo da cidade entraria no seu museu. Graças a essa decisão rígida em um momento em que teria sido tão fácil formar uma coleção prodigiosa, além de alguns quadros modestos emprestados pelos museus parisienses, não há nenhum quadro de Cézanne no Museu Granet...

Ao mesmo tempo em que as intermináveis sessões de pose multiplicavam-se (mais de cem) para o retrato de Ambroise Vollard, que tinha uma paciência de anjo, Cézanne retomou seus velhos amores e começou a trabalhar nas *Banhistas*. Segundo comentou com Vollard, planejava contratar uma modelo e, para prevenir-se de qualquer imputação obscena, escolheria, assim disse, "uma velha *carne*". Ele logo abandonou o projeto e a modelo: ainda não estava preparado. Seria cedo demais para essa apoteose? *As grandes banhistas*, que serão pintadas em Aix bem no final de sua vida, serão seu canto do cisne.

Esses sucessos não apaziguavam sua angústia nem sua irascibilidade. No verão de 1898, enquanto passava uma temporada em Montgeroult, em Val-d'Oise, Cézanne conheceu Louis Le Bail, um jovem pintor com quem fez amizade. Pintavam juntos, como ele costumava fazer antigamente com Pissarro e Renoir. Contudo, as afeições de Cézanne mantinham uma geometria variável. No dia em que Le Bail acordou-o da sua sesta de forma brusca demais, Cézanne mandou-lhe uma carta incisiva. Ele nunca ficará curado dos seus saltos de humor.

*

O pior acontecera em Aix: o Jas de Bouffan havia sido vendido. Essa má ação havia sido concretizada no dia 18 de setembro de 1899 na presença de um tabelião. Maxime Conil manobrara para que a partilha da herança da senhora Cézanne mãe não fosse levada a cabo. A propriedade foi liquidada de porteira fechada, e os objetos de recordação do pai queimados, tal como a poltrona na qual ele costumava fazer a sesta. O passado estava morto.

Para onde ir? Cézanne foi morar no segundo andar da casa que comprara na Rue Boulegon, 23, e transformou o sótão em ateliê. Ele quis comprar o Château-Noir, aquela casa que ficava na estrada do Tholonet, onde costumava alugar um quarto, mas sua proposta foi recusada. Durante as obras do apartamento na Rue Boulegon, ele muitas vezes encontrou refúgio na casa dos Gasquet.

Ele morava sozinho na Rue Boulegon, mas contratou uma governanta, a senhora Brémond, uma mulher com cerca de quarenta anos, discreta e eficiente, recomendada por sua irmã Marie, o que era uma prova de boa moral. Ela trabalhará para ele até seus últimos instantes de vida.

Todos os dias, quando o tempo permitia, ele ia de caleche até o Château-Noir. Todas as suas forças criadoras concentravam-se nesse perímetro sagrado: a casa ocre, os bosques de um verde profundo, a montanha. Junto com a felicidade íntima de dominar sua maestria prodigiosa, aquele homem cansado, envelhecido, redescobria algo como um jorro de juventude nesses lugares que conhecia desde sempre. A última série de Sainte-Victoire estava em andamento.

Com exceção de *As grandes banhistas*, e mais do que todas as outras obras que Cézanne pintou ao longo de sua vida, essas representações da montanha se tornarão o emblema da modernidade pictórica, o símbolo de uma liberdade conquistada tanto sobre a forma como sobre a natureza.

A maioria desses quadros serão pintados no ateliê de Lauves, seu novo e último refúgio. O velho pintor sentia-se espremido na Rue Boulegon. Em novembro de 1901, ele comprou uma pequena propriedade situada na parte mais alta de Aix por 2.000 francos. Decidiu demolir a casa dilapidada e construir um ateliê no seu lugar. Um arquiteto executou seu projeto naquele terreno plantado de amendoeiras e olivais: um pavilhão de dois andares, com uma pequena sala e um quarto no térreo, e com um ateliê iluminado por uma grande claraboia no teto e duas janelas no segundo andar. A vista era maravilhosa: a cidade de Aix apertada em volta das suas torres de sinos, as colinas ao sul, o Pilon du Roi e, dependendo da qualidade da luz ou da cor do céu, bem em frente, mais ou menos próxima, a massa da montanha de Sainte-Victoire. O ateliê ficou pronto em setembro de 1902, e será ali que Cézanne pintará a última série das montanhas de Sainte-Victoire durante os últimos quatro anos de sua vida.

> Olhem para essa Sainte-Victoire, teria dito o pintor para Joachim Gasquet. Que dinamismo, que sede imperiosa de sol e quanta melancolia no final da tarde, quando todo esse peso volta a cair! (...) Esses blocos eram feitos de fogo. Ainda há fogo neles. (...) Para poder pintar bem uma paisagem, preciso descobrir primeiro os estratos geológicos. Imagine, a história do mundo data do instante em que dois átomos se chocaram, e dois turbilhões, duas danças químicas, se combinaram. Esses grandes arco-íris, esses prismas cósmicos, esse alvorecer de nós mesmos acima do nada, eu os vejo erguerem-se e me saturo deles lendo Lucrécio.* (...) Tenho que aguardar a chegada da noite para conseguir soltar meus olhos da terra, desse pedaço de terra ao qual me fundi. Uma bela manhã, no dia seguinte, lentamente as bases geológicas desvendam-se para mim, as camadas, os grandes planos da minha tela formam-se, e eu desenho mentalmente o esqueleto pétreo.[1]

Ninguém garante a autenticidade absoluta dessas reflexões. O estilo de Gasquet tendia muitas vezes para a grandiloquência e o lirismo florido. Porém, é evidente que Cézanne ficava em

---

* Titus Lucretius Carus (ou Tito Lucrécio Caro, em português), poeta e filósofo latino que viveu no século I a.C. Autor da obra *De rerum natura* (*Da natureza das coisas*), em seis volumes, nos quais explica a filosofia de Epicuro e a física atomista de Demócrito. (N.T.)

estado de exaltação diante daquela forma. "Trabalho teimosamente, entrevejo a terra prometida", escreveu para Vollard em 9 de janeiro de 1903. "Poderei entrar nela, ou terei o mesmo fim do grande chefe dos hebreus? (...) Fiz algum progresso. Por que tão tarde e tão penosamente? Seria a arte, na realidade, um sacerdócio que exige que os puros lhe pertençam por inteiro?"[2]

Como explicar a força extraordinária dessa última série, assim como o fascínio que exerce sobre o mundo da arte e sobre um grande público há um século? Ela exerce a postulação dupla de qualquer artista digno desse nome: o domínio técnico na busca de novas formas e a procura espiritual. Cézanne encontrara o modelo absoluto na montanha de Sainte-Victoire: uma forma que se autonomiza até anunciar o cubismo e a abstração, uma aspiração apaixonada voltada para o céu que celebra a grandeza da criação e do Criador. Uma vida inteira para entrever aquela terra prometida...

Ele não podia ignorar completamente as homenagens que se multiplicavam. Não importava o que as pessoas dissessem, a terra prometida era também o reconhecimento de todo um trabalho realizado. Agora os quadros eram vendidos. Na primavera de 1902, três de suas obras foram expostas no Salão dos Artistas Independentes. Os *marchands* deslocavam-se para visitá-lo em Aix e tentavam arrancá-lo do relacionamento de exclusividade que mantinha com Ambroise Vollard. Dois deles, Josse e Gaston Bernheim-Jeune, faziam-lhe uma corte assídua, à qual Cézanne, em quem a ingratidão não era o forte, resistia. Segundo ele, até lamentava que seu filho tivesse acreditado que poderia entregar seus quadros a outro *marchand*. Essa loucura passageira acabou irritando algumas pessoas, por exemplo, Gauguin: "Vollard entusiasmou-se por Cézanne", escreveu para um dos seus amigos, "e não sem razão. Mas é sempre a mesma coisa, agora que os quadros valem muito dinheiro, agora que é de bom gosto entender Cézanne, agora que Cézanne está milionário!"

Um jovem artista, Maurice Denis, pintara um quadro em homenagem ao pintor de Aix, no qual agrupara em volta do velho mestre toda a nova pintura que se reconhecia nele: Odilon Redon, Bonnard, Vuillard, Sérusier, Roussel e Ambroise Vollard. O quadro foi exposto no Salão da Sociedade Nacional das Belas-Artes e comprado por André Gide, um jovem escritor promissor, moderno, esperto, que acabara de escrever *Paludes,* uma pequena obra-prima engraçada contra as ilusões mortíferas da arte pela arte.

Em Aix, Cézanne começara a dialogar com novos rostos. Gasquet apresentou-o a um dos seus amigos, um jovem poeta de Cevennes chamado Léo Larguier, que prestava serviço militar no quartel da cidade. Um aspirante a pintor marselhês, Charles Camoin, que também era soldado em Aix, foi vê-lo para pedir sua opinião. Um dia, em uma carta, Cézanne aconselhou-o a lutar abertamente com a natureza: "Realmente, fala-se mais da pintura e talvez até melhor quando se está no centro do motivo do que diante de teorias puramente especulativas nas quais nos perdemos muitas vezes". Estudar "no meio da natureza", esse era o segredo da arte. E trabalhar. Cézanne recebia esses jovens admiradores sem cerimônias, convidava-os para almoçar em seu apartamento da Rue Boulegon, presenteava-os com reflexões sobre a pintura e seus colegas pintores. Ele era imprevisível. Um dia, Monet era um "crápula" e, no dia seguinte, "o mais belo olho de pintor que já existiu".

Eis Cézanne entronizado no papel de grande consciência por esses jovens admiradores que o rodeavam de afeto. Certa vez, durante as manobras militares na estrada do Tholonet, Larghier mandou seu pelotão apresentar armas ao artista, que ficou tão comovido que quase chorou. O que queriam esses jovens? Alguns conselhos, certezas, penetrar um pouco no segredo que Cézanne levara toda a vida para entrever... Em 1904, foi a vez de outro pintor, Émile Bernard, recém-chegado à Provença com sua mulher e seus filhos depois de um longo périplo pelo Egito, entrar no seu círculo. Como são preciosas as cartas que escreveu para esse artista, que era um pouco demais possuído pelo demônio da teoria e que argumentava um pouco para o seu gosto. Contudo, no final de uma vida de buscas "no motivo", Cézanne encontrara em Bernard o interlocutor que precisava para esboçar uma espécie de balanço. Uma "montagem" de alguns dos seus argumentos, feitos de simplicidade e afabilidade, nos dá este testamento estético:

> Avanço muito lentamente, a natureza que se oferece a mim é muito complexa, e os progressos a serem feitos incessantes. É preciso observar seu modelo, sentir com precisão e expressar-se com clareza e força. O gosto é o melhor juiz. Ele é raro. A arte dirige-se apenas a um número excessivamente restrito de indivíduos.
> O artista deve desdenhar a opinião que não se fundamenta na observação inteligente do caráter. Ele deve desconfiar do espírito literário, que obriga o pintor a se afastar muitas vezes do seu verdadeiro caminho – o estudo concreto da natureza – para perder-se durante um tempo demasiado longo em especulações intangíveis.
> O Louvre é um bom livro de consultas; porém, deve limitar-se a ser apenas um intermediário. O estudo real, atroz, que deve ser feito é o da diversidade do quadro da natureza.
> As conversas sobre a arte são quase sempre inúteis. O trabalho que faz realizar um progresso na própria profissão é consolo suficiente para o fato de não ser compreendido pelos imbecis.
> Quanto aos progressos a serem realizados, há apenas a natureza. O olho educa-se em seu contato com ela. De tanto observar e trabalhar, torna-se concêntrico. Quero dizer, há um ponto culminante em uma laranja, uma maçã, uma bola, uma cabeça, e esse ponto é sempre – apesar do efeito terrível de luz e sombra, de sensações colorantes – aquele que está mais próximo do nosso olho. As bordas dos objetos escapam para um centro situado no nosso horizonte. Com um pouco de temperamento, pode-se ser muito pintor. (...) Não seja um crítico de arte, pinte. É onde está a salvação.[3]

*

Émile Zola morreu em casa no dia 29 de setembro de 1902 asfixiado pela fumaça do fogareiro. Estaria a tubulação da calefação entupida? Há fortes suspeitas de que essa morte tenha sido um assassinato disfarçado de acidente. Os ódios contra Zola, o líder dos *dreyfusards*, continuavam acesos. Zola pagara caro por seu *J'accuse*. Ele foi condenado pelo tribunal a um ano de prisão e precisou fugir para a Inglaterra, onde permaneceu no exílio durante vários meses para escapar da prisão até a inocência do capitão Dreyfus ser comprovada.

É claro que o caso Zola nunca será elucidado. Um final de vida terrível para um homem de quem Cézanne nunca deixara de gostar apesar das brigas e das incompreensões que os separaram. Ao ser informado de sua morte, Cézanne começou a soluçar. Depois, trancou-se em seu ateliê e chorou o dia todo: a juventude, a amizade perdida, a vida que se esvaía...

*

Seus jovens amigos Camoin e Larguier foram embora de Aix, e Cézanne mergulhou novamente na solidão. Ele não via mais os Gasquet. Esse casal brilhante, que se dizia "moderno", acabara irritando-o. Era barulho demais, palavras demais. Além disso, por mais que Gasquet se passasse por um poeta inspirado e uma grande alma, ele manifestava um interesse um pouco insistente demais pelas obras de Cézanne e teria gostado de ser visto, em troca de alguns quadros generosamente recebidos de presente, no papel do poeta oficial que declamava louvores ao grande homem. Agarrado pelo colarinho... De qualquer forma, Cézanne, que tantas vezes havia sido tão pródigo com seu trabalho e que tantas vezes dera quadros de presente para pessoas que não lhes davam a menor importância quando não valiam nem um centavo, colocara um certa distância entre ele e aquele personagem agitado.

*

Enquanto isso, em Paris, a morte de Zola propiciara algumas oportunidades para dar vazão à besteira e à ignomínia. Em março de 1903, o leilão da herança do escritor teve lugar no Hotel Drouot. Hortense, que não gostava dos quadros de Cézanne e queria livrar-se deles, colocou nove telas à venda.

Obcecado em acertar suas contas póstumas com Zola, Henri Rochefort* escolheu esse momento para publicar no jornal *L'Intransigeant* um artigo delirante no qual colocava Cézanne no mesmo barco e tratava da mesma maneira as opiniões políticas e artísticas dos dois velhos amigos. Eis um exemplo representativo do "estilo" odioso da extrema direita *antidreyfusard*:

> Não teríamos nenhum comentário a fazer se senhor Cézanne estivesse no jardim de infância quando cometeu esses borrões. Porém o que dizer de um diretor de escola que tinha a pretensão de ser o castelão de Médan e que insistia em propagar insanidades pictóricas como essas? E ele escrevia dos "Salões", de onde se outorgava o direito de reger a arte francesa!
> (...)
> Afirmamos muitas vezes que os *dreyfusards* existiram muito antes do Caso Dreyfus. Todas essas mentes doentias, essas almas pelo lado do avesso, esses caolhos e estropiados estavam maduros para a chegada do Messias da Traição. Quando vemos a natureza tal como a interpretaram Zola e seus pintores ordinários, nada mais natural para eles que o patriotismo e a honra manifestem-se sob a forma de um oficial que entrega os planos de defesa do seu país para o inimigo. O amor pela feiura física e moral é uma paixão como qualquer outra.

Os moradores de Aix sentiram-se vingados com esse artigo. O *L'Intransigeant* era enfiado durante a madrugada debaixo das portas daqueles que manifestavam qualquer simpatia por Cézanne. Seria cômico se não fosse tão ignóbil. Agora o faziam pagar pela sua velha amizade com Zola, que nunca entendera nada da sua pintura, e colocavam-nos no mesmo saco. Ele até era transformado em um *dreyfusard*, ele que... Mas, enfim, tudo isso era uma velha história. Paul escreveu

---
* Henri de Rochefort-Luçay (1831-1913), jornalista e político francês, mais conhecido como Henri Rochefort. (N.T.)

com a melhor das intenções para seu pai, informando-o de que guardara o artigo de Rochefort para ele. "Não precisa mandá-lo para mim", respondeu Cézanne com um laconismo irônico. "Eu recebo um exemplar de *L'Intransigeant* todos os dias debaixo da minha porta, sem contar aqueles que me mandam pelo correio."[4]

*

Cézanne trabalhava em seu ateliê em Lauves. Sua vida era calma e simples. Seus amigos Valabrègue, Marion e Paul Alexis haviam morrido. Ele trabalhava nas primeiras horas do dia, quando se sentia melhor. Depois vinha o cansaço. A diabetes provocava alterações na visão e no sistema nervoso. É possível explicar as formas estranhas dos seus últimos quadros de Sainte-Victoire por seus problemas oculares, como para Turner as explosões de amarelo no final da vida?* O próprio Cézanne sugere isso, como se a doença passasse a justificar as antigas imputações que o acusavam de não enxergar perfeitamente:

> Agora, velho, com quase setenta anos, as sensações da cor provocadas pela luz são para mim um motivo de abstrações que não me permitem cobrir minha tela, nem acompanhar os limites dos objetos quando os pontos de contato são tênues e delicados, resultando que minha imagem, ou quadro fiquem incompletos.

Durante toda a sua vida, Cézanne teve a impressão e a sensação angustiante de não conseguir terminar seus quadros. Perseguido pelo espectro do inacabado, sempre os abandonara a contragosto. Se a natureza tem horror do vazio, ele também tinha. Travou sua última batalha no ateliê de Lauves: *As grandes banhistas.* Também pintou crânios, com órbitas tão vazias como o nada. Com a aproximação da morte, retomou o antigo tema das Vaidades, reativado pela leitura de Baudelaire, de

---
* J. M. W. Turner (1775-1851), pintor britânico. (N.T.)

quem recitava os versos mais sombrios. Cézanne começou a pintar o jardineiro Vallier, que trabalhava para ele, um homem bom, que lhe era devotado e que o esfregava e massageava quando ele não se sentia bem. Segundo as palavras de Philippe Sollers*: "Estou na frente desse *Vallier*. Ele é tão inesgotável como a pequena nuvem verde em cima do topo da Sainte-Victoire azul, flutuante e solta pela evasão animada do vale liberado onde subsistem os brancos da tela, tão inesgotável como *As grandes banhistas*. O quadro consegue reunir nele mesmo todos os outros quadros de Cézanne, suas aventuras no grande lado externo do interior e suas naturezas vivas, o hino da sua vida."[5]

As grandes banhistas. O tema voltava, triunfante, obsessivo. Recordações das margens do rio Arc e dos sonhos juvenis de imagens de mulheres nuas. O círculo fechava-se. Émile Bernard** passou um tempo trabalhando em seu ateliê e observou o velho homem: ele descia para o jardim, sentava, meditava, caminhava em volta do pavilhão, subia novamente e recomeçava a trabalhar. Suas composições complexas provocavam problemas de equilíbrio incessantes. Cézanne começava, apagava. Orgia de carnes tratadas platonicamente. Nesse quadro *As grandes banhistas*, que se encontra no Museu da Filadélfia, há quatorze mulheres. Era sua *Nona sinfonia*. *** "Todos os dias faço algum progresso, o essencial está ali". Ele comunicou suas últimas reflexões para Bernard: "À medida que pintamos, desenhamos. Quanto mais a cor se harmoniza, mais o desenho se define. Os contrastes e as relações entre os tons, esse é o segredo do desenhado e do modelado."[6] Ele parece dizer: "Sim, meu bom Bernard, lembre-se dessa lição: precisamos fugir da doutrina, mas mesmo assim precisamos das teorias".

Ele ainda tinha algumas reações estranhas. Um dia, Bernard viu-o tropeçar e correu para ajudá-lo. Cézanne soltou-se

---

* Escritor francês contemporâneo. (N.T.)

** Pintor francês (1868-1941). (N.T.)

*** Alusão à última sinfonia de Ludwig van Beethoven. (N.T.)

das suas mãos violentamente, insultou-o e expulsou-o. Contato físico: "agarrado pelo colarinho". Naquela mesma noite, porém, Cézanne bateu à porta de Bernard, amável, carinhoso e rindo para as crianças, como se nada tivesse acontecido. Bernard ainda estava impressionado com o ocorrido quando contou essa cena anos mais tarde.

Durante a Segunda Exposição do Salão, no outono de 1904, uma sala inteira foi dedicada a Cézanne, e cerca de trinta obras foram expostas. As homenagens multiplicavam-se: Émile Bernard, Vauxcelles e Roger Marx escreveram artigos importantes. Seus quadros atingiam valores consideráveis. Monet constatou "o entusiasmo generalizado pelos Cézanne" e aconselhou Julie Manet para que os vendesse com ponderação. Em janeiro de 1905, dez quadros foram apresentados durante uma exposição organizada por Durand-Ruel em Londres. Vollard concluíra várias transações por valores cada vez mais altos. Eis aí um que havia tido um bom faro...

Apesar desses sucessos, Cézanne estava insatisfeito. A bela carta que mandou para o crítico Roger Marx, em agradecimento a uma série de artigos publicados no *La Gazette des Beaux-Arts*, deixa transparecer um amargor pungente:

> Minha idade e minha saúde nunca me permitirão concretizar o sonho da arte que persegui durante toda minha vida. No entanto, serei sempre grato ao público de amadores inteligentes que tiveram – por intermédio das minhas hesitações – a intuição daquilo que eu queria tentar para renovar minha arte. Não acredito que possamos substituir o passado, mas que apenas lhe acrescentamos um novo elo. Com um temperamento de pintor e um ideal de arte, isto é, uma concepção da natureza, teria sido necessário meios de expressão suficientes para tornar-se inteligível para o público médio e ocupar um lugar conveniente na história da arte.[7]

Todavia que outra coisa podia fazer o "público médio", exceto ter uma escolha mediana entre artistas médios?

Cézanne voltou para Paris no verão de 1905. As visitas que recebia e os testemunhos de admiração com os quais o bombardeavam cansavam-no. Tarde demais. Velho demais. Mudou-se para Fontainebleau, depois voltou a Aix para a inauguração do novo Salão de Outono, no qual seriam expostos dez dos seus quadros. Ele nunca mais viajará.

Em 27 de maio de 1906, um busto de Zola esculpido por Philippe Solari foi inaugurado em Aix, na Biblioteca Méjanes. Cézanne estava presente, pálido, transtornado, perdido. Ele não parou de soluçar durante toda a cerimônia.

O verão chegou, o último, tórrido, sufocante. Cézanne levantava-se ao amanhecer para trabalhar, mas a partir das oito horas da manhã, disse ele, "o calor torna-se insuportável e causa-me uma tamanha depressão cerebral que nem consigo mais pensar em pintura". Hortense e Paul estavam em Paris. Em pleno verão, Cézanne contraiu uma bronquite. Ele estava exausto. Apesar das recomendações do bom doutor Gachet, negou-se a seguir um tratamento homeopático e preferiu tratar-se com um médico mais "clássico".

"Um bando de desgraçados, cretinos e imbecis"[8], assim tratou os "intelectuais" da sua terra, seus compatriotas de Aix-en-Provence, em uma de suas últimas cartas para o filho. É verdade que Cézanne excomungava as pessoas com facilidade. O que elas lhe haviam feito era mais do que podia suportar.

Cézanne continuava frequentando os serviços religiosos com assiduidade, mas, segundo ele, "as sensações dolorosas irritam-me a tal ponto que não consigo superá-las e obrigam-me a viver afastado de tudo, o que é melhor para mim. Em St. Sauveur, um certo abade sucedeu ao antigo mestre de capela Poncet. Ele é organista, mas desafina, de forma que não posso acompanhar a missa porque seu jeito de tocar me faz muito mal." Ele tinha alguns lampejos de lucidez em relação à religião. Carta para seu filho, datada 12 de agosto de 1906: "Eu acredito que, para ser católico, deve-se manter um olho aberto sobre as vantagens e não ter nenhum sentimento de justiça".

Apesar do calor e do esgotamento, em agosto e setembro Cézanne trabalhou todos os dias na Pont des Trois-Sautets, às margens do rio Arc. Ele observava os reflexos da água, os animais que vinham bebê-la. Ainda tentava desvendar o segredo da natureza.

*

"Quero morrer pintando", costumava dizer para Joachim Gasquet. No dia 15 de outubro de 1906, uma tempestade desabou enquanto pintava sobre o motivo na estrada do Tholonet. Ele ficou várias horas debaixo da chuva, paralisado, tremendo de frio. Finalmente, guardou seu material e tentou voltar para casa. De súbito, sentiu-se mal e desmaiou no meio da estrada. O motorista do carro de uma lavanderia encontrou-o e levou-o para casa, na Rue Boulegon. A governanta, senhora Bremond, chamou o médico imediatamente, que prescreveu repouso total para o paciente. Porém, Cézanne só fazia o que lhe dava na cabeça: ele não estava doente, não era nada. Na manhã seguinte, insistiu em ir até seu ateliê de Lauves para trabalhar. No final da manhã, sentiu-se mal novamente, arrastou-se até a Rue Boulegon e enfiou-se na cama.

Ele nunca mais se levantará. O médico diagnosticou uma congestão pulmonar. Todavia Cézanne lutava. Ainda havia tanto por fazer. Ele delirava, gritava contra seus inimigos, chamava por seu filho. A vida o abandonara.

No dia 20 de outubro, sua irmã Marie mandou uma carta para Paul, insistindo para que o sobrinho viesse para Aix "o mais rápido possível". Ela também sugeria, em termos inequívocos, que Hortense ficasse em Paris mais um mês, porque o marido transferira seu ateliê para o quarto de vestir da esposa. Uma mesquinharia incrível, justo no instante em que Cézanne agonizava.

No dia 22, senhora Bremond mandou um telegrama para Paul júnior: "VENHAM IMEDIATAMENTE OS DOIS PAI MUITO MAL".

Hortense recebeu o telegrama, mas não disse nada para o filho: ela tinha uma hora marcada no costureiro para provar algumas roupas, e a isso não se falta.

No seu quarto da Rue Boulegon, Paul Cézanne mantinha os olhos obstinadamente fixos na porta. Ele esperava a chegada do filho. Cézanne morreu no dia 23 de outubro sem revê-lo.

Um dia, quando lhe pediram para se identificar com um pensamento, ele escreveu esses dois versos de Vigny:

> Senhor, me fizestes poderoso e solitário,
> Permita que eu adormeça do sono da terra.

ANEXOS

Referências cronológicas

1839. *19 de janeiro:* nascimento de Paul Cézanne em Aix-en-Provence, na Rue de l'Opéra. Ele foi batizado no dia 20 de fevereiro.

1841. *4 de julho:* nascimento de sua irmã Marie.

1844. *29 de janeiro:* casamento dos pais, Louis-Auguste Cézanne e Anne-Élisabeth-Honorine Aubert, na prefeitura da cidade de Aix-en-Provence.

1848. *1º de junho:* inauguração do Banco Cézanne e Cabassol.

1850-1852. Cézanne frequenta a escola católica Saint-Joseph em Aix.

1852. Cézanne é transferido para o sexto ano do Colégio Bourbon. Torna-se amigo de Émile Zola, um ano mais jovem do que ele.

1854. *1º de junho*: nascimento de sua irmã Rose.

1857. Cézanne é inscrito na Escola de Desenho gratuita de Aix-en-Provence.

1858. *Fevereiro*: Émile Zola muda-se para Paris. Em novembro daquele mesmo ano, Cézanne passa no *baccalauréat* (vestibular), e inscreve-se na Faculdade de Direito.

1861. *Abril:* Cézanne encontra-se com Zola em Paris.

1862. De volta para Aix, retoma seus cursos na Escola de Desenho gratuita.

1863. Em Paris, copia obras do Museu do Louvre.

15 de maio: inauguração do Salão dos Recusados. Escândalo do *Déjeuner sur l'herbe*, de Manet.

13 de agosto: morte de Eugène Delacroix.

1864. *Agosto:* estadia de Cézanne em l'Estaque.

1865. Em Paris, Cézanne trabalha no ateliê de Suisse pai. Conhece Camille Pissarro. O quadro que enviou para o Salão é recusado em junho.

1866. *Abril:* Cézanne conhece Manet. Zola publica artigos sobre o Salão em abril e maio.

1867. Dois de seus quadros são recusados no Salão.

1869. Cézanne conhece Hortense Fiquet, uma jovem modelo que se tornará sua companheira.

1870. Cézanne passa a Guerra Franco-Prussiana em l'Estaque.

1871. *Janeiro:* é denunciado como refratário.

1872. *4 de janeiro*: nascimento de Paul, fillho de Cézanne e Hortense Fiquet.

Abril: nova recusa do Salão.

1872-1873. Cézanne muda-se para Pontoise e, depois, para Auvers-sur-Oise com Hortense e Paul.

1874. *15 abril-15 maio:* Primeira Exposição dos Impressionistas. Cézanne expõe três quadros.

1876. *Abril:* Cézanne permanece em Aix durante a Segunda Exposição dos Impressionistas. Passa o verão em l'Estaque.

1877. *4-30 de abril:* Terceira Exposição dos Impressionistas. Cézanne expõe dezesseis quadros. Nesse mesmo ano, Émile Zola publica *L'Assommoir,* seu primeiro grande sucesso.

1878. Cézanne está no Midi com Hortense e Paul. Enfrenta dificuldades familiares e financeiras. Pede ajuda a Zola.

1879. Para não perder suas chances no Salão, onde será recusado, Cézanne recusa-se a participar da Quarta Exposição dos Impressionistas.

1880. Zola publica *Nana*. Cézanne passa uma temporada em Médan, na casa dos Zola.

1881. Casamento de Rose Cézanne, sua irmã caçula, com o advogado Maxime Conil.

1883. *30 de abril:* morte de Édouard Manet. Cézanne está no Midi e divide seu tempo entre Aix e l'Estaque.

1885. Na primavera, Cézanne apaixona-se por uma desconhecida misteriosa. Aventura sem continuidade. Temporada de verão em La Roche-Guyon.

1886. Émile Zola publica *L'Œuvre*. Ruptura entre os dois amigos.

28 abril: Cézanne casa com Hortense Fiquet.

23 outubro: morte de Louis-Auguste, pai do artista.

1888. Cézanne vai morar em Paris, no Quai d'Anjou.

1890. Participa da Exposição do Grupo dos XX, em Bruxelas.

Verão: passa uma temporada com Hortense e Paul no Jura e na Suíça.

1891. Reduz a pensão do filho e da esposa para obrigá-los a voltar para Aix. Pinta com Renoir, que estava de passagem pelo Midi.

1892. Ambroise Vollard descobre as obras de Paul Cézanne na loja de Julien Tanguy, seu primeiro *marchand*. Vários artigos são publicados sobre o pintor e sua obra.

1894. O *marchand* de arte Durand-Ruel compra os quadros de Cézanne para um colecionador de Nova York.

Setembro: Cézanne passa uma temporada em Giverny, uma aldeia de l'Eure, onde mora Claude Monet.

1895. Início do Caso Dreyfus. Cézanne é *antidreyfusard*.

Novembro: inauguração de uma importante exposição das obras de Cézanne na loja de Ambroise Vollard, na Rue Laffitte.

Dezembro: Cézanne participa da primeira exposição dos Amigos das Artes de Aix-en-Provence.

1896. Cézanne conhece Joachim Gasquet, o filho de um dos seus amigos.

1897. *25 de outubro:* morte de Élisabeth, mãe de Paul Cézanne.

1898. Émile Zola publica *J'accuse*.

1899. Venda do Jas de Bouffan, propriedade da família Cézanne.

1902. Em setembro, Cézanne muda-se para o ateliê de Lauves.

29 de setembro: morte de Émile Zola.

1906. *23 de outubro:* morte de Paul Cézanne em Aix-en-Provence.

Referências

BRION-GUERRY, Liliana. *Cézanne et l'expression de l'espace.* Paris: Albin Michel, 1966.

CÉZANNE, Paul. *Correspondance.* Edição revista e anotada por John Rewald. Paris: Grasset, 1978.

CHAPUIS, Adrien. *The Drawings of Paul Cézanne. A Catalogue raisonné.* London: Thames & Hudson, 1973.

COLLECTIF, cat. exp. *Cézanne, les dernières années (1885-1906).* Textos de Liliane Brion-Guerry, John Rewald, Geneviève Monnier. Paris: RMN, 1978.

COLLECTIF, cat. exp. *Cézanne, les années de jeunesse (1859-1872).* Textos de Lawrence Gowing, Mary Louise Krumrine, Mary Tompkins Lewis, Sylvie Patin. Paris: RMN, 1988.

COLLECTIF. *Paul Cézanne.* Die Badenden. Textos de Mary Louise Krumrine, Gottfried Boehm, Christian Geelhaar. Bâle: Kunstmuseum, 1989.

COLLECTIF, cat. exp. *Cézanne,* Paris. Textos de Françoise Cachin, Isabelle Cahn, Henri Loyrette, Joseph J. Rishel, W. Feichenfeldt. Paris: RMN, 1995.

COLLECTIF, *Conversations avec Cézanne.* Edição crítica organizada e apresentada por Michael Doran. Paris: Macula, 1978.

COUTAGNE, Denis. *Cézanne.* Paris: Critérion, 1990.

DAGEN, Philippe. *Cézanne.* Paris: Flammarion, 1995.

DORIVAL, Bernard. *Cézanne.* Paris: Tisné, 1948.

DÜCHTING, Hajo. *Cézanne.* Paris: Taschen, 1992.

FAUCONNIER, Bernard. *L'Incendie de la Sainte-Victoire.* Paris: Grasset, 1995.

GASQUET, Joachim. *Cézanne.* Cyrana, 1988.

GOWING, Lawrence. *Cézanne, la logique des sensations organisées.* Paris: Macula, 1992.

HANDKE, Peter. *La Leçon de la Sainte-Victoire.* Paris: Gallimard, 1985.

HUYSMANS, Joris Karl. *L'Art moderne.* Paris: UGE-10/18, 1992.

JEAN, Raymond. *Cézanne, la vie, l'espace.* Paris: Seuil, 1982.

PERRUCHOT, Henri. *La vie de Cézanne.* Paris: Hachette, 1956.

REEF, Théodore. "Cézanne, Flaubert, St. Anthony and the Queen of Saba". *The Art Bulletin,* junho de 1962.

REWALD, John. *Cézanne.* Paris: Flammarion, 1986; reed. 1995.

REWALD, Paul. *Les Aquarelles de Paul Cézanne.* Paris: Arts et Métiers graphiques, 1984.

RILKE, Rainer Maria. *Cartes sur Cézanne.* Paris: Seuil, 1991.

SCHAPIRO, Meyer. "Les *Pommes* de Cézanne", *in Style, artiste et société.* Paris: Gallimard, "Tel", 1982.

VENTURI, Lionello. *Cézanne, son art, son œuvre.* Paul Rosenberg, 1936.

VERDI, Richard. *Cézanne.* London: Thames & Hudson, 1995.

VOLLARD, Ambroise. *En écoutant Cézanne, Degas, Renoir.* Paris: Grasset, "Les Cahiers rouges", 1985.

ZOLA, Émile. *Écrits sur l'art.* Paris: Gallimard, 1991.

ZOLA, Émile. *L'Œuvre.* Paris: Gallimard, "Folio classique" nº 1437.

Notas

UMA JUVENTUDE

1. ZOLA, Émile, *Documents littéraires*. Paris: Fasquelle, 1926, [capítulo "Alfred de Musset"].
2. GASQUET, Joachim. *Cézanne*. Cyrana, 1988 (direitos reservados).
3. ZOLA, Émile. *op. cit.*
4. ALEXIS, Paul. *Émile Zola. Notes d'un ami*. Paris: Maisonneuve et Larose, 2001.
5. In: *Conversations avec Cézanne*. Edição crítica organizada e apresentada por Micheal Doran. Macula, 1978.
6. ZOLA, Émile. *op. cit.*
7. Citado por Christophe Deshoulières. In: *L'Opéra baroque et la scène moderne*. Paris: Fayard, 2000.
8. Carta de Paul Cézanne para Émile Zola, 9 de abril 1858. In: *Correspondance*. Edição revista e comentada por John Rewald. Paris: Grasset, 1978.
9. *Ibid.*, carta de 3 de maio de 1858.
10. *Ibid.*, carta de 29 de maio de 1858.
11. *Ibid.*, carta de 3 de maio de 1858.
12. Carta de Paul Cézanne para Émile Zola, 7 de dezembro de 1858. In: *Correspondance, op. cit.*
13. Carta de Paul Cézanne para Émile Zola, 20 de junho de 1859, *op. cit.*
14. Carta de Émile Zola para Paul Cézanne, 3 de março de 1860, *op. cit.*
15. Carta de Émile Zola para Paul Cézanne, 16 de abril de 1860, *op. cit.*
16. Carta de Émile Zola para Paul Cézanne, julho de 1860, *op. cit.*

PARIS, A NÓS TRÊS!

1. Carta de Émile Zola para Baptiste Baille, 10 de junho de 1861, In: *Correspondance, op. cit.*

2. Carta de Émile Zola para Paul Cézanne, 20 de janeiro de 1862, op. *cit.*
3. *Ibid.*

O RECUSADO

1. ZOLA, Émile,.*Documents littéraires, op. cit.*

IDAS E VINDAS

1. CÉZANNE, Paul. *Correspondance, op. cit.*
2. *Ibid.*
3. GASQUET, Joachim. *Cézanne, op. cit.*
4. ZOLA, Émile. *La Confession de Claude.* Ancrage, 2000.
5. Em Le *Mémorial d'Aix.*

A BATALHA DE PARIS

1. Cartas de Fortuné Marion para Morstatt, publicadas em *La Gazette des Beaux-Arts,* janeiro de 1937.
2. ZOLA, Émile. *Écrits sur l'art.* Paris: Gallimard, 1991.
3. *Ibid.*
4. *Ibid.*
5. Carta de Émile Zola para Numa Coste, citada em Cézanne, *Correspondance, op. cit.*
6. Carta de Antoine Guillemet para Émile Zola, citada. In: *ibid.*
7. Carta de Paul Cézanne para Émile Zola, 19 de outubro de 1866. In: *Correspondance, op. cit.*
8. *Ibid.*
9. Carta de Paul Cézanne para Camille Pissarro, 23 de outubro de 1866, *op. cit.*
10. BAUDELAIRE, Charles. Richard Wagner et *Tannhäuser* à Paris. In: *Œuvres complètes.* Paris: Gallimard, "Bibliothèque de la Pléiade". Tomo II.
11. Lembrança narrada por Marc Elder. In À *Giverny, chez Claude Monet.* Éd. Bernheim-Jeune, 1924.

HORTENSE

1. *Le Figaro.*
2. Carta de Fortuné Marion para Heinrich Morstatt. In: *La Gazette des Beaux-Arts, op. cit.*
3. Carta de Paul Cézanne para Heinrich Morstatt, 24 de maio de 1868. In: *Correspondance, op. cit.*
4. In *Correspondance, op. cit.*
5. *Ibid.*
6. Zola, Émile. *Carnets d'enquête*. Paris: Pion, 1986.
7. Rilke, Rainer Maria. *Lettres sur Cézanne*. Paris: Seuil, 1991.
8. Resposta de Cézanne, citada no jornal semanal dirigido pelo caricaturista Stock.

LONGE DA GUERRA

1. Vollard, Ambroise. *En écoutant Cézanne, Degas, Renoir*. Paris: Grasset, "Les Cahiers rouges", 1985.
2. Gustave Flaubert, carta para George Sand, 30 de abril de 1871. In: *Correspondance*. Tomo IV. Paris: Gallimard, "Bibliothèque de la Pléiade".

NASCIMENTOS

1. Carta de Achille Emperaire para amigos de Aix, citada *in* Cézanne, *Correspondance, op. cit.*

A EXPOSIÇÃO

1. Carta a seus pais, sem data. In: *Correspondance, op. cit.*
2. Citado por Henri Perruchot. *La Vie de Cézanne*. Paris: Hachette, 1956.
3. Zola, Émile. *L'Œuvre*. Paris: Gallimard, "Folio classique" nº 1437.

BANHISTAS

1. Carta de 24 de junho de 1874. In: *Correspondance, op. cit.*

ÀS MARGENS DO IMPRESSIONISMO

1. Carta de Paul Cézanne para sua mãe, 26 de setembro de 1874. In: *Correspondance, op. cit.*
2. Carta de Paul Cézanne para Camille Pissarro, abril de 1876. In: *Correspondance, op. cit.*
3. *Ibid.*

FAMÍLIA, FAMÍLIA

1. Carta de Paul Cézanne para Émile Zola, 14 de abril de 1878. In: *Correspondance, op. cit.*
2. Carta de Paul Cézanne para Émile Zola, 28 de setembro de 1878, *op. cit.*
3. Carta de Paul Cézanne para Émile Zola, 19 de dezembro de 1878, *op. cit.*

MÉDAN

1. *In* cat. exp. *Cézanne*. Paris: RMN, 1995.
2. ZOLA, Émile. *Écrits sur l'art, op. cit.*
3. Paul Cézanne para Émile Zola, 20 de maio de 1881. In: *Correspondance, op. cit.*

"SE EU MORRESSE EM BREVE"

1. ALEXIS, Paul. *Émile Zola. Notes d'un ami, op. cit.*
2. *Ibid.*
3. Carta de Paul Cézanne para Émile Zola, 14 de novembro de 1882. In: *Correspondance, op. cit.*

"A SENHORA PERMITIU QUE EU A BEIJASSE"

1. Citado in *Correspondance, op. cit.* John Rewald data esse documento da primavera de 1885.
2. Carta de 14 de maio de 1885. In: *Correspondance, op. cit.*

O ANO TERRÍVEL

1. VOLLARD, Ambroise. *En écoutant Cézanne, Degas, Renoir, op. cit.*
2. *Ibid.*
3. GASQUET, Joachim. *Cézanne, op. cit.*

A MONTANHA MÁGICA

1. REWALD, John. *Cézanne.* Paris: Flammarion, 1986; red. 1995.
2. HUYSMANS, Joris-Karl. In: *Certains.* Gregg International, 1970.
3. Carta de Paul Cézanne para Octave Maus, 27 de novembro de 1889. In: *Correspondance, op. cit.*

OS JOGADORES DE CARTAS

1. Carta de Paul Alexis para Émile Zola, fevereiro de 1891. In: *Correspondance, op. cit.*
2. Carta de Numa Coste para Émile Zola, 5 de março de 1891, *ibid.*

TORNAR-SE UMA LENDA

1. VOLLARD, Ambroise. *En écoutant Cézanne, Degas, Renoir. op. cit.*
2. Durante muito tempo, esta carta foi atribuída erroneamente a Mary Cassatt. Na verdade, trata-se de uma carta que Matilda Lewis escreveu para sua família (Fontes: Arquivos da Yale University Art Gallery).
3. ELDER, Marc. *À Giverny, chez Claude Monet, op. cit.*

O ÚLTIMO CÍRCULO

1. GASQUET, Joachim. *Cézanne. op. cit.*
2. *Ibid.*
3. JEAN, Raymond. *Cézanne, la vie, l'espace*. Paris: Éd Seuil, "Fiction et Cie", 1982.
4. GASQUET, Joachim. *Cézanne, op. cit.*
5. VOLLARD, Ambroise. *En écoutant Cézanne, Degas, Renoir, op. cit.*
6. *Ibid.*
7. Carta de Paul Cézanne para Joachim Gasquet, 18 de julho de 1897. In: *Correspondance, op cit.*
8. GASQUET, Joachim. *Cézanne, op. cit.*

A CHEGADA DA NOITE

1. GASQUET, Joachim. *Cézanne, op. cit.*, p. 135.
2. Carta de Paul Cézanne para Ambroise Vollard, 9 de janeiro de 1903. In: *Correspondance, op. cit.*
3. *Conversations avec Cézanne, op. cit.*
4. Fragmento de uma carta de março de 1903, citada em *Correspondance. op. cit.*
5. SOLLERS, Philippe. Le paradis de Cézanne. In: *Éloge de l'infini.* Gallimard, 2001.
6. *Conversations avec Cézanne, op. cit.*
7. Carta para Roger Marx, 23 de janeiro de 1905, in *Correspondance, op. cit.*
8. Carta de Paul Cézanne para seu filho Paul, 8 de setembro de 1906, *op. cit.* John Rewald substituiu o termo "colhudos" por "ignaros". Nós restabelecemos a verdade.

Sobre o autor

Bernard Fauconnier publicou seu primeiro romance, que chamou muita atenção, em 1989, intitulado *L'Être et le Géant*, a história de um encontro imaginário entre Jean-Paul Sartre e Charles de Gaulle (Régine Deforges, reed. Éditions des Syrtes, 2000). Desde então, escreveu vários outros livros: *Moyen exil* (Régine Deforges, 1991), *L'Incendie de la Sainte-Victoire* (Grasset, 1995), *Kairos* (Grasset, 1997) e *Esprits de famille* (Grasset, 2003). Cronista e ensaísta *(Athée grâce à Dieu,* Desclée de Brouwer, 2005), ele é colaborador da revista *Magazine littéraire*. Atualmente, mora na região de Aix-en-Provence.

Coleção **L&PM** POCKET (LANÇAMENTOS MAIS RECENTES)

218. **Fedra** – Racine / Trad. Millôr Fernandes
219. **O vampiro de Sussex** – Conan Doyle
220. **Sonho de uma noite de verão** – Shakespeare
221. **Dias e noites de amor e de guerra** – Galeano
222. **O Profeta** – Khalil Gibran
223. **Flávia, cabeça, tronco e membros** – M. Fernandes
224. **Guia da ópera** – Jeanne Suhamy
225. **Macário** – Álvares de Azevedo
226. **Etiqueta na prática** – Celia Ribeiro
227. **Manifesto do partido comunista** – Marx & Engels
228. **Poemas** – Millôr Fernandes
229. **Um inimigo do povo** – Henrik Ibsen
230. **O paraíso destruído** – Frei B. de las Casas
231. **O gato no escuro** – Josué Guimarães
232. **O mágico de Oz** – L. Frank Baum
233. **Armas no Cyrano's** – Raymond Chandler
234. **Max e os felinos** – Moacyr Scliar
235. **Nos céus de Paris** – Alcy Cheuiche
236. **Os bandoleiros** – Schiller
237. **A primeira coisa que eu botei na boca** – Deonísio da Silva
238. **As aventuras de Simbad, o marújo**
239. **O retrato de Dorian Gray** – Oscar Wilde
240. **A carteira de meu tio** – J. Manuel de Macedo
241. **A luneta mágica** – J. Manuel de Macedo
242. **A metamorfose** – Kafka
243. **A flecha de ouro** – Joseph Conrad
244. **A ilha do tesouro** – R. L. Stevenson
245. **Marx - Vida & Obra** – José A. Giannotti
246. **Gênesis**
247. **Unidos para sempre** – Ruth Rendell
248. **A arte de amar** – Ovídio
249. **O sono eterno** – Raymond Chandler
250. **Novas receitas do Anonymus Gourmet** – J.A.P.M.
251. **A nova catacumba** – Arthur Conan Doyle
252. **Dr. Negro** – Arthur Conan Doyle
253. **Os voluntários** – Moacyr Scliar
254. **A bela adormecida** – Irmãos Grimm
255. **O príncipe sapo** – Irmãos Grimm
256. **Confissões e Memórias** – H. Heine
257. **Viva o Alegrete** – Sergio Faraco
258. **Vou estar esperando** – R. Chandler
259. **A senhora Beate e seu filho** – Schnitzler
260. **O ovo apunhalado** – Caio Fernando Abreu
261. **O ciclo das águas** – Moacyr Scliar
262. **Millôr Definitivo** – Millôr Fernandes
264. **Viagem ao centro da Terra** – Júlio Verne
265. **A dama do lago** – Raymond Chandler
266. **Caninos brancos** – Jack London
267. **O médico e o monstro** – R. L. Stevenson
268. **A tempestade** – William Shakespeare
269. **Assassinatos na rua Morgue** – E. Allan Poe
270. **99 corruíras nanicas** – Dalton Trevisan
271. **Broquéis** – Cruz e Sousa
272. **Mês de cães danados** – Moacyr Scliar
273. **Anarquistas – vol. 1 – A idéia** – G. Woodcock
274. **Anarquistas – vol. 2 – O movimento** – G.Woodcock
275. **Pai e filho, filho e pai** – Moacyr Scliar
276. **As aventuras de Tom Sawyer** – Mark Twain
277. **Muito barulho por nada** – W. Shakespeare
278. **Elogio da loucura** – Erasmo
279. **Autobiografia de Alice B. Toklas** – G. Stein
280. **O chamado da floresta** – J. London
281. **Uma agulha para o diabo** – Ruth Rendell
282. **Verdes vales do fim do mundo** – A. Bivar
283. **Ovelhas negras** – Caio Fernando Abreu
284. **O fantasma de Canterville** – O. Wilde
285. **Receitas de Yayá Ribeiro** – Celia Ribeiro
286. **A galinha degolada** – H. Quiroga
287. **O último adeus de Sherlock Holmes** – A. Conan Doyle
288. **A. Gourmet em Histórias de cama & mesa** – J. A. Pinheiro Machado
289. **Topless** – Martha Medeiros
290. **Mais receitas do Anonymus Gourmet** – J. A. Pinheiro Machado
291. **Origens do discurso democrático** – D. Schüler
292. **Humor politicamente incorreto** – Nani
293. **O teatro do bem e do mal** – E. Galeano
294. **Garibaldi & Manoela** – J. Guimarães
295. **10 dias que abalaram o mundo** – John Reed
296. **Numa fria** – Charles Bukowski
297. **Poesia de Florbela Espanca** vol. 1
298. **Poesia de Florbela Espanca** vol. 2
299. **Escreva certo** – E. Oliveira e M. E. Bernd
300. **O vermelho e o negro** – Stendhal
301. **Ecce homo** – Friedrich Nietzsche
302(7). **Comer bem, sem culpa** – Dr. Fernando Lucchese, A. Gourmet e Iotti
303. **O livro de Cesário Verde** – Cesário Verde
305. **100 receitas de macarrão** – S. Lancellotti
306. **160 receitas de molhos** – S. Lancellotti
307. **100 receitas light** – H. e Â. Tonetto
308. **100 receitas de sobremesas** – Celia Ribeiro
309. **Mais de 100 dicas de churrasco** – Leon Diziekaniak
310. **100 receitas de acompanhamentos** – C. Cabeda
311. **Honra ou vendetta** – S. Lancellotti
312. **A alma do homem sob o socialismo** – Oscar Wilde
313. **Tudo sobre Yôga** – Mestre De Rose
314. **Os varões assinalados** – Tabajara Ruas
315. **Édipo em Colono** – Sófocles
316. **Lisístrata** – Aristófanes / trad. Millôr
317. **Sonhos de Bunker Hill** – John Fante
318. **Os deuses de Raquel** – Moacyr Scliar
319. **O colosso de Maréussia** – Henry Miller
320. **As eruditas** – Molière / trad. Millôr
321. **Radicci 1** – Iotti
322. **Os Sete contra Tebas** – Ésquilo
323. **Brasil Terra à vista** – Eduardo Bueno
324. **Radicci 2** – Iotti
325. **Júlio César** – William Shakespeare
326. **A carta de Pero Vaz de Caminha**
327. **Cozinha Clássica** – Sílvio Lancellotti
328. **Madame Bovary** – Gustave Flaubert
329. **Dicionário do viajante insólito** – M. Scliar
330. **O capitão saiu para o almoço...** – Bukowski
331. **A carta roubada** – Edgar Allan Poe
332. **É tarde para saber** – Josué Guimarães
333. **O livro de bolso da Astrologia** – Maggy Harrisonx e Mellina Li
334. **1933 foi um ano ruim** – John Fante

335. **100 receitas de arroz** – Aninha Comas
336. **Guia prático do Português correto – vol. 1** – Cláudio Moreno
337. **Bartleby, o escriturário** – H. Melville
338. **Enterrem meu coração na curva do rio** – Dee Brown
339. **Um conto de Natal** – Charles Dickens
340. **Cozinha sem segredos** – J. A. P. Machado
341. **A dama das Camélias** – A. Dumas Filho
342. **Alimentação saudável** – H. e Â. Tonetto
343. **Continhos galantes** – Dalton Trevisan
344. **A Divina Comédia** – Dante Alighieri
345. **A Dupla Sertanojo** – Santiago
346. **Cavalos do amanhecer** – Mario Arregui
347. **Biografia de Vincent van Gogh por sua cunhada** – Jo van Gogh-Bonger
348. **Radicci 3** – Iotti
349. **Nada de novo no front** – E. M. Remarque
350. **A hora dos assassinos** – Henry Miller
351. **Flush - Memórias de um cão** – Virginia Woolf
352. **A guerra no Bom Fim** – M. Scliar
353. (1).**O caso Saint-Fiacre** – Simenon
354. (2).**Morte na alta sociedade** – Simenon
355. (3).**O cão amarelo** – Simenon
356. (4).**Maigret e o homem do banco** – Simenon
357. **As uvas e o vento** – Pablo Neruda
358. **On the road** – Jack Kerouac
359. **O coração amarelo** – Pablo Neruda
360. **Livro das perguntas** – Pablo Neruda
361. **Noite de Reis** – William Shakespeare
362. **Manual de Ecologia** – vol.1 – J. Lutzenberger
363. **O mais longo dos dias** – Cornelius Ryan
364. **Foi bom prá você?** – Nani
365. **Crepusculário** – Pablo Neruda
366. **A comédia dos erros** – Shakespeare
367. (5).**A primeira investigação de Maigret** – Simenon
368. (6).**As férias de Maigret** – Simenon
369. **Mate-me por favor (vol.1)** – L. McNeil
370. **Mate-me por favor (vol.2)** – L. McNeil
371. **Carta ao pai** – Kafka
372. **Os vagabundos iluminados** – J. Kerouac
373. (7).**O enforcado** – Simenon
374. (8).**A fúria de Maigret** – Simenon
375. **Vargas, uma biografia política** – H. Silva
376. **Poesia reunida (vol.1)** – A. R. de Sant'Anna
377. **Poesia reunida (vol.2)** – A. R. de Sant'Anna
378. **Alice no país do espelho** – Lewis Carroll
379. **Residência na Terra 1** – Pablo Neruda
380. **Residência na Terra 2** – Pablo Neruda
381. **Terceira Residência** – Pablo Neruda
382. **O delírio amoroso** – Bocage
383. **Futebol ao sol e à sombra** – E. Galeano
384. (9).**O porto das brumas** – Simenon
385. (10).**Maigret e seu morto** – Simenon
386. **Radicci 4** – Iotti
387. **Boas maneiras & sucesso nos negócios** – Celia Ribeiro
388. **Uma história Farroupilha** – M. Scliar
389. **Na mesa ninguém envelhece** – J. A. P. Machado
390. **200 receitas inéditas do Anonymus Gourmet** – J. A. Pinheiro Machado
391. **Guia prático do Português correto – vol.2** – Cláudio Moreno
392. **Breviário das terras do Brasil** – Assis Brasil
393. **Cantos Cerimoniais** – Pablo Neruda
394. **Jardim de Inverno** – Pablo Neruda
395. **Antonio e Cleópatra** – William Shakespeare
396. **Tróia** – Cláudio Moreno
397. **Meu tio matou um cara** – Jorge Furtado
398. **O anatomista** – Federico Andahazi
399. **As viagens de Gulliver** – Jonathan Swift
400. **Dom Quixote – v.1** – Miguel de Cervantes
401. **Dom Quixote – v.2** – Miguel de Cervantes
402. **Sozinho no Pólo Norte** – Thomaz Brandolin
403. **Matadouro 5** – Kurt Vonnegut
404. **Delta de Vênus** – Anaïs Nin
405. **O melhor de Hagar 2** – Dik Browne
406. **É grave Doutor?** – Nani
407. **Orai pornô** – Nani
408. (11).**Maigret em Nova York** – Simenon
409. (12).**O assassino sem rosto** – Simenon
410. (13).**O mistério das jóias roubadas** – Simenon
411. **A irmãzinha** – Raymond Chandler
412. **Três contos** – Gustave Flaubert
413. **De ratos e homens** – John Steinbeck
414. **Lazarilho de Tormes** – Anônimo do séc. XVI
415. **Triângulo das águas** – Caio Fernando Abreu
416. **100 receitas de carnes** – Sílvio Lancellotti
417. **Histórias de robôs: vol.1** – org. Isaac Asimov
418. **Histórias de robôs: vol.2** – org. Isaac Asimov
419. **Histórias de robôs: vol.3** – org. Isaac Asimov
420. **O país dos centauros** – Tabajara Ruas
421. **A república de Anita** – Tabajara Ruas
422. **A carga dos lanceiros** – Tabajara Ruas
423. **Um amigo de Kafka** – Isaac Singer
424. **As alegres matronas de Windsor** – Shakespeare
425. **Amor e exílio** – Isaac Bashevis Singer
426. **Use & abuse do seu signo** – Marília Fiorillo e Marylou Simonsen
427. **Pigmaleão** – Bernard Shaw
428. **As fenícias** – Eurípides
429. **Everest** – Thomaz Brandolin
430. **A arte de furtar** – Anônimo do séc. XVI
431. **Billy Bud** – Herman Melville
432. **A rosa separada** – Pablo Neruda
433. **Elegia** – Pablo Neruda
434. **A garota de Cassidy** – David Goodis
435. **Como fazer a guerra: máximas de Napoleão** – Balzac
436. **Poemas escolhidos** – Emily Dickinson
437. **Gracias por el fuego** – Mario Benedetti
438. **O sofá** – Crébillon Fils
439. **O "Martín Fierro"** – Jorge Luis Borges
440. **Trabalhos de amor perdidos** – W. Shakespeare
441. **O melhor de Hagar 3** – Dik Browne
442. **Os Maias (volume1)** – Eça de Queiroz
443. **Os Maias (volume2)** – Eça de Queiroz
444. **Anti-Justine** – Restif de La Bretonne
445. **Juventude** – Joseph Conrad
446. **Contos** – Eça de Queiroz
447. **Janela para a morte** – Raymond Chandler
448. **Um amor de Swann** – Marcel Proust
449. **À paz perpétua** – Immanuel Kant
450. **A conquista do México** – Hernan Cortez
451. **Defeitos escolhidos e 2000** – Pablo Neruda
452. **O casamento do céu e do inferno** – William Blake
453. **A primeira viagem ao redor do mundo** – Antonio Pigafetta

454(14).Uma sombra na janela – Simenon
455(15).A noite da encruzilhada – Simenon
456(16).A velha senhora – Simenon
457.Sartre – Annie Cohen-Solal
458.Discurso do método – René Descartes
459.Garfield em grande forma (1) – Jim Davis
460.Garfield está de dieta (2) – Jim Davis
461.O livro das feras – Patricia Highsmith
462.Viajante solitário – Jack Kerouac
463.Auto da barca do inferno – Gil Vicente
464.O livro vermelho dos pensamentos de Millôr – Millôr Fernandes
465.O livro dos abraços – Eduardo Galeano
466.Voltaremos! – José Antonio Pinheiro Machado
467.Rango – Edgar Vasques
468(8).Dieta mediterrânea – Dr. Fernando Lucchese e José Antonio Pinheiro Machado
469.Radicci 5 – Iotti
470.Pequenos pássaros – Anaïs Nin
471.Guia prático do Português correto – vol.3 – Cláudio Moreno
472.Atire no pianista – David Goodis
473.Antologia Poética – García Lorca
474.Alexandre e César – Plutarco
475.Uma espiã na casa do amor – Anaïs Nin
476.A gorda do Tiki Bar – Dalton Trevisan
477.Garfield um gato de peso (3) – Jim Davis
478.Canibais – David Coimbra
479.A arte de escrever – Arthur Schopenhauer
480.Pinóquio – Carlo Collodi
481.Misto-quente – Charles Bukowski
482.A lua na sarjeta – David Goodis
483.O melhor do Recruta Zero (1) – Mort Walker
484.Aline: TPM – tensão pré-monstrual (2) – Adão Iturrusgarai
485.Sermões do Padre Antonio Vieira
486.Garfield numa boa (4) – Jim Davis
487.Mensagem – Fernando Pessoa
488.Vendeta seguido de A paz conjugal – Balzac
489.Poemas de Alberto Caeiro – Fernando Pessoa
490.Ferragus – Honoré de Balzac
491.A duquesa de Langeais – Honoré de Balzac
492.A menina dos olhos de ouro – Honoré de Balzac
493.O lírio do vale – Honoré de Balzac
494(17).A barcaça da morte – Simenon
495(18).As testemunhas rebeldes – Simenon
496(19).Um engano de Maigret – Simenon
497(1).A noite das bruxas – Agatha Christie
498(2).Um passe de mágica – Agatha Christie
499(3).Nêmesis – Agatha Christie
500.Esboço para uma teoria das emoções – Sartre
501.Renda básica de cidadania – Eduardo Suplicy
502(1).Pílulas para viver melhor – Dr. Lucchese
503(2).Pílulas para prolongar a juventude – Dr. Lucchese
504(3).Desembarcando o Diabetes – Dr. Lucchese
505(4).Desembarcando o Sedentarismo – Dr. Fernando Lucchese e Cláudio Castro
506(5).Desembarcando a Hipertensão – Dr. Lucchese
507(6).Desembarcando o Colesterol – Dr. Fernando Lucchese e Fernanda Lucchese
508.Estudos de mulher – Balzac
509.O terceiro tira – Flann O'Brien
510.100 receitas de aves e ovos – J. A. P. Machado
511.Garfield em toneladas de diversão (5) – Jim Davis
512.Trem-bala – Martha Medeiros
513.Os cães ladram – Truman Capote
514.O Kama Sutra de Vatsyayana
515.O crime do Padre Amaro – Eça de Queiroz
516.Odes de Ricardo Reis – Fernando Pessoa
517.O inverno da nossa desesperança – Steinbeck
518.Piratas do Tietê (1) – Laerte
519.Rê Bordosa: do começo ao fim – Angeli
520.O Harlem é escuro – Chester Himes
521.Café-da-manhã dos campeões – Kurt Vonnegut
522.Eugénie Grandet – Balzac
523.O último magnata – F. Scott Fitzgerald
524.Carol – Patricia Highsmith
525.100 receitas de patisserie – Sílvio Lancellotti
526.O fator humano – Graham Greene
527.Tristessa – Jack Kerouac
528.O diamante do tamanho do Ritz – S. Fitzgerald
529.As melhores histórias de Sherlock Holmes – Arthur Conan Doyle
530.Cartas a um jovem poeta – Rilke
531(20).Memórias de Maigret – Simenon
532(4).O misterioso sr. Quin – Agatha Christie
533.Os analectos – Confúcio
534(21).Maigret e os homens de bem – Simenon
535(22).O medo de Maigret – Simenon
536.Ascensão e queda de César Birotteau – Balzac
537.Sexta-feira negra – David Goodis
538.Ora bolas – O humor de Mario Quintana – Juarez Fonseca
539.Longe daqui aqui mesmo – Antonio Bivar
540(5).É fácil matar – Agatha Christie
541.O pai Goriot – Balzac
542.Brasil, um país do futuro – Stefan Zweig
543.O processo – Kafka
544.O melhor do Hagar 4 – Dik Browne
545(6).Por que não pediram a Evans? – Agatha Christie
546.Fanny Hill – John Cleland
547.O gato por dentro – William S. Burroughs
548.Sobre a brevidade da vida – Sêneca
549.Geraldão (1) – Glauco
550.Piratas do Tietê (2) – Laerte
551.Pagando o pato – Ciça
552.Garfield de bom humor (6) – Jim Davis
553.Conhece o Mário? – Santiago
554.Radicci 6 – Iotti
555.Os subterrâneos – Jack Kerouac
556(1).Balzac – François Taillandier
557(2).Modigliani – Christian Parisot
558(3).Kafka – Gérard-Georges Lemaire
559(4).Júlio César – Joël Schmidt
560.Receitas da família – J. A. Pinheiro Machado
561.Boas maneiras à mesa – Celia Ribeiro
562(9).Filhos sadios, pais felizes – R. Pagnoncelli
563(10).Fatos & mitos – Dr. Fernando Lucchese
564.Ménage à trois – Paula Taitelbaum
565.Mulheres! – David Coimbra
566.Poemas de Álvaro de Campos – Fernando Pessoa
567.Medo e outras histórias – Stefan Zweig
568.Snoopy e sua turma (1) – Schulz
569.Piadas para sempre (1) – Visconde da Casa Verde
570.O alvo móvel – Ross Macdonald
571.O melhor do Recruta Zero (2) – Mort Walker

572. **Um sonho americano** – Norman Mailer
573. **Os broncos também amam** – Angeli
574. **Crônica de um amor louco** – Bukowski
575(5). **Freud** – René Major e Chantal Talagrand
576(6). **Picasso** – Gilles Plazy
577(7). **Gandhi** – Christine Jordis
578. **A tumba** – H. P. Lovecraft
579. **O príncipe e o mendigo** – Mark Twain
580. **Garfield, um charme de gato (7)** – Jim Davis
581. **Ilusões perdidas** – Balzac
582. **Esplendores e misérias das cortesãs** – Balzac
583. **Walter Ego** – Angeli
584. **Striptiras (1)** – Laerte
585. **Fagundes: um puxa-saco de mão cheia** – Laerte
586. **Depois do último trem** – Josué Guimarães
587. **Ricardo III** – Shakespeare
588. **Dona Anja** – Josué Guimarães
589. **24 horas na vida de uma mulher** – Stefan Zweig
590. **O terceiro homem** – Graham Greene
591. **Mulher no escuro** – Dashiell Hammett
592. **No que acredito** – Bertrand Russell
593. **Odisséia (1): Telemaquia** – Homero
594. **O cavalo cego** – Josué Guimarães
595. **Henrique V** – Shakespeare
596. **Fabulário geral do delírio cotidiano** – Bukowski
597. **Tiros na noite 1: A mulher do bandido** – Dashiell Hammett
598. **Snoopy em Feliz Dia dos Namorados! (2)** – Schulz
599. **Mas não se matam cavalos?** – Horace McCoy
600. **Crime e castigo** – Dostoiévski
601(7). **Mistério no Caribe** – Agatha Christie
602. **Odisséia (2): Regresso** – Homero
603. **Piadas para sempre (2)** – Visconde da Casa Verde
604. **À sombra do vulcão** – Malcolm Lowry
605(8). **Kerouac** – Yves Buin
606. **E agora são cinzas** – Angeli
607. **As mil e uma noites** – Paulo Caruso
608. **Um assassino entre nós** – Ruth Rendell
609. **Crack-up** – F. Scott Fitzgerald
610. **Do amor** – Stendhal
611. **Cartas do Yage** – William Burroughs e Allen Ginsberg
612. **Striptiras (2)** – Laerte
613. **Henry & June** – Anaïs Nin
614. **A piscina mortal** – Ross Macdonald
615. **Geraldão (2)** – Glauco
616. **Tempo de delicadeza** – A. R. de Sant'Anna
617. **Tiros na noite 2: Medo de tiro** – Dashiell Hammett
618. **Snoopy em Assim é a vida, Charlie Brown! (3)** – Schulz
619. **1954 – Um tiro no coração** – Hélio Silva
620. **Sobre a inspiração poética (Íon) e ...** – Platão
621. **Garfield e seus amigos (8)** – Jim Davis
622. **Odisséia (3): Ítaca** – Homero
623. **A louca matança** – Chester Himes
624. **Factótum** – Charles Bukowski
625. **Guerra e Paz: volume 1** – Tolstói
626. **Guerra e Paz: volume 2** – Tolstói
627. **Guerra e Paz: volume 3** – Tolstói
628. **Guerra e Paz: volume 4** – Tolstói
629(9). **Shakespeare** – Claude Mourthé
630. **Bem está o que bem acaba** – Shakespeare
631. **O contrato social** – Rousseau
632. **Geração Beat** – Jack Kerouac
633. **Snoopy: É Natal! (4)** – Charles Schulz
634(8). **Testemunha da acusação** – Agatha Christie
635. **Um elefante no caos** – Millôr Fernandes
636. **Guia de leitura (100 autores que você precisa ler)** – Organização de Léa Masina
637. **Pistoleiros também mandam flores** – David Coimbra
638. **O prazer das palavras – vol. 1** – Cláudio Moreno
639. **O prazer das palavras – vol. 2** – Cláudio Moreno
640. **Novíssimo testamento: com Deus e o diabo, a dupla da criação** – Iotti
641. **Literatura Brasileira: modos de usar** – Luís Augusto Fischer
642. **Dicionário de Porto-Alegrês** – Luís A. Fischer
643. **Cló Dias & Noites** – Sérgio Jockymann
644. **Memorial de Isla Negra** – Pablo Neruda
645. **Um homem extraordinário e outras histórias** – Tchékhov
646. **Ana sem terra** – Alcy Cheuiche
647. **Adultérios** – Woody Allen
648. **Para sempre ou nunca mais** – R. Chandler
649. **Nosso homem em Havana** – Graham Greene
650. **Dicionário Caldas Aulete de Bolso**
651. **Snoopy: Posso fazer uma pergunta, professora? (5)** – Charles Schulz
652(10). **Luís XVI** – Bernard Vincent
653. **O mercador de Veneza** – Shakespeare
654. **Cancioneiro** – Fernando Pessoa
655. **Non-Stop** – Martha Medeiros
656. **Carpinteiros, levantem bem alto a cumeeira & Seymour, uma apresentação** – J.D.Salinger
657. **Ensaios céticos** – Bertrand Russell
658. **O melhor de Hagar 5** – Dik Browne
659. **Primeiro amor** – Ivan Turguêniev
660. **A trégua** – Mario Benedetti
661. **Um parque de diversões da cabeça** – Lawrence Ferlinghetti
662. **Aprendendo a viver** – Sêneca
663. **Garfield, um gato em apuros (9)** – Jim Davis
664. **Dilbert 1** – Scott Adams
665. **Dicionário de dificuldades** – Domingos Paschoal Cegalla
666. **A imaginação** – Jean-Paul Sartre
667. **O ladrão e os cães** – Naguib Mahfuz
668. **Gramática do português contemporâneo** – Celso Cunha
669. **A volta do parafuso** *seguido de* **Daisy Miller** – Henry James
670. **Notas do subsolo** – Dostoiévski
671. **Abobrinhas da Brasilônia** – Glauco
672. **Geraldão (3)** – Glauco
673. **Piadas para sempre (3)** – Visconde da Casa Verde
674. **Duas viagens ao Brasil** – Hans Staden
675. **Bandeira de bolso** – Manuel Bandeira
676. **A arte da guerra** – Maquiavel
677. **Além do bem e do mal** – Nietzsche
678. **O coronel Chabert** *seguido de* **A mulher abandonada** – Balzac
679. **O sorriso de marfim** – Ross Macdonald
680. **100 receitas de pescados** – Sílvio Lancellotti
681. **O juiz e o seu carrasco** – Friedrich Dürrenmatt
682. **Noites brancas** – Dostoiévski